时间的形状
THE SHAPE OF TIME

● 董连伟 著

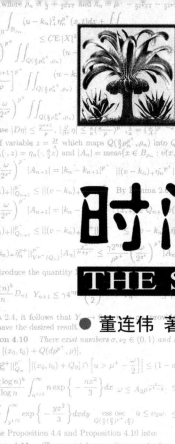

内容简介

本书内容主要分为三篇:第一篇宇宙洪荒,第二篇生命旋律,第三篇人类乾坤。全书以时间为主线、以空间为辅线为我们讲述了宇宙的起源、时间与空间的本质、物质的质量等问题,作者以全球性的视角及开放性的思维为我们展现了一个生动的自然、生命、社会、思维的立体空间。

本书内容通俗易懂,趣味性强,既适合大中学生作为课外读物进行阅读,也适合相关领域的专业人士作为资料进行研究。

图书在版编目(CIP)数据

时间的形状/董连伟著. —哈尔滨:哈尔滨工业大学出版社,2016.1(2017.4 重印)
ISBN 978-7-5603-5675-4

Ⅰ.①时… Ⅱ.①董… Ⅲ.①辩证唯物主义-时空观-通俗读物 Ⅳ.①B016.9-49

中国版本图书馆 CIP 数据核字(2015)第 263662 号

策划编辑	刘培杰 张永芹
责任编辑	张永芹 齐新宇 李 丹
封面设计	孙茵艾
出版发行	哈尔滨工业大学出版社
社　　址	哈尔滨市南岗区复华四道街 10 号 邮编 150006
传　　真	0451-86414749
网　　址	http://hitpress.hit.edu.cn
印　　刷	哈尔滨市工大节能印刷厂
开　　本	787mm×1092mm 1/16 印张 16.5 字数 305 千字
版　　次	2016 年 1 月第 1 版 2017 年 4 月第 3 次印刷
书　　号	ISBN 978-7-5603-5675-4
定　　价	38.00 元

(如因印装质量问题影响阅读,我社负责调换)

前言

我愿以此书,拨动每一位朋友的心弦!

"不是物质存在于时间与空间当中,而是物质具有时间与空间的延展性"。在我们的空间里,物质与时间是一一对应的,就这个意义来说,物质是时间的外像,物质的形态,便是时间的形状,每时每刻都在变化着,美轮美奂!

是谁倾心地演绎,沧海桑田的史诗?是谁真切地谛听,万世天籁的飘过?是谁曼妙地装点,星汉灿烂的银河?是谁痴迷于洞悉,浩瀚深邃的轮回?

混沌之初,是"你"披着五彩的霓裳,锻造空灵之形,缥缈之影,演化出乾坤浩荡,那周而复始的生动,历尽寒暑,从红尘滚滚,直到生生不息……

悠悠岁月,时光荏苒,非异样神勇难赋深情!

本书要阐述的内容:宇宙是怎样形成的,宇宙是如何演化的;生命是怎样形成的,生命是如何进化的;人类是怎样形成的,人类是如何发展的。万物是如何休戚与共的,人类最后的命运,宇宙最终的结果。万类楚楚,那么人类的主体意识到底该怎样地觉醒与共鸣呢?这一切决定着我们今天的所为。其实我们又能做些什么?然而那心底阵阵萌动的良知,不正在深切地呼唤着我们吗?德动天鉴!若是叩问一下范仲淹(字希文),他定会说:"微斯人,吾谁与归!"

同时在此,感谢真诚的朋友吕琢为此书作出的巨大贡献。

目录

第1篇 宇宙洪荒

第1章 开天辟地 ·················· 5
§1 时间的源头——无中生有 ·················· 5
§2 时间的操纵——四种作用 ·················· 6
§3 时间的外像——物质结构 ·················· 7
§4 时间的法则——宇宙秩序 ·················· 8

第2章 美丽的太阳系(Solar System) ·················· 10
§1 风光无限的八大行星(Major Aplanet) ·················· 11
§2 毫不逊色的"六"颗矮行星(Dwarf Planet) ·················· 14
§3 稠密的小行星带(Asteroidbelt) ·················· 15
§4 冲击视觉和情绪的彗星(Comet) ·················· 15

第3章 最独特的天体系统 ·················· 17
§1 蔚蓝色的星球 ·················· 17
§2 迷人的月亮 ·················· 19

第2篇 生命旋律

第1章 太古代——生命的序曲乐章 ·················· 23
§1 生命的诞生历程 ·················· 25
§2 生命的第一阶段——非胞生物(Noncellular Life) ··· 26
§3 第一次地质构造——阜平运动(Fuping Movement) ··· 26

第2章 元古代——生命的进化乐章 ·················· 28
§1 第二次地质构造——吕梁运动 ·················· 28
§2 生命的第二阶段——原核生物(Prokaryotes) ·················· 28
§3 生命的第三阶段——真核生物(Eucaryote) ·················· 29
§4 生命的第四阶段——多细胞生物 ·················· 30
§5 第三次地质构造——晋宁运动(Jinning Movement) ··· 30

1

第3章 古生代——生命的爆发乐章 ··· 31
§1 第四次地质构造——加里东运动 ··· 31
§2 "万物始祖"——多孔动物(Spongia) ··· 31
§3 最早的角斗者——刺胞动物(Cnidaria) ··· 32
§4 最早的狩猎者——扁形动物(Bilateralia) ··· 33
§5 高等的开始者——环节动物(Annelida) ··· 34
§6 消失的冲刺者——叶足动物(Lobopodia) ··· 34
§7 星球的改造者——节肢动物(Arthropoda) ··· 35
§8 超强的适应者——软体动物(Mollusca) ··· 35
§9 沉默的挑战者——棘皮动物(Echinoderms) ··· 37
§10 进化的遗憾者——半索动物(Adelochorda) ··· 37
§11 正果的修成者——脊索动物(Phylum Chordata) ··· 38
§12 第三次冰河期——第一次地球史上物种大灭绝 ··· 39
§13 第五次地质构造——华力西运动(Varisian Movement) ··· 39
§14 幸运的承载者——脊椎动物(Vertebrata) ··· 40
§15 神勇之鱼——鲍里斯 ··· 41
§16 冰川再现——第二次地球史上物种大灭绝 ··· 42

第4章 中生代——生命的磨难乐章 ··· 43
§1 山崩地裂——第三次地球史上物种大灭绝 ··· 43
§2 第六次地质构造——印支运动(Indosinian Movement) ··· 44
§3 湿热缺氧——第四次地球史上物种大灭绝 ··· 44
§4 灾难深重的爬行类(Reptilia) ··· 45
§5 第七次地质构造——燕山运动(Yanshan Movement) ··· 45
§6 天体撞击——第五次地球史上物种大灭绝 ··· 46

第5章 新生代——生命的华彩乐章 ··· 48
§1 第八次地质构造——喜山运动 ··· 48
§2 自由精灵——鸟类(Aves) ··· 48
§3 坚韧的翅膀 ··· 49
§4 自然进化的完美之作——哺乳类(Mammals) ··· 50
§5 奔腾的生命 ··· 50
§6 攫取智慧的幸运之儿——灵长类(Primates) ··· 51

第3篇 人类乾坤

第1章 蒙昧时代(Stage of Savagery) ··· 56

第2章 石器时代(Stone Age) ······ 58
- §1 漫长的旧石器时代(Palaeolithic) ······ 58
- §2 过渡的中石器时代(Mesolithic Age) ······ 60
- §3 萌动的新石器时代(Neolithic Period) ······ 61
- §4 时代能者 ······ 65

第3章 铜器时代(Bronze Age) ······ 69
- §1 滋润欧洲 ······ 70
- §2 滋养亚洲 ······ 70
- §3 聚焦公元前3000年 ······ 71
- §4 青铜中国 ······ 72

第4章 铁器时代(Iron Age) ······ 77
- §1 聚焦公元前1400年 ······ 77
- §2 聚焦公元前776年 ······ 79

第5章 帝国时代(Age of Empires) ······ 82
- §1 世界上第一个横跨欧、亚、非大陆的帝国——波斯 ······ 82
- §2 世界上第二个横跨欧、亚、非大陆的帝国——马其顿 ······ 87
- §3 大秦王朝 ······ 88
- §4 大汉王朝 ······ 91
- §5 世界上第三个横跨欧、亚、非大陆的帝国——罗马 ······ 93
- §6 大汉雄风 ······ 94
- §7 世界上第四个横跨欧、亚、非大陆的帝国——拜占庭 ······ 96
- §8 世界上第五个横跨欧、亚、非大陆的帝国——阿拉伯 ······ 98
- §9 愤怒的黑火药 ······ 100
- §10 蒙古帝国 ······ 106
- §11 马可·波罗 ······ 108

第6章 航海时代(Age of Wind) ······ 112
- §1 一代名将——郑和 ······ 112
- §2 世界上第六个横跨欧、亚、非大陆的大帝国——奥斯曼 ······ 115
- §3 克里斯托弗·哥伦布 ······ 116
- §4 瓦斯科·达·伽马 ······ 118
- §5 斐迪南德·麦哲伦 ······ 120
- §6 世界的倾斜(一) ······ 123
- §7 世界的倾斜(二) ······ 125
- §8 世界的倾斜(三) ······ 128

第7章　工业时代（Industrial Age） …… 131
§1　珍妮的心愿 …… 131
§2　瓦特的力量 …… 133
§3　激流勇进 …… 134
§4　勇往直前 …… 135
§5　奔驰大地 …… 137
§6　我心飞翔 …… 139

第8章　电气时代（Electric Age） …… 142
§1　隐形的能量 …… 142
§2　伟人内心世界的挣扎 …… 145

第9章　原子时代（Atomic Age） …… 152
§1　山重水复疑无路——原子武器之恐怖 …… 152
§2　柳暗花明又一村——尽善美求核能 …… 160
§3　琼楼玉宇化仙境——情系托卡马克 …… 162

第10章　太空时代（Age of Space） …… 165
§1　古老的东方有一条龙 …… 167
§2　"阿波罗"疑云 …… 173
§3　航天飞机计划 …… 176
§4　"衰"与"荣"——前苏联与航天 …… 180
§5　千古豪情　九天揽月 …… 182
§6　冲出地球 …… 184

第11章　信息时代（Information Age） …… 204
§1　从蹒跚起步到风驰电掣 …… 204
§2　艰辛的历程 …… 206
§3　Personal Computer之精彩演义 …… 210
§4　我是谁？ …… 211
§5　问天下谁是英雄？ …… 212
§6　超级计算机（Personal Super Computer） …… 213
§7　极速"进化"　超越人类 …… 214

第12章　超级时代（Super Era） …… 219
§1　开启"玄奥"之门 …… 219
§2　八仙过海 …… 220
§3　如此斑斓 …… 222
§4　工欲善其事，必先利其器 …… 223

§5　寻找"顶夸克"(Topquark) …………………………… 224
§6　召唤 …………………………………………………… 225
§7　物质、质量　我们、命运 ……………………………… 226
§8　开启超级时代 ………………………………………… 227
§9　超级时代的困惑 ……………………………………… 227
§10　超级机器 LHC ……………………………………… 228
§11　诡异的希格斯玻色子(Higgs Boson) ……………… 230
§12　终极知识的里程碑——"标准模型"(Standard Model) …… 230
§13　期待中的煎熬 ……………………………………… 231
§14　超级年代——公元 2012 …………………………… 232

参考文献与资料 ……………………………………………… 237

第1篇 宇宙洪荒

在中国的古老著作中,《易经》(传说是由伏羲氏与周文王所创)堪称华夏五千年智慧与文化的结晶,被誉为"群经之首,大道之源"。"天玄地黄"便出自于此经。"玄"意为玄奥、变化的意思。在老子《道德经》中被译为:"玄之又玄,众妙之门"。

《淮南子》是中国西汉时期创作的一部文集,由西汉皇族淮南王刘安主持撰写,故而得名。书曰:"四方上下谓之宇,往古来今谓之宙"。"宇宙"一词之绝妙,恰恰在于人类竟然第一次把"毫不相干"的时间与空间巧妙地联系在一起! 这一点,只有今天的智者才真正通晓其深刻的含义。

《太玄经》为西汉扬雄撰写,其中提有"洪荒之世"之说。

至此,南朝梁武帝之"员外散骑侍郎"——周兴嗣编写的《千字文》中,一条惊世之语赫然而出——"天地玄黄,宇宙洪荒"。

老子在描述宇宙的真谛时,还给出:"道生一,一生二,二生三,三生万物。万物负阴而抱阳,冲气以为和"之说,用来解释今天的一切,居然尽善尽美!

《三五历纪》《五运历年纪》为三国时吴人徐整所著,其中如此描绘:

"天地混沌如鸡子。盘古生在其中。万八千岁。天地开辟。阳清为天。阴浊为地。盘古在其中。一日九变。神于天,圣于地。天日高一丈,地日厚一丈,盘古日长一丈。如此万八千岁,天数极高,地数极深,盘古极长。故天去地九万里,后乃有三皇"。由此看来,今天"宇宙蛋"之说并非空穴来风,耸人听闻。

东方神秘古国的圣贤,在如此久远的年代却拥有着超乎于寻常的灵光与智慧,先知先觉,令今天的"现代科学"统帅们,由衷地信服、惊叹、顶礼膜拜。

我们的宇宙星汉灿烂! 宇宙是如何起源的? 时间和空间的本质到底是什么? 物质为什么会有质量? 宇宙的最终结果是什么? 这一系列"绝深"的问题,千百年来,从古代哲学家到现代天文学家,前仆后继,执迷于上下而求索,代价甚高,但始终与题相去甚远。有道是"虞兮虞兮奈若何"! 看来,"太极"之谜幻,远远超乎于我们的思维和想象!

哥白尼、赫歇尔、哈勃;太阳系、银河系、河外星系,我们可以听到宇宙深处探索的脚步之声,依然铿锵而执着……

直到公元20世纪出现了比较有影响的两种"宇宙模型"。一种是稳态理论,从结构上说是无限而恒定的,从时间上说是无始无终的;另一种是大爆炸理论。"大爆炸宇宙论"是1927年由比利时天文学家勒梅特提出的,他认为:最初宇宙的物质集中在一个超原子的"宇宙蛋"里,在一次大爆炸中分裂成无数碎片,形成了今天的宇宙。

20世纪20年代后期,爱德温·哈勃(Edwin Powell Hubble)发现了著名的"谱线红移"现象,说明宇宙正在膨胀。20世纪60年代中期,阿尔诺·彭齐亚斯(Arnaud Penzia)和罗伯特·威尔逊(Robert Wilson)发现了"宇宙微波背景辐射",又是一个"宇宙蛋"之说。这两个发现给大爆炸理论以有力的支持。然而对于芸芸众生中的普通人来说,其固有的思想意识过于根深蒂固,只有像爱因斯坦、霍金这样的科学巨匠,才有足够的能量撼动。于是"大爆炸"理论横空出世,对于其他学说、流派而言,其能量之狂飙,无与伦比,堪称摧枯拉朽。

至于大爆炸"以前"之事,对于今天的我们更是无从探知。《庄子·齐物论》曾曰:"六合之外,圣人存而不论"。

开天辟地

§1 时间的源头——无中生有

150亿年前,有一种状态叫"无",就是没有物质、没有时间、没有空间的状态。而一场不可思议的"大爆炸",一切全都"有"了!那便是神奇的宇宙!同时,也宣告了宇宙的绝对秩序——罢黜多余维度,不偏不倚,将"四维空间"铸成天道!那一刻,时间开始外化。正值混沌之初,可谓"道生一,一生二,二生三,三生万物",于是便开始了伟大的物质演化。传统的认识不断地被颠覆:"不是物质存在于时间与空间当中,而是物质具有时间与空间的延展性"。宇宙是有限而无界的,就像水涨船高的道理一样。

爆炸之初,所有物质被熬成一"锅"基本粒子汤,紧接着,基本粒子之间发生猛烈的碰撞。今天我们还不完全晓得,宇宙经历了多少层次的变化,度过了多少危险期,最终绝大部分形成的是质子(氢核)、中子、电子及电子中微子。原始星云开始初步形成。

这一切在今天,都被界定为"明物质",而在宇宙产生的全部物质中,90%以上是"暗物质"及暗能量。这种物质不与电磁波相互作用,人们只能通过引力产生的效应得知它的存在,且对其神奇之处,还知之甚少。明物质、暗物质它们又都被统称为"正物质"。科学家们相信:"大爆炸"一定产生了同等质量的"反物质",不知"躲藏"到哪里去了,是被封锁在另外的维度里,还是根本不在我们这个宇宙中?到目前为止,我们还没有能力来认识它,但是,即使我们发现了它,也不敢轻易地去"碰"它,因为"正物质"遇到"反物质"时会发生"湮灭"。

§2　时间的操纵——四种作用

相随而生的有四种作用力:强力、弱力、电磁力、万有引力,它们是物质演化的强劲推手和直接操纵者。也许另外还存在着更神秘的"力"在冥冥之中起着作用,控制着宇宙的命运,但我们今天同样未能发现它们!

强力最强,作用范围很有限,只存在于核子内部,但却是能量的宝库,这个能量是超乎寻常的,只有核裂变、核聚变时才有得失转换。在这个过程中,部分物质神秘地"消失"了,为此,不修边幅的爱因斯坦被人冤枉了多年。

弱力其实并不弱,它强于电磁力,处在第二位,是核反应的必要条件,但它的作用范围是最小的,它更善于诱导核子衰变,让不稳定的物质具有放射性。

电磁力较为温和,它巧妙而有效地封闭和限制了强力,确保了物质存在的有序性。而不幸的是它让天之骄子詹姆斯·克拉克·麦克斯韦英年早逝。

引力是最弱的力,早在那个著名的"苹果"砸在牛顿头上之前,它就无处不在了,但它最终扬长避短统治了整个宇宙。这四种力共同决定了物质的完整"结构"。正所谓:"万物负阴而抱阳,冲气以为和",说明物质是依"结构"而生的。

理论上只要把这"四种力"完美统一起来,便可以揭示宇宙的一切奥秘。衣冠楚楚的牛顿把"行星运动"和"物体下落"的运动规律统一起来;法拉第、麦克斯韦把电、磁、光统一起来;爱因斯坦把物质、能量、时间、空间统一起来;全身瘫痪只会转动眼球的霍金将爱因斯坦的相对论、普朗克的量子论以及大爆炸等理论统一起来。所有的统一都与这"四种力"有关,但唯有"引力"显得格格不入,这一点耗去了爱因斯坦毕生的"精力",也一直成为霍金的不快。也许这是人类揭示宇宙本质的"最后"一关了!

"量子理论"的高级代表,当属"哥本哈根"之子——波尔。曾几何时,他在足球场上酣畅淋漓地驰骋,以至于后来获取了真正的"原子模型"。同样都是圆的,但没有人认为这两者之间存在着必然的联系。

"大一统"思想是人类最美丽的梦想,从而将获得整个世界的"终极"知识。在描述微观世界的"量子力学"与描述宏观引力的"广义相对论"中,存在着根本上的冲突,以至于在"接口"处无法弥合。这意味着二者虽然在各自领域内都获取了非凡的成就,但它们都不能完整地描述这个世界,必须寻找到一种超凡脱俗之"思想"来统一。举世瞩目下,一种名为"超弦"的理论应运而生,很有可能担此大任!

真可谓"玄之又玄,众妙之门"!不管怎样,总之让人无比兴奋、刺激!但愿这绚丽的宇宙之门早日打开!

§3　时间的外像——物质结构

　　宇宙产生的过程,可以理解为"物质"从引力的魔爪中逃生的过程,它是以最基本、最简单的身份逃出来的。即便在今天,我们对它们的识别能力,也只能够触及到夸克与轻子(电子、μ子、τ子及其中微子)的层面上,因为出逃成功的夸克不得不相互抱团为质子或中子才能存续下来,所以夸克总是即生即灭。之后质子与中子和亲为原子核,与电子大致上处于一种"等离子体"状态。中微子则与众不同,它不参与物质的构造,且毫无阻隔地四处游荡。可谓"跳出三界外,不在五行中"。当温度下降到3 000K时,电子与原子核结合成稳定的原子。于是,宇宙中唯一的、最原始、最简单的元素诞生了!那便是氢(H)元素——自然之祖!光子不再被自由电子散射,宇宙由混沌变得清澈。大约1亿年后,氢原子开始结合为氢分子(H_2)。"万有引力"使其超海量地聚集成球状,并引导这些氢分子向中心塌缩,使中心产生超高的温度,结果赶跑了防守严密的外围电子(e),氢的裸核得以彼此相拥,这个过程呈现出一种超猛烈地"燃烧"状态,被称为"核聚变"。聚变后产生了更重的元素——氦(He),元素就是在一次次聚变中不断长大的。这也是恒星的成因,因而恒星格外炽热、明亮!

　　137亿年前,恒星在引力作用下逐渐凝聚为原星系,原星系聚在一起形成等级式结构的星系集团。就这样我们的银河系(the Milky Way 或 Galaxy)诞生了!它包括两千多亿颗恒星和大量的星团、星云,还有各种类型的星际气体和尘埃。

　　银河系是一个璀璨壮观的碟型运动系统,它的直径约为10万多光年,中心厚度约为1.2万光年。它有三个主要组成部分:银核、银盘和晕轮,总质量是太阳质量的1万亿倍左右。

　　银核,这个区域由高密度的恒星组成,主要是年龄大约在一百亿年以上老年的红色恒星,在中心区域还存在着巨大的黑洞。

　　银盘,主要是由四条巨大而物质稠密的旋臂环绕组成,这是一个与众不同的符号,特殊之处我们还不能破译。它是由无数的年轻的蓝色恒星构成的,分别是人马座旋臂,猎户座旋臂,英仙座旋臂,天鹅座旋臂。旋臂以稳定的图案,按着逆时针方向旋转,其速度较"低"。一批又一批的恒星,由于引力的作用在旋臂上减速,密集地穿过旋臂之后,又按各自的轨道继续前进。

　　晕轮,弥散在银盘周围的一个球型区域内,这里恒星的密度很低。

　　在宇宙中,顺时针方向旋转的天体纯属特例,因此发展为一条自然法则,叫作"天道尚左,日月西移"。

宇宙中像这样的星系有很多,离我们最近的一个星系叫作"仙女星系"。银河系所在的星系群叫作"本星系群",成员由包括银河系和仙女星系在内的大约50个星系组成。星系群内,星系数目超过了100个,便称作星系团(Galaxy groups and clusters),它是由星系、气体和大量的暗物质在引力的作用下,聚集而形成的庞大的天体系统。通常尺度有数百万秒差距,可包含数百到数千个星系。

距离本星系群较近的一个星系团,叫"室女座"星系团,它包含了超过2 500个星系。像这样的星系团在宇宙中不计其数,由系、群、团划分的结构等级体系,都在围绕各自中心运转。

宇宙之大,足以让我们的想象力疲惫!

恒星炽烈地燃烧自己,并不断合成新的元素。碳、氧、硅、铁等元素越来越重。铁元素的产生是一个重要分界点。宇宙中的重大事件基本上都是"铁元素"在作怪,它会直接导致恒星的灭亡。恒星的生存是需要能量支撑的,在制造铁元素时,不再放出能量,恒星失去了有力支撑,便开始惊心动魄地"崩塌",这一现象叫作超新星爆炸。在爆炸的同时,喷射出包含重元素的气体和尘埃。在这个过程中,所有的元素便一并被制造出来。至于究竟生成了多少种元素无从知晓,但最终稳定存续下来的只有92种元素(含其同位素),当然,它们同样依结构而生。其中"铀"一马当先冲击成最重的元素,因而也成就了其"蓄势待发"的天性。值得一提的是贵金属,金、银和铂族金属(钌、铑、钯、锇、铱、铂等)共8种金属元素是因为宇宙在当初制造时就十分稀少,所以在熠熠生辉时,自然价格不菲。要知道,最初所有元素都是超新星爆炸的杰作,无可替代!

后来这些元素被勤快无比的门捷列夫依核电荷数的多少排了序,并列在一张著名的表上,成为众学科的指导性纲领。就是这些看起来少得十分有限的元素(共92种,其他种类均为人造元素),以一定的规律严谨组合,构成了我们今天色彩缤纷、扑朔迷离的大千世界……

但是,一些放射性元素,不甘如此,它们在衰变……

§4 时间的法则——宇宙秩序

宇宙的存在状态是一个加速膨胀的状态,这个过程由时间启动"暗能量"不失时机地来完成,"暗能量"与万有引力相抵触,将导致不断扩大的相邻星系毁灭性的大融合,也决定着宇宙的终极命运。大约100亿年后,银河系与仙女系狭路相残,最后将面目皆非;霍金的预测:280亿年后,宇宙将走向尽头。由此断定我们宇宙的寿命大约为420亿年。届时,或许将进入下一个轮回,产生另一个崭新的宇宙。但此时,我们的宇宙才刚刚诞生！那么,我们可不可以理解为,从光诞生那一刻起,向各个方向行走了420亿年,便是这个宇宙的最后大小呢？当然不可以,因为今天那束创世之光,已行至大约930亿光年之处,但那依然不是宇宙的真正大小。如果以光现有的速度计算,这个距离光"行走"的时间已远远超过光(或者宇宙)诞生的时间。因而这仅仅是在时间维度内的一种狭隘的设想,不是真正的宇宙思维。

超新星爆炸蔚为壮观！无人晓得那一朵朵绚丽的宇宙之"花"为谁而开？但这是时间的意志,所有的大恒星最终都将化为超新星而爆炸,不可抗拒。不过时间会严格地根据恒星质量的大小,依次引爆。质量越大,恒星的寿命越短,其命运的安排是提前绽放。而超新星爆炸后产生的物质,又被用来作为合成新的天体原料,从这个意义上说,死亡又意味着新的意义上的重生。

时间也同样会依据恒星的质量大小,控制着超新星爆炸的最后结果:

第一种,质量小于十个太阳的恒星,爆炸后,将恒星外部产生的新物质抛洒出去,参与宇宙的物质流通;而中心部分,则化为一颗平静的白矮星。

第二种,质量大于十个太阳的恒星,爆炸后,铁原子便坠入了引力的深渊,电子被压入质子中,成为中子,进而形成引力强大而致密的中子星,又名波霎。其引力之大,使得"光"只有呈抛物线形状才能逃脱。中子星汲取了超级能量而高速旋转,不断向外发射像电子束一样的电脉冲,狂暴地扫荡着天庭。当它的角动量消耗殆尽,中子星将变成不发光的黑矮星,那是恒星最后的尸骨。由于一颗恒星从形成至演变为黑矮星的生命周期比现在宇宙的年龄还要长,因此现在的宇宙并没有任何黑矮星。

第三种,质量超大的恒星爆炸后,会产生引力的奇迹——黑洞。"光"再也无能为力,只好束手就擒。黑洞是宇宙中的终极"猎食者",任何天体一旦闯入其领地内,便无一例外地被吞噬掉,所有的物理定律在它面前都会失效。在所有的词典中,只有一个词才能恰如其分地描述它,那就是"万劫不复"！

第四种,质量大得恰到好处的恒星,爆炸后形成了多个部分天体,中心部分塌缩成为新的恒星,其余部分分别形成行星绕其运行。我们的太阳系就是这样产生的。这种几率实在是太小了！在人类发现能力的范围内真是凤毛麟角,而对于能够承载生命的行为来说,目前它还只是宇宙的唯一。

美丽的太阳系（Solar System）

第 2 章

　　50亿年前，在银河系的一个旋臂上，一颗普通的"超新星"爆炸，偶然间形成了我们的太阳系。很快它的核心塌缩并燃烧成一颗黄色的恒星——这就是哺育万物的太阳，围绕太阳逆时针旋转的大量碎片和宇宙尘埃，依靠引力逐渐聚集成团，形成了行星。起初，整个体系处在一个极其混乱的状态，这正是行星形成并确立自己地位的时候，它们不遗余力地将周围的小型天体及碎片揽入怀中，以壮大自己，在这个过程中冲突和撞击在所难免，因而星体各个伤痕累累。后来局势才逐渐平稳明朗下来，趋于井然有序。最终诞生了宇宙的奇迹——智慧生命。接下来，便孕育了一系列斗转星移的故事。

　　在太阳系内仅有一颗恒星，那便是光芒万丈的太阳，从古至今，人类对这个等离子星球始终充满了敬畏、依赖、爱戴、膜拜。人类更将最美好、最神圣的象征赋予了它：热情、无私、生命、希望！有八颗大行星甚是循规蹈矩，片刻不停地围绕太阳运转。它们依照与太阳的距离从近到远分别是：水星、金星、地球、火星、木星、土星、天王星、海王星。

　　目前，还发现了六个矮行星，依据体积从大到小分别是：阋神星（齐娜）、冥王星、鸟神星、塞得娜、妊神星、谷神星。另外，在太阳系内还分布着小行星带、彗星等，以及太阳系诞生之初留下的胎盘残余——大多为冰冻天体。

　　火星以内被称作"类地星球"，它们是由岩石和金属构成；木星以外被称作"类木星球"，是由气体和液体构成的巨行星。在火星和木星中间，有一条小行星隔离带，它们几乎都处在同一平面并且同向运行，由各种大小不一的岩石组成。在太阳系的边缘，还有一条粗壮的小行星带，绝大部分为冰冻天体，当它们中的一些受到意外的撞击时，就可能会改变方向，其中，以椭圆轨道冲向太阳的就成了彗星。围绕行星运行的天体叫卫星。无疑最迷人的卫星当属地球所拥有的冰清玉洁之月亮。

太阳系绕银河系的中心运行,运行一周大约需要2.4亿年。目前太阳系已围绕银河系的中心大约运行了20圈,在"不久"前,刚从银河系的猎户座旋臂中穿出来,就在这个过程中人类诞生了!

　　太阳的寿命约为100亿年,90亿年的氢聚变,10亿年的氦聚变。在这个过程中,太阳的中心又诞生了另一个"太阳",猛烈地将原来的太阳向外推出去,弥散且吞并整个太阳系,百亿岁的太阳便化为一颗膨胀的"红巨星",全部的生命系统都将崩溃。之后,红巨星将塌缩成为一个平静的"白矮星"。当然,经过摧残的八大行星以及其他天体,依然无怨无悔,不离不弃地追随它。这是40亿年之后的事。而40亿年的准备时间,人类有足够的能力为自己寻找到新的未来:矗立在第二家园,深情地回望,人类将亲眼见证哺育过自己的"时空摇篮",在绚烂中坐化,那是怎样百感交集之情! 之后,在追忆恢宏的地球往事中,使命将让憧憬再次扬帆起航,人类将再续华美乐章! 那是未来的故事,而此时我们的太阳系才刚刚诞生。

§1　风光无限的八大行星(Major Aplanet)

　　肇始之初的太阳系,八大行星的真容还隐没在一片尘埃之中秉承天经地义。当太阳从中心燃烧并旋转起来时,一场持久、混乱、惨烈的命运大碰撞开始了,碰撞波及每个角落,所有天体无一幸免。碰撞的过程是大天体吞噬小天体的过程,也是天体改变自身运动状态的过程。场面之恢弘无以详尽。最终塑造了各具形态、各行其道的新天体,于是阳光普照,万象更新!

　　1. 日大于年的水星(Mercury)。水星,熟悉而陌生的天体,极速飞驰,迟缓旋转。身材小,密度高,引力大。水星绕太阳轨道运行一周只要88个地球日,而水星"一昼夜",却需要176个地球日,也就是说在水星上过一天,同样等于在水星上过了两年,这是因为"进动"的水星轨道使得它自转三周,公转两周才能见到一次太阳。这个几乎为纯铁的裸核,是缘于在大碰撞中,外壳碎裂而散失之故,之后,"进动"的水星之轨道,宛若谜一般的诱人,花一样的美丽。水星的表面经历着所有行星中最大的温度变化,从白天的427℃到夜晚的-173℃。中国古代称为辰星。在希腊神话中称为赫耳墨斯,是宙斯的儿子,在罗马神话中称为墨丘利。在太阳系内,水星是唯一一颗无天然卫星环绕的大行星。

　　2. 不怪才怪的金星(Venus)。这个离地球最近的行星,其半径、质量、密度等都与地球接近,是地球的姊妹星,一直在高烧,温度500 ℃,且笼罩在浓浓的酸雾与二氧化碳中。金星要在日出前或者日落后才能达到亮度最大。美丽的神话色彩甚浓,就像它浓郁的大气一样。中国古时称之"太白",它黎明前出现在东方天空,称为"启明";黄昏后出现在西方天空,称为"长庚"。在希腊神话中称为阿佛洛狄忒,在罗马神话中称为维纳斯,是爱与美的女神的象征。在金星的表面一年太阳出没两次,奇怪的是金星是反向自转的行星,也就是说金星上的太阳是从西方升起,从东方落下的。总之,是大碰撞使金星变得如此怪异。更奇怪的是:金星的卫星在二百年前神秘"丢失",只留下一个谜团,也许是前人弄错了。在太阳系内,金星是唯一一颗没有磁场的行星。

3. 孕育生命体的地球(Earth)地球是距离太阳远近排在第三位的行星。也是太阳系中直径、质量和密度最大的类地行星。以每秒29.79千米的速度绕太阳运行。赤道半径为6 378.2公里,其大小在行星中排列第五位。最不可思议的是在同样险象环生的大碰撞中,唯有地球撞上了蔚蓝色命运,可谓得天独厚。在太阳系内,地球是唯一一颗孕育着生命活力的行星。

4. 橙红色的火星(Mars)。距离太阳远近排在第四位的行星是火星,它的天空呈现橘红色,是因为它地表的赤铁矿(氧化铁)的缘故,更使人们联想到血色和战争。火星直径约为地球的一半,自转轴倾角、自转周期均与地球相近,公转一周约为地球公转时间的两倍。两颗赤诚的卫星与火星形影相随。火星很像地球,有坚硬的表面和四季的交替,同时它还拥有随四季变化的极冠。火星基本上是沙漠行星,地表沙丘、砾石遍布,没有稳定的液态水,以二氧化碳为主的大气既稀薄又寒冷,沙尘悬浮其中,常伴有强烈的沙尘暴。太阳系内最大的三座火山,全部落脚火星,其中最高的为奥林匹斯火山,高度近30 000米,说明火星曾拥有过太阳系内最强烈的地质活动——火山喷发,但如今,它们谜一样地都死去了。我们不曾晓得,在亿万年前的大碰撞中火星到底撞上了什么?在希腊神话中,火星代表战神,而在罗马神话中火星作为帝国神圣的保护神。中国则称之为"荧惑"。在太阳系内,火星是唯一一颗与地球具有相似环境,可供人类登陆的行星。

5. 急躁的木星(Jupiter)。距离太阳远近排在第五位的行星是木星,属气体类木巨行星。它是八大行星中体积最大,自转最快的行星,大红斑(高速气旋)是它的特征。木星主要由氢和氦组成,公转一周为12年。木星已知有67颗卫星,其中木卫3是太阳系中最大的卫星,半径2 634千米,比行星中的水星还要大。隐约的木星环系统主要由四部分构成:厚厚的粒子环面内晕层称为"光环";一个相对光亮的而且特别薄的"主环";以及两个外部既厚又隐约的"薄纱环"。在大碰撞中,对于木星而言显得若无其事,只意味着索取的更多,因为它实在太巨大了。古代中国称之岁星,因其与地支相同之故。西方称之朱庇特,源自罗马神话中的众神之王,相当于希腊神话中的宙斯。

6. 炫目的土星(Saturn)。距离太阳远近排在第六位的行星就是土星,属气体类木巨行星。土星公转轨道半径为14亿千米。土星那橘色的表面,没有固定的"地面",漂浮着明暗相间的彩云,并配以赤道面上那发出柔和光辉的光环。

土星大小仅次于木星。其直径约12万千米,是地球的9.5倍,体积是地球的730倍。但它的平均密度却比水还要小,每立方厘米仅有0.7克。土星内部结构与木星相似,也有岩石构成的核。核的外面是5 000千米厚的冰层、金属和氢组成的壳层。土星的大气运动平静、单纯而快速。

土星是中国古代根据五行学说及观测到的土星颜色(黄色)来命名的,罗马神话中称为萨图努斯神,希腊神话中称为克洛诺斯,是神王宙斯之父。

土星最让人着迷的是炫目的土星环,最初人们认为是由岩石、金属等重元素组成,其结构极为复杂,但事实并不是这样,它们都是由冰晶体组成。土星环划分为7层,距土星从近到远是D环、C环、B环、A环、F环、G环、E环。

已经确认土星有62颗卫星。其中,土卫6是太阳系中第二大的卫星,半径2 575千米,同样比水星大。土卫6是拥有明显大气层的卫星,大气由氮和甲烷组成。有风、有雨并且江、河、湖、海都具备,但那不是水,而是严寒塑造下的液态甲烷。

7. 巨环天王星(Uranus):距离太阳远近排在第七位的行星就是天王星,体积是太阳系里第三大的行星,属气体类木巨行星。它处于距离太阳约28亿公里(17亿英里)的位置围绕太阳公转。其公转周期是84年,自转周期则是17小时14分钟。天王星自转独特,实际上它是倾倒在其轨道上滚动,而且是顺时针。一般认为这个不寻常的位置是由于它在太阳系的形成早期曾与一颗行星大小的星体碰撞过的缘故。由于它的奇怪定位,它的两极分别承受长达42年的白昼或黑夜。他的名称来自古希腊神话中的天空之神乌拉诺斯,他是克洛诺斯的父亲,宙斯(朱庇特)的祖父。

奇异而巨大的天王星环,在黑暗中很难被人发现,并有27颗卫星隐没其中。

8. 谜一样的海王星(Neptune)。距离太阳远近排在第八位的行星是海王星,它是围绕太阳公转的第四大天体(直径上),属气体类木巨行星。海王星在直径上小于天王星,但质量比它大。海王星的质量大约是地球的17倍,而类似双胞胎的天王星因密度较低,质量大约是地球的14倍。海王星以罗马神话中的尼普顿(Neptunus)命名,因为尼普顿是海神,所以中文译为海王星。海王星大气层以氢和氦为主,还有微量的甲烷,这是它呈现蓝色的主要原因,因此海王星比天王星更为鲜艳。海王星上拥有太阳系中最强烈的风暴,时速高达2 100千米。是什么力量造就这最强烈的风暴,还是个谜,因为离太阳最远,太阳光与热到这里已经无能为力。海王星还拥有谜一样的环型系统,它由两条亮窄环、两个暗弥漫环、一个尘埃壳构成。目前发现了13颗卫星,其中,海卫一比谜更特殊,它直径比月球略小,比冥王星大,几乎具有行星的一切特征。"火山"活动剧烈,具有只有行星才有的磁场,但它运行的方向却与海王星相反,也许是被捕获的。这颗固执的卫星,总有一天将被海王星强大的引力撕碎,届时其艳丽的环型系统,可以和炫目土星环相媲美。在太阳系内,海王星是唯一一颗用数学预测而非有计划观测发现的行星。

§2 毫不逊色的"六"颗矮行星(Dwarf Planet)

  矮行星是大小介于大行星与小行星之间的行星,直径在几百千米到几千千米之间,目前发现了六颗,都是太阳系家族的重要成员。矮行星与我们的距离实在太远了(谷神星除外),以至于用地球上的形容词都不能够确切地描述,因其一般被发现的都很晚,所以更显得陌生而神秘。

  1. 阋神星(小行星编号136199 Eris,并命名为"厄里斯",在希腊神话中是纠纷与不和的女神),目前它是太阳系中最巨大的,属于柯伊伯带及海王星外天体的矮行星,它比冥王星稍大,但是轨道是冥王星到太阳距离的两倍,距离太阳140亿千米。阋神星也有一颗卫星。它在所有直接围绕太阳运行的天体中排名第九。它估测直径约为2 300~2 400千米,又称齐娜(Xena)。阋神星的轨道极为倾斜,公转周期为557年。阋神星为黄道离散天体,即偏离地球轨道平面的星体。

  2. 冥王星(Pluto),直径2 300千米。公转周期约248年,自转周期6.387天。表面温度在-220°C以下。如此小的星体,居然还有五颗卫星环绕相随。该星是1930年1月由克莱德·汤博根据美国天文学家帕西瓦尔·罗威尔计算的结果发现的,并以罗马神话中的冥王普路托命名。罗马神话中,冥王是冥界的首领(希腊人称冥界的首领为Hades哈迪斯,中国为阎王)。由于它离太阳太远,一直沉默在无尽的黑暗之中,与人们想象的冥境相似。凑巧的是,冥王星(Pluto)开头的两字母也是帕西瓦尔·罗威尔(Percival Lowell)名字的首字母缩写。在太阳系内,冥王星是唯一的一颗通过计算而发现的行星。

  3. 鸟神星(小行星编号136472,并命名为Makemake),也是柯伊伯带天体。它直径是冥王星的四分之三,大约1 725千米。是太阳系中第三大的矮行星,鸟神星没有卫星,因此它是一颗孤独的大海王星外天体。它极端低的平均温度(大约-243.2°C)意味着:它的表面覆盖着甲烷并且可能有乙烷冰。

  4. 塞得娜(小行星编号90377),是北极地区的土著民族,依因纽特人神话传说中海洋女神的名字而命名。直径大于1 250千米并且小于1 800千米,呈淡红色。其为黄道离散天体,是目前太阳系中距太阳最远的天体,椭圆轨道距太阳最远点约为1 300亿千米,公转周期为一万年。以至于在以后的数千年内会找不到它的踪影,届时人们有可能会忘记它的存在。

5. 妊神星(小行星编号 136108 号,昵称为"Haumea"即夏威夷女神的名字),是一颗新近发现的柯伊伯带天体,它是太阳系里旋转速度最快的天体,没有任何一颗直径大于 100 千米的已知天体拥有如此快的自转速度。这也许是它曾与其他星体相撞的原因,其外形呈现椭圆型,质量为冥王星系统的 28%,月球质量的 6%,有两颗卫星钟情相随。

6. 谷神星(Ceres,小行星编号第 1 号)是太阳系中最小的矮行星,又是小行星带之中最大、最重的天体,约占小行星带总质量的三分之一。谷神星的直径约 950 千米,目前是唯一的一颗位于小行星带的矮行星,也可称之为小行星,它是第一个被发现的小天体。

这些默默无闻的岩石星体,在亿万年前的大碰撞中,似乎被命运所抛弃,迷失久远,但它们却一直在参与着太阳系整个家族兴衰之事,是我们冷落了它们,因而尚不晓得它们的伟大,但其不可估量的价值总有一天会凸显出来,也许会石破天惊……

§3 稠密的小行星带(Asteroidbelt)

小行星(Asteroid)是太阳系内类似行星环绕太阳运动,但体积和质量比行星小得多的天体,或者说其大小只相当于巨大的岩石。太阳系中大部分小行星的运行轨道在火星和木星之间,称为小行星带。另外在海王星以外,也分布有小行星带,这片地带称为柯伊伯带(Kuiper Belt)。柯伊伯带是一种理论推测,认为短周期彗星是来自离太阳 50~500 天文单位的一个环带。位于太阳系的尽头,其名称源于荷兰裔美籍天文学家柯伊伯。小行星对地球始终存在着威胁,随时有冲向地球的可能,造成毁灭性灾难,因而,警惕的地球时刻严阵以待!

§4 冲击视觉和情绪的彗星(Comet)

彗星是太阳系中冰冻天体之一类。冰冻天体大量集中在太阳系的边缘,太阳系形成之初天体在无序的碰撞中改变了原来轨道,冲向太阳系内部,它们就成为了彗星。那是彗星横行的年代,不计其数的彗星拖着长长的尾巴直奔太阳系中心,几乎所有的行星都被袭击过,地球也不例外。当彗星靠近太阳时即为可见。太阳的热使彗星物质蒸发,在冰核周围形成朦胧的彗发和一条稀薄物质流构成的彗尾。由于太阳风的压力,彗尾总是指向背离太阳的方向。或许是灾难的出现与它相逢的几率大了些,所以它总是给人以"不祥之兆"的感觉。人们即害怕它又诅咒它,但它却是天文学家的挚爱,因其包含太阳系诞生之初的物质,人们同时相信是数十亿年前彗星撞击地球时带来了水和有机物,因而心念旧恩。

美哉,太阳系!壮哉,太阳系!然而,在太阳系内还有一颗"星",比我们敬仰的太阳更重要!在经意与不经意中,常常被我们忽略,那便是人人企盼的幸运之星——lucky star!

太阳系处在银河系的偏远之处,距银河系中心3.3万光年,一般的事件波及不到它。这是得天独厚的待遇,否则,我们今天的命运不堪设想。因为银河系内任何一个微不足道的小事件都会使太阳系内最具价值的东西顷刻间灰飞烟灭!而这样的事件时刻都在发生着!

惊魂初定,我们是应该愁眉不展呢,还是雀跃快哉?事实上,潜在的威胁早已注定。除太阳以外,离我们最近的三颗恒星的距离是40万亿千米;100光年处是一个不稳定的双子星座;640光年外的"参宿四"是一个庞然大物,接近太阳质量的20倍,但直径已膨胀到太阳的600倍,它是已走入生命末期的红超巨星。几千万年后,它们会抢在太阳之前爆炸的,届时地球有可能遭受重创,而爆炸后的"参宿四"最有可能会化为中子星甚至黑洞……

警醒之余,当有所悟:在宇宙中寻找人类的新家园,理应刻不容缓!

当然,目前太阳系内除偶尔间出现"害群之马"或"不速之客"外,整个体系和谐有序。正是在如此的"幸运之星"的照耀下,我们所拥有的这颗"温和"的恒星,才得以在周而复始中孕育勃勃生机。

最独特的天体系统

第 3 章

§1 蔚蓝色的星球

地球(Earth)距太阳 1.5 亿千米,距离远近在行星中排在第三位。也是太阳系中直径、质量和密度最大的类地行星。赤道半径为 6 378.2 千米,其大小在行星中排列第五位。地球有大气层和磁场,表面的 71% 被水覆盖,其余部分是陆地,是一个蔚蓝色星球。它是目前人类所知宇宙中唯一存在生命的天体。它有一颗天然卫星——月球。地球以一天 24 小时为一周期,自西向东逆时针自转,以 365 天的周期逆时针绕太阳公转。神奇的地轴与地球轨道平面形成一个稳定而绝妙的角度,因此一年中地球才有寒来暑往,迷人的春、夏、秋、冬,呈现出多姿多彩的四季变化。

46 亿年前,地球已经成长到与现代质量相近的程度。这时的地球还只是许多微星的集合体,叫作原地球。原地球在引力收缩和内部放射性元素衰变的作用下不断受热,当原地球内部温度达到足以使铁、镍等元素熔融时,铁、镍等元素迅速向地心集结,形成神秘的地核。

地球是由地壳、地幔、地核三部分构成的内循环系统,直径为 12 742 千米。地核占地球总质量的 16%,地幔占 83%,而与人们关系最密切的地壳,仅占 1%。

地壳:只有三种岩石组成,火成岩(花岗岩占 90% 以上;玄武岩 7% 左右)、沉积岩(石灰石海底形成)、变质石(大理石由石灰石高温高压形成)。整个地壳平均厚度约 17 千米,其中大陆地壳平均约为 33 千米;高山、高原地区地壳更厚,最高可达 70 千米;平原、盆地地壳相对较薄;大洋地壳最薄,有些地方甚至厚度只有几千米。

火成岩主要成分为 SiO_2 及相关杂质。值得一提的是:地壳形成时还意外地产生了极少量的特殊石头,由于该石头奇妙地控制了杂质的比例和成分,因此成色温润尔雅,质地晶莹剔透。其中大部分为寿山石和美玉,黄的为翡、绿的为翠、红的是玛瑙、蓝的是宝石、紫色为水晶,纯的 SiO_2 即为天然"玻璃"。此皆为出类拔萃之神物,非同寻常!

地幔:成分为岩浆,地球内循环系统的主要部分,温度2 000℃,数不尽的黄金、钻石悬浮其中,这一新奇现象令我们出乎意料。

地核:地核(Core)是地球的核心部分,主要由铁、镍元素组成,半径为3 480千米。地核又分为外地核和内地核两部分。外核由液态金属铁组成,地球的保护伞——磁场由其产生。磁场在抵御太阳风的高能粒子时,会在两极的大气中留下绚烂的极光。神光离合,变幻莫测,美轮美奂。内核由固态金属铁、镍组成,同时,含有放射性元素铀。地核,不知疲倦地燃烧着、反应着、搅动着,放出大量的热;另一方面的热能是由引力能转变而来。

地核由大小如月球、温度如太阳表面(5 000℃)的固态铁构成(铁:熔点1 535℃,沸点2 750℃,5 000℃或许是巨大的压力所致),它是地球的内动力来源,自转速度快于外表。所以造山运动、大陆漂移、火山喷发、地震海啸,都是它喜怒哀乐的生动表现。这一切现象归根结底还是铁元素在作怪。

46亿年前,地球表面逐渐冷却,形成地核、地幔、地壳初步分异作用。原始地壳比较薄弱,而地球内部温度极高,因此火山频繁活动。从火山喷出的大量气体,构成原始大气层,如 CH_4,NH_3,H_2,H_2O(水蒸气),H_2S 等,但无自由的氧(O_2)。氧气太活跃,极容易与其他物质结合,很难单独存在。所以,积累氧气的过程是一个艰难而漫长的过程,它需要满足"贪婪者"——铁的巨大的氧消耗后,出现剩余。但这一过程绝对是具有里程碑意义的,因为氧气是地球绝大多数生命存在的必要条件。现在大气中的氧是光合生物蓝藻和绿色植物出现后,长期积累的结果。这种情况也只是太阳系的唯一。

随着地球逐渐变冷,地面温度终于降到水的沸点以下,于是大雨滂沱,雨水一遍又一遍地冲刷干燥的地表,同时以一种惨烈的方式,全面"肃清"了残余的K、Ca、Na等极不安分的金属,溶解了亲水之族,也裹胁了一些不情愿之物,之后汇成巨流,流向低洼的地方。这就是海纳百川的由来。

经过长期的降雨,最早形成的大海称作原始海洋,为孕育生命打下基础。当然,这部分水中,回避不了早期"彗星"撞击地球时在宣泄中的慷慨馈赠。

§2 迷人的月亮

"海上升明月,天涯共此时"。曾几何时,文学家们用动人的语言赞美月亮,为月亮的皎洁与宁静所倾倒。它曾带给人们多少温馨、圣洁,又为人们化去多少忧思与惆怅!

月球(Moon)的成因一直处在争论中。一种说法:月球是从地球中分离出去的(已经被否定);另一种说法:月球是地球在形成的初期俘获的,因为月球中所含物质与地球明显不同,其中有些物质的年龄比地球的年龄大许多;还有一种说法:月球是行星撞击地球时散落的部分,但地球上目前还找不到充分的证据。总之,是偶然或意外成全了地球,倘若月球投错了怀抱,必将葬送地球乃至整个太阳系的价值和意义。月球的存在对于地球乃至生命的影响是决定性的,如果没有月球,万事俱备的地球,也不得不和其他星球一样,一同坠入毫无生机的浑噩命运!自然造化之缘,成就了地球与月球的珠联璧合。

月球与地球一样有壳、幔、核等分层结构。最外层的月壳平均厚度约为 $60\sim65$ 千米。月壳下面到 1 000 千米深度是月幔,它占了月球的大部分体积。月幔下面是月核,月核的温度约为 $1\,000℃$,很可能是熔融状态的。月球直径约 3 474.8 千米,大约是地球的 1/4、太阳的 1/400,月球到地球的距离相当于地球到太阳的距离的 1/400,所以从地球上看去月亮和太阳一样大,质量约 7 350 亿吨,差不多相当于地球质量的 1/81 左右,月球表面重力约是地球重力的 1/6。

月球永远都是一面朝向地球的,称为正面。这一有趣的现象说明月球自转与公转的时间相当。月球的背面,除了在月面边缘附近区域,因"天秤动"而中间可见以外,月球的背面绝大部分是看不见的。那里没有月海这种较暗的月面特征。

严格来说,地球与月球围绕共同质心运转,共同质心距地心 4 700 千米(地球半径的 3/4 处)。由于共同质心在地球表面以下,地球围绕共同质心的转动好像是在"晃动"。

月球本身不发光,只反射太阳的光芒,所以月光温情似水。月球上没有大气,是万籁俱寂的世界。表面物质的热容量和导热率低,因而昼夜温差极大。"白天",阳光直射温度可达 $127℃$;"夜晚",温度骤降到 $-183℃$,呈现冰火两重天的特性。

有一点是肯定的:月球最初是逐渐离地球远去的,这个过程给地球的自转减速,使得火山、地震等灾害更是明显减少,同时地球大气的性格,由狂躁变温和。月球给了地球一个平静的家园!直到距地球 38 万公里的位置时,月球到达理想的平衡点,不再远去。这时从地球望去,月球和太阳同等大小,因而会造成特殊的天象,月球凌日的天文奇观,被称为"日食"。从艳阳高照,须臾就变得日月无光,天昏地暗,继而,太阳又渐渐复出,依然光芒万丈,妙不可言。然而,真正妙不可言的是:一轮明月赐予了地球一个"蔚蓝色"的命运!

"蔚蓝色"是光阴之积淀的持之以恒,是造化之尤物的厚积薄发,是勃勃之雄势的盎然开启。生机萌动,系千钧一发之际,终于"天工开物"!

第 2 篇　生命旋律

雷霆万钧,凝固的河开始松动,波涛汹涌,霹雳的光芒将黑夜化为拂晓的晨曦,沉寂的大地按捺着由来已久的冲动,黎明时分,片片祥云缭绕而起,抚慰着秀峦幽谷。有一首歌,从亘古响起,那是生命在吟唱,悠远而绵长。隐隐朦胧中,你可辨得出,那分明是人类的稚音?

太古代——生命的序曲乐章

第 1 章

在时间的酝酿和催促下,浩大而繁杂的生命工程开始启动:
1. 从无机小分子到有机小分子;
2. 从有机小分子到有机大分子;
3. 从有机大分子到有机高分子;
4. 从有机高分子到原始生命体系。

在时间的控制与呵护下,漫长而艰辛的生命进化开始起航:

生命进化的第一阶段,即非细胞生命阶段,实现了生命从无到有的质变过程。这是至关重要的决定性一步,把全部的讴歌与赞美都赋予它也不为过。可人们在为此群情激昂的同时又巧妙地回避了它,因为这一步的典型代表是令人恐惧又厌恶的病毒,偏偏是这样一种物类,第一个敲开了生命的大门。

生命进化的第二阶段,即原核细胞阶段。这一阶段生命已经有了细胞形态,有真正的细胞膜,但还没有真正的细胞核,分不出真正的核膜与核仁,然而,生命的乾坤恰恰在这种"混沌"中确立了大方向:因为这时生命(蓝藻)开始制造"氧",结果"氧"点燃了全新的生命和未来。

生命进化的第三阶段,出现了真核细胞,拥有真正的细胞核。从原核细胞发展到真核细胞是生物界完成的一次最完美而重要的进化。

生命进化的第四阶段,出现了多细胞生物。而细胞的个体与群体之别,显然不是简单意义上的叠加,体系结构的完善,深奥而迷幻。但是,如果没有"氧",这美丽的一步必然终结!

后来,物种越来越多,让人目不暇接。理性识别便显得重要而紧迫。

才高八斗别具性格的亚里士多德,采取性状对比的方法区分物类,他把热血动物归为一类,以与冷血动物相区别。

一向热衷于奇花异草以及刁钻古怪虫子的查尔斯·罗伯特·达尔文,使分类系统成为生物谱系,"系统分类学"由此诞生。而细胞学说,最初由德国植物学家施莱登(M. J. Schleiden)和德国动物学家施万(T. Schwann)提出:一切生物都由细胞组成,细胞是生命的基本单位,细胞只能由细胞分裂而来。弗里德里希·冯·恩格斯(Friedrich Von Engels)将"细胞学说""进化论""能量守恒定律"列为19世纪自然科学的三大发现。

生命的音符欢快地跃动,恰似一朵朵盛开的鲜花,从"姹紫嫣红"直至"争芳斗艳"!好在以"界、门(phylum)、纲(class)、目(order)、科(family)、属(genus)、种(species)"七个单位来划分,总算得心应手。实在棘手时,还可在相应的级别前加一个"总"或者"亚"字,便可穷尽其所有。即使有新物种产生,只要在相应级别内添加即可。这是一个包罗万象的法则,使得五花八门的生命个体,无论怎样奇形怪状,皆有归属。

其实,生命的进化与银河气象、地质构造和历史年代等因素息息相关,时间是幕后操纵者。众所周知的"地质年代表"(geological time scale),描绘了一幅壮丽的生命进化图,清澈明快,恰似一首壮美的生命进行曲,悠扬嘹亮,使我们在赏心悦目中得以深切地体会和领悟生命进化的铿锵节奏。

能够承载生命光辉历程的舞台是始终处于缓慢而不停运动的坚硬地壳。这一点,至关重要,因为没有生命迹象的星球表面,要么僵化静止,要么惨烈狂动,因而生命星球的地壳是独树一帜的!其原因是内、外两大因素的综合影响恰如其分,因而成就了理想的赖以生存之况,体现为壮美的地质运动。

1. 内部因素:

第一个是因地球引力的塌缩,使地心聚集了无穷的能量,并通过热能释放出来。

第二个是蕴藏在地球内部的放射性元素,精打细算地衰变,产生持续的热能。这两种热能使得"精巧"的地核精力旺盛,驱使着地壳的岩石层不停地移动和改变,大陆就像在海上"漂移"似的,这也是"沧海桑田"之成因。

2. 外部因素:

第一个是来自银河系周期性的大尺度影响和作用,包括引力和磁场,以及太阳、月亮对地球的引潮力的作用等。

第二个是来自表面的大气圈、水圈、生物圈所引起的地质作用,就是风化、剥蚀、沉积等。它的主要能源是太阳能。

地壳的运动规律是如何体现的呢?1831~1833年英国地质学家查理士·莱伊尔的名著《地质学原理》,最早揭示了大陆"漂移"前因后果的密切关系,并且还揭示了环境变化与生命进化的内在联系。

古地磁学,同样充分证明了大陆漂移的轨迹。地球磁场分南北两极,亿万年前形成的岩石层中保留着当时的磁性纪录。该记录能从宏观上阐述地球上层发生的各种运动——板块构造学说(1968年),从而使地球科学地形成一个完整系统。它把地壳分为太平洋板块、印度洋板块、欧亚板块、非洲板块、南极洲板块和美洲板块。所有的这些板块构成一层岩石圈,各板块的交界处是地壳的活动地带,板块随着洋底扩张而移动。洋脊附近是板块生长带,有大西洋中脊、印度洋中脊、东太平洋隆起共三处。海沟附近是板块消亡带,海洋中约有30条海沟,其中颇具影响的有17条,太平洋则囊括了14条。

到目前为止,已发生的八次大型地质运动直接影响了生命走向,以及人类命运。它们分别是阜平运动、吕梁运动、晋宁运动、加里东运动、海西运动、印支运动、燕山运动、喜山运动,其中五个与中国密切相关,并以中国元素命名。同为一脉相连,唯其得天独厚,此乃东方神秘之所在。

其实,世间万物,均享有同一个不知疲倦的引力共同体,以及大气磅礴的银河气象。事物无论是显现的,还是隐藏的,表现结果虽然各具形态,但彼此都存在着千丝万缕的联系,无一例外,因而宇宙苍生,万物休戚与共。

§1 生命的诞生历程

40亿年前,还原性大气在闪电、紫外线、冲击波、射线等能量的持续轰击下,使自然界形成一系列有机小分子化合物,接下来,它们摇身一变就成为了大分子。大自然别出心裁,只精选了五种使命元素,C、H、O、N、P。结果,分子壮大的冲动一发不可收。它们要冲击的目标是一种非凡的大分子,这类大分子攸关千秋万代之天职。结果在这个纷繁的过程中氨基酸、核苷酸脱颖而出不辱使命。这一步看似简单,但已出色地完成了为神奇的生命密码所预设的未来空间。用无机物合成有机物是一件简单的事,美国科学家米勒(1953年)所设计的模拟雷鸣闪电的火花放电装置,可以淋漓尽致地再现这一过程。从这个意义上说,生命的原型都可以理解为"雷震子"!

这些有机大分子化合物最终落入原始海洋。经过长期积累、相互作用,形成了至关重要的"有机汤"。

这类"有机汤"不可小觑,终归妙尽其能。在适宜条件下,核苷酸便进一步浓缩成结构原始的核酸等生物高分子,即RNA和DNA(最低级的)。这个核酸分子能够自我复制,复制以后的核酸仍然携带着母体核酸的结构密码。这个密码可以将许多氨基酸分子聚合成更大的蛋白质高分子。这是搭建生命"概念"的重要过程。实际上这一步在宇宙诞生的那一刻就注定了,时间早已未雨绸缪。

蛋白质高分子在原始海洋中不断积累,浓度不断增加,凝聚成小滴状,形成复杂的高分子体系。在适宜的环境下不断改变,最后,外层形成了保护膜和附属结构,原始生命体系落成。看似平静,这是生命嘹亮起的第一首赞歌,歌词是:"这世界我来了!"时间自然通晓这份持久的按捺,这一刻,生命开启了"天幕之舞",自然界的性质发生了根本的改变!宇宙孕育了羸弱而卑微的生命,但是并不允许它平庸,生命别无选择,唯有踏上一条不归的天演之路,再无回头!于此同时,自然界中,随着大气环流而进行的水循环中,又加入了两种新的成分:氮循环和碳循环。并逐渐形成一个平衡,不容破坏!生命诞生过程的前三步,都可在实验室内成功获得证明,唯独第四步尚不具突破性进展,这正是生命奥秘之所在。

§2 生命的第一阶段——非胞生物(Noncellular Life)

35亿年前,地球上终于形成了具有新陈代谢和自我繁殖能力的原始生命体。这是生命的第一阶段,即非细胞生命阶段,实现了生命从无到有的本质性突破。典型代表为病毒(virus),这令人恐惧又厌恶的东西,却是生命的源头。

与此同时,地球进入少年时期,以最早出现小块"陆核"作为标志。后来的大陆,就是由"陆核"逐渐扩大而形成的。地球上发现的有确凿证据的小块稳定"陆核"形成于距今28亿年前,地点在非洲南部。只是这些新颖而重要的地球产物,暂时还是生命的禁区,因此生命必须把庇护自己的责任交给大海,而此时的海洋内,正是巨浪涛天时,因为此时的地球自转速度相当快……

§3 第一次地质构造——阜平运动(Fuping Movement)

25亿年前,各大陆内相继形成若干个小块稳定陆地,发生了最早的地质构造运动。一般认为:这是由于银河系的旋臂的磁极与地球磁场同向且相互作用,使地球内循环被激发为"强对流型"状态,因而引起了蓬勃的造山运动。阜平运动是新太古代的一次褶皱运动,对中国地质地貌影响极大,波及到中国的地区有五台山、太行山、吕梁山、中条山、阴山、燕山及辽东、山东、豫西、小秦岭等地。对全球气候、水陆分布及生命的进化历程,有着深远的影响,其所发生的时间段,恰与第一次冰河期——休伦冰河时期吻合(25~23.5亿年前),冰河时代塑造了一个冰冻的星球。

地球上唯一的一种生命遭遇劫难,只能在冰河所不及的地方残留。

地球上冰期的出现,基本上呈现 1.5 亿年的周期规律。大冰期的成因说法不一,普遍接受的观点认为:它的出现与太阳系在银河系中的运行周期有关。

一种观点认为:太阳运行到近银心点区段时的光度最小,使行星变冷而形成地球上的大冰期;

另一种观点认为:银河系中物质分布不均,太阳通过星际物质密度较大的地段时,降低了太阳的辐射能量而形成地球上的大冰期;

再有观点认为:当银河系旋臂磁极与地球磁极同向,且相互作用时间在 40 Ma 以上时,将出现大冰期。

总而言之,冰河时代所体现的是大气磅礴的"银河气象"。

元古代——生命的进化乐章

§1 第二次地质构造——吕梁运动

17亿年前,地球经历了一次最有意义的稳定大陆事件,持续到14亿年前左右。在这一时期内,稳定大陆的面积,增加到差不多接近了现在的规模。但是,形成大陆的岩石圈也称原地台,还比较薄弱,容易破碎,大陆上布满了喷涌的火山,弥漫着浓浓的火山灰。这是地球第二次地质运动事件,被称作吕梁运动。因为在中国山西吕梁山的表现最典型,故而得名。这一时期,原地台曾多次被来自地球内部的力量所打碎,又不断被涌上来的岩浆物质所胶结,变得越来越厚,越来越稳定。生物界还是由唯一的病毒充斥着。它们已在这个星球上孤独地守候了20亿年了,始终无所作为……

§2 生命的第二阶段——原核生物(Prokaryotes)

14亿年前,饱经蹂躏的大陆终于稳定下来,地球岩石圈演变进入了一个新的阶段。大气、水、生物圈开始充斥着新的变化。

生命进入第二阶段,即原核细胞(prokaryotic cell)阶段,这一阶段生命已经有了细胞形态,拥有细胞膜、细胞质,但是还没有真正的细胞核,分不出核膜和核仁。此时新的生命均呈现为单细胞生物,主要有蓝藻,又称蓝细菌(cyanobacterium),能进行与高等植物类似的光合作用,蓝藻以水为电子供体,放出氧气,使早期地球的还原性大气逐步被氧化型大气所替代,大氧化时代到来了。时间是如此的深谋远虑!"氧"天生性格活泼,见到赤裸裸的"铁",亮闪闪的诱惑,争先恐后投入其怀。

"铁"是如此的称心如意,它们都红透了,化作矿石。整个星球,尤其是海水,呈现一片殷红,像是对生命的某种暗示……总之,还是铁元素在作怪。其他金属具有同样的性情,同样成功地将"氧"揽入怀中,如"镁""铝""锌"等一系列金属,而"金"与"铂"则表现出极强的定力,留住本色。

金属全都如愿以偿,"氧"已无所事事,开始积累浓度,这个过程一直持续到现在。顽强而执着的蓝藻,唱响了生命的第二首赞歌,就是把整个星球表面的成分重新修订一遍,金属几乎全部隐身。这是生命对自然的一次决定性胜利!这个伟大的时刻,规划了星球的新秩序——"氧"的绝对统治。生命的方向,向着以"氧"为动力的方向前进。在这个漫长而危险的过程中,要是蓝藻功亏一篑,那么生命将不得不走向厌氧型,就像同期出现的细菌(bacterium)一样。细菌根据形状分成三类,球菌、杆菌和螺旋菌。它们不需要"氧",它们有特殊的使命——推动自然界物质循环。我们不禁要问:厌氧型生物能有辉煌的未来吗?这是一个让人感到窒息的问题!

§3 生命的第三阶段——真核生物(Eucaryote)

12亿年前,生命演化进入到第三阶段,生物界的进化开始趋向复杂,出现了真核细胞,即出现了被核膜完美包裹的核的细胞。其染色体数在一个以上,能进行有丝分裂,还能进行原生质流动和变形运动。除细菌和蓝藻的细胞以外,所有的动、植物细胞都属于真核细胞。由真核细胞构成的生物称为真核生物。在真核细胞的核中,DNA与组蛋白等蛋白质共同组成染色体结构,核内核仁清晰可见。细胞质内膜系统开始发达,出现了内质网、高尔基体、线粒体和溶酶体等细胞器,分别发挥着独特的功能。是剩余"氧"的强劲推动成就了这完美的一切。

除病毒、细菌、蓝藻外,其他生物均为真核生物,包括原生动物、真菌、酵母菌、苔藓等,以及后来的多细胞生物。原生动物是动物界中最低等的一类真核单细胞动物。每个原生动物都是一个完整的有机体。一般以有性和无性两种世代交替的方式进行繁殖,草履虫是这一类型的典型代表。虽然初来乍到却拔得时代骄子之头筹。

从原核细胞发展到真核细胞是生物界完成的一次极其重要的进化。由此才真正形成了构成生命的基本单位"细胞"。关键的一步是动、植物由此分类。植物细胞中的光合作用和氧化磷酸化作用,分别由叶绿体和线粒体承担。单细胞植物是一个很别扭的概念,"眼虫"同样是一个很别扭的生物,虽然长有长长的鞭毛,能游动,带眼点有趋光性,但它是地地道道的植物,它可以进行光合作用。单细胞的动物好接受些,形状各异:草履虫像鞋底状,"钟形虫"呈袋状,尽管我们不能直接看清它们,可水中的它们相当悠哉,都以细菌为食,可以净化污水。湖水为什么清澈涟漪？那是因为它们在"大快朵颐"。

§4 生命的第四阶段——多细胞生物

　　12亿年前生命演化,随后也进入到第四阶段——多细胞生物。多细胞生物是指由多个分化的细胞组成的生物体,其生命开始于一个细胞——受精卵,经过细胞分裂和分化,最后发育成成熟个体。在许多分化细胞的密切配合下,生物体能完成一系列复杂的生命活动,如消化、免疫、感应等机能。我们的生存环境中,大多数生物都是多细胞生物,包括植物(除粘体门外)和动物。多细胞生物必须解决从一个生殖细胞来产生整个生物的繁殖任务。一般认为:在延展纪出现的单细胞生物有性生殖是多细胞生物出现的前提条件。曾经被认为最早的多细胞生物是12亿年前中元古代延展纪时期的一种红藻(bangiomorpha pubescens),生物界的进化呈现一次较大的飞跃。而实际上是活跃的卷曲藻一路领先抢了头功。

　　2010年7月1日出版的英国《自然》杂志刊登了由法国等多国科学家组成的研究小组对来自加蓬化石的最新研究发现,多细胞生物起源于21亿年前。这种古老生命体标志着其跨越了一个重要的进化门槛。这一过渡是由于地球大气中氧的浓度增加诱发的。非胞生物出现之后,又经过了14亿年才出现了最早的多细胞生命体——卷曲藻(grypania)。当然,这种提前发起冲动的生命,还不能代表多细胞生物时代。

§5 第三次地质构造——晋宁运动(Jinning Movement)

　　8亿年前左右,发生了晋宁运动,由米士(P. Misch)于1942年创名。这是地球第三次构造运动,发生在新元古代中期。运动在中国云南中、东部晋宁、玉溪等地的表现最为典型,故而命名。它恰与第二次冰河期相吻合(距今9.5~6.15亿年前)。

　　"天地转,光阴迫",尽管生命的进化有条不紊,也取得了明显的突破,但总体进展缓慢,整整耗去了27亿年的时光,没有大的发展。并非生命不进取,而是条件不具备,两次大的冰河期接近6亿年时光,几乎将刚刚萌动的生命全部葬送。唯一能制造氧气的蓝藻险些毁于一旦！由于氧气的浓度不够,自然无法形成抵挡紫外线的臭氧层。虽然是冰河时代,但强烈的紫外线仍会将脆弱的生命轻易烘干。这时的生命都在巧妙地回避阳光的灼伤,坚守在海洋深处,不管风吹浪打,我自岿然不动。它们在等待……

古生代——生命的爆发乐章

古生代时期的地层里封存了一个惊天的秘密,那就是生命的原始冲动突然爆发。生物学家们为此痴狂而不解。如果把这个关键时期再进一步划分为:早古生代(寒武纪、奥陶纪、志留纪)距今大约5.7亿年到4亿年;晚古生代(泥盆纪、石炭纪、二叠纪),距今大约4亿年到2.3亿年。我们会惊讶地发现,生命的进化是在寒武纪产生了不可思议的突变,究其原因始终悬而未决。能够触摸这一时空的悠远历史,实在是一件难得的幸事。

§1 第四次地质构造——加里东运动

5.7亿年到4亿年前,从寒武纪初到了志留纪末期,地台周围和地台之间的地槽区发生了加里东(英国的一个山名)运动。它是古生代早期地壳运动的总称,属于早古生代的主造山幕。以英国苏格兰的加里东山命名。形成从爱尔兰、苏格兰延伸到斯堪的纳维亚半岛的加里东造山带。低平地区被抬高,地貌复杂起来。经过这场变动,倾斜、褶皱,断裂重新布局,大陆总面积扩大。随着平夷作用的又一次推进,地势又逐渐趋向平缓,太平洋若干地区再遭海浸,与此同时,生命奇妙而出,骤然多姿多彩!

§2 "万物始祖"——多孔动物(Spongia)

时机一到,海洋里一种新颖的生物诞生了,那就是海绵。海绵不会动,只会长,它底端固定,很长时间内都被误认为是植物,然而海绵却是最低等、多细胞、几乎是集群的后生动物。它们全部是水生族群和固着的滤食者。典型者是由两层联系松散的细胞构成体壁,围绕着中央海绵腔所构成管状体,体壁穿有众多的小孔和沟道,骨针或有或无。另外,也有缺乏中央腔而身体穿有众多的孔和沟道的类型。

这样一类无动于衷之物却偏偏是动物,如果说它是我们该顶礼膜拜的祖先,简直是晴空霹雳,然而,事实却是如此,它恰恰是包括人类在内的"万物始祖"!

查尔斯·罗伯特·达尔文(Charles Robert Darwin)认为:"任何生物都由一个共同的祖先进化而来",他极力论证了人与微生物和哺乳动物及灵长类动物在进化链条上的密切关系,但他没有说清楚具体的细节成因。仅仅在提出"人是由古猿演变而来的"相关论点时,便遭到了愤愤不平的围攻:"我们不是猴子,也不许别人把自己说成是猴子!"那是1860年6月的一场著名闹剧。

现代基因技术,为我们找到了无可非议的证据:DNA图谱分析。在人与其他动物中,都有与海绵相同的基因代码,而基因图谱的最底层即是"万物始祖"。

惊世骇俗的鸿篇巨著《物种起源》,出版于1859年11月24日。虽然未能一一阐明到位,但绝对具有划时代的意义。书中达尔文提出了生物进化论学说,即共同祖先、自然选择学说。主要内容有:过度繁殖,生存斗争,遗传变异,适者生存。他以活生生的实物,证明了形形色色的生物都是在遗传变异、生存斗争和自然选择中由简单到复杂,由低级到高级,不断发展变化的。而这些主张又引起了物种"神造论"和物种"不变论"之人的极度恐慌。我们不得不惊叹,在一片恐怖的声讨之中,这是哪里来的胆识呢!

西格蒙德·弗洛伊德(Sigmund Freud),意外地放弃了神圣而厚德的为医之道,却格外地迷恋于什么催眠之术,凭借精神分析居然成为学派的创始人。在今天还在潜移默化地影响着我们的人格。他曾在公元1907年断言:如果有人要求说出"10本最重要的书",那么"像哥白尼的《天体运行论》、达尔文的《人类的由来》等,所取得的那样的科学成就要算在内"。

不管世上如何喧嚣,我们的祖先海绵,今天依然坐镇海底,无为而治……

§3 最早的角斗者——刺胞动物(Cnidaria)

刺胞动物(又称腔肠动物),属于水栖动物,身体成典型的圆柱形或钟形,只有一个口,既用作进食,也用来排泄。在口的周围长有触须,触须上分布着刺胞,用来猎捕物或天敌。有的喜欢群居,有的喜欢独处。刺胞动物是生命之舞的第一位演绎者,它的神经和肌肉,引发了生命变革的第一个转折点。刺胞动物的典型代表有：

1. 珊瑚：婀娜多姿，色彩缤纷，具有完善的神经系统，它一端固定，只舞动不移动，但绝对是生命进化的"先行者"。它们相依为命，互助合作，其乐融融。这里透过那些纷繁之象尚依稀可见海绵的影子。

2. 海葵：移动自如，它的神经和肌肉进一步发达，正是这个原因。个体相互排斥，为了捍卫领地，使生命最早播下"冲突的种子"，从此一直演化为今天世界范围内的生存竞争，其中包括人类。想必海葵业已忘记了海绵，但这对生命的进化来说是必然之路。

3. 水母：看似主动出击，实为随波逐流，只为觅食。幼虫酷似海葵，中间蜕变，这是生命形态的最早改变，为后来的生物所继承，并在深海中引领了一场"运动革命"。

§4 最早的狩猎者——扁形动物(Bilateralia)

扁形动物是一类两侧对称，三胚层，无体腔，无呼吸系统，无循环系统，有口无肛门的动物。由刺胞动物进化而来。生活于淡水、海水等潮湿处，体前端有两个可感光的色素点，体表部分或全部分布有纤毛，已记录的约有15 000种。扁形动物在动物进化史上占有重要地位，开始出现了两侧对称和具有标志性的三胚层结构，这对动物体结构和机能的进一步复杂、完善和发展，做出了不可替代的贡献。扁形动物的神经系统比腔肠动物高级得多，表现在神经细胞逐渐向前集中，形成"头"及从"头"向后分出若干纵神经索，在纵神经索之间有横神经相连，这是原始的中枢神经系统。它雌雄同体"主动交配"，改变了生命延续方式，为生命的繁衍奠定了更优越的方式和基础。

扁虫是最早的"狩猎者"，拥有全新的运动能力，有明确的方向意识，立体感知，最早进化出了"头"，也衍生出众多千奇百怪的"蠕虫"类。因而，扁虫在生物进化过程中才是最具"实际意义"的先行者。

现代基因技术告诉我们：胚胎细胞知道如何生长是因为首先综合了这些基因信息，特定基因首先引领其他基因。基因的变化决定了生命身体的形状和特点。特定基因——同源异型基因早期被激活，确定和指挥生命的发展方向，因而决定了物种和形状。从基因的角度来说，人类与动物拥有共同的祖先已是不争的事实。而扁虫的第一次蠕动才真正标志着"动物王国"的诞生！

海绵、刺胞动物、扁形动物是最早出现的多细胞动物，让我们看到了生命进化的复杂梯度，但是对于整个星球的生命现象来说，这一点表现还谈不上什么规模，甚至微不足道。岁月流年，时光依然清浅。

§5 高等的开始者——环节动物（Annelida）

扁虫摇身一变，千奇百怪的"蠕虫"开始现身，其中的一类演化为环节动物。环节动物在动物进化史上是一个无法绕过的关键环节，已发展到了一个较高的阶段，它们是高等无脊椎动物的开始，它们对生命向完美结构方向冲刺起到引领作用。尤其是它们开始出现了分节的裂生体腔，这一点点进步代表着生命走向高等的开始，只是对整个生物界来说，它们产生的影响依然显得微乎其微。最初环节动物都生活在海洋里，今天我们常见的多为后来登上陆地的潜穴者，如沙蚕、蚯蚓、蚂蟥等，少数过着寄生生活。全球约13 000种。

生命依然在发力，怎奈时机未到，大海依然如故，这里的黎明静悄悄。

§6 消失的冲刺者——叶足动物（Lobopodia）

寒武纪是一个伟大的时代，其时间为6亿至5亿年前，横跨1亿年。这个时期发生了著名的"生物大暴发"。在这以前的40多亿年，生命几乎是个空白，而令人不解的是在这个时期所有的生命几乎同时出现，共同站在同一起跑线上，开始了伟大的生命进化。生命的旋律，宛若高山流水，大河奔腾，又恰似阳春白雪，风和日丽，抑扬顿挫，娓娓动听！

叶足动物是寒武纪时代的代表，这种动物就像"长着足的蠕虫"。

到寒武纪时，海洋里的绿色"植物"蓝藻，已经为这个星球积累了充足的氧气，为生命的暴发准备好条件。但此时我们的星球还是一个冰冻星球，处在第二次冰河末期，陆地依然为冰川所覆盖。此时海洋里的生物仅有像"海绵""刺胞动物""扁虫"以及它的变种"蠕虫"等极少的动物。它们都是我们的祖先，今天的人类确实继承了海绵细胞中最先拥有的基因信息，接下来继承的是"海葵"的神经与肌肉。"扁虫"是最早有明确方向意识的动物，后来动物数量开始剧增，环境竞争激烈，一些虫子（阿巴莱尼克拉虫，环节动物的一种）开始钻入海洋的地下，并不停地进发，不计其数的虫子钻入地下，分解了海底沉积物，放出了二氧化碳，改变了气候，使全球逐渐变暖，这种虫子的功劳是提前终结了冰川时代。这是继蓝藻之后，生命第二次改变了地球命运。幸亏那些虫子没有今天来相会，否则地球会因高烧而窒息，甚至成为第二个金星。

与此同时，海洋内的奇妙动物出现了，这个具有里程碑意义的决定性时刻，开始了伟大的"基因"革命。这就是寒武纪"生命大暴发"，也叫"三叶虫"（现已灭绝)大暴发,即节肢动物大泛滥。而其他动物也随之现身,如软体动物,以及一直让我们兴奋不已的樽海鞘,今天仍令生物学家们如此痴迷的文昌鱼(皮卡虫)。这些活标本至今存留,不可思议,但这让今天的"基因学"在追溯生命"进化"的奥秘时,具有了无可非议的说服力,不可抗拒。这一点连达尔文也会望而兴叹的!另外,有些动物更令人惊讶不已!

1. 奇虾(现已灭绝):凶猛的肉食动物,属叶足动物类,在寒武纪脱颖而出,前爪尖利无比,开始称霸海洋。

2. 欧巴宾海蝎:仅居奇虾之下,拥有五只眼睛。

3. 蠕虫:其身上的长毛变成了坚硬的盔甲,以抵御强敌,这就是节肢动物的前身。

对于生命来说,寒武纪是一个绚烂而残酷的大时代!海洋里危机四伏,旷日持久的生存大竞争拉开序幕,从此便永无休止。

§7 星球的改造者——节肢动物(Arthropoda)

节肢动物是动物界最大的一门动物,包括人们熟知的虾、蟹、蜘蛛、蚊、蝇、蜈蚣以及已绝灭的三叶虫等,它的祖先大概是某种蠕虫类动物。全世界现存约有110~120万种,占整个现有生物种数的75%~80%。节肢动物生活环境极其广泛,无论是海水、淡水、土壤、空中都有它们的踪迹。有些种类还寄生在其他动物的体内或体外。目前将它分为四类:

1. 昆虫纲(蝗虫):头、胸、腹三部分;
2. 甲壳纲(虾蟹):头胸、腹二部分;
3. 蛛形纲(蜘蛛):头胸部、腹部;
4. 多足纲(蜈蚣):头部、躯干部。

寒武纪节肢动物还都生活在海洋里,三叶虫便是著名的代表。身披铠甲的三叶虫没有遇到有力的竞争对手,因此它们异军突起迅速发展,横行霸道,占据了整个寒武纪的海洋。至于龙虾是如何憋屈成螃蟹的,并开始向陆地进发,那是后来发生的有趣故事。

§8 超强的适应者——软体动物(Mollusca)

软体动物身体柔软,左右对称,不分节,由头部、足部、内脏囊、外套膜和贝壳等五部分组成。因大多数软体动物体外覆盖有各式各样的贝壳,所以通称贝类。它们分布广泛,到处可见,从寒带、温带到热带;从海洋到河川、湖泊;从平原到高山。典型的有鲍鱼、海贝、田螺、蜗牛、蚶、牡蛎、文蛤、章鱼、乌贼、鱿鱼、海螺等。已记载13万多种,仅次于节肢动物,为动物界的第二大门,共分8个纲。软体动物的结构进一步复杂,机能更趋于完善,它们是最早进化出专职呼吸器官鳃的,它们具有一些与环节动物相同的特征:次生体腔,后肾管,螺旋式卵裂,海产类个体发育中具有担轮幼虫等,因此认为软体动物是由环节动物演化而来,朝着不太活动的生活方式,较早地分化出来的一支。结果生命被它们演绎得多姿多彩。

1. 鹦鹉螺:内有气体,可自由漂浮,有下颚,为凶猛的肉食动物,号称"通吃"。神奇的一步,五亿年前,畅游海洋。它昼伏夜出,与月亮的运行有着神秘的关系,月色下的幽暗海底,便是三叶虫、海蝎子的噩梦。后来,一些淘气的鹦鹉螺,从坚硬的壳里钻了出来,想舒展一下身体,结果再也回不去了,化为鱿鱼或章鱼纯属无奈,然而它们却收获了另一种惊喜。

2. 鱿鱼:首先牺牲了外壳,结果大大提高了速度,成为最敏捷的软体动物。

3. 章鱼:甚至进化出了智慧,这个神秘而怪异的生物伎俩与手段层出不穷。若是遇到不可挑衅之对手,章鱼或是从容而去,对手竟然不敢追击,因为它已经惟妙惟肖地模仿出剧毒之物种;或是释放烟雾,之后踪迹皆无,因为它已改变了颜色,与周围环境完全融为了一体,无从找寻;抑或章鱼也有装死之时,随意地欺骗着那些愚蠢之辈。若是遇到势均力敌之对手,它浑身膨胀且发出奇异之光,一阵虚张声势之后,对手往往早已逃之夭夭。若是遇到气势汹汹的龙虾,它们定要拼个你死我活。美味无法割舍,不可或缺的虾青素章鱼志在必得。若是遇到不堪一击之对手,它立刻变得不可一世,且说那鲜活的螃蟹,坚硬的外壳瞬间就会被它弄得支离破碎,之后就是一顿饕餮大餐。在险象环生的远古海洋里,章鱼赤膊上阵却总是得心应手。这里体现了一整套严密的感知、判断、推理与行动的思维过程。简直就是"形式逻辑"的发明者。亚里士多德(Aristotle,人类的"形式逻辑"发明者)若是得知此事定会汗颜!这个古老而低级的怪异生物,彻底地颠覆了一个我们传统的认识,"动物没有思维,只有萌芽式的意识"。看来思维能力并非人类所独有。然而数亿年的演进,章鱼的智商再也没能提升,唯有在亘古的海洋里依然故伎重演。幸亏如此安排,否则还会有今天的人类出现吗?

软体动物至今占据着海洋、陆地,身体结构的不断创新以拥有超强的适应环境能力,最终成为生命的佼佼者。与节肢动物一样,它们今天依然伴随着我们,悄无声息。

§9 沉默的挑战者——棘皮动物(Echinoderms)

棘皮动物是动物界中的一门体腔动物,这个门从寒武纪出现一直延续至今。具有独特水管系统,体形辐射对称,骨骼发达,它们是无脊椎动物中进化地位很高的后口动物。有海星、海胆、海参和海百合等。因表皮一般具有棘而得名,全部生活在海中,呈特殊的五体辐射对称结构。现存约5900种,棘皮动物的原肠胚孔形成肛门,而口部是后来形成的。

五亿年来,棘皮动物呈五角对称,没有头,只有神经环或链,没有眼但可感知明暗。同类有交流,也有战争。

1. 海星:食肉动物,有胃可亮出,具有敏感的味觉感官。
2. 海胆:草食动物,浑身有刺。从结构特点上来说,把海星的角卷起来便是海胆。把海胆拉长后便是海参。
3. 海参:杂食动物。危险时靠白色的内脏——呼吸器官放毒自卫。

棘皮动物完成了生物进化史上不可缺少的关键一步后,仍然没有进化出头来,实在令人窒息,并且还主动放弃了左右对称结构,心甘情愿地在幽暗的海底默默无闻地消磨时光,仿佛走向了歧途!而此时,海洋内那些拥有"头脑"的家伙,为争夺霸主地位,倾尽全力,激战正酣。实际上,这些没头脑的家伙避开了厮杀的战场,在偷偷地酝酿着新的生命计划,这是冲破生命误区的关键性一步!正是因为棘皮动物的胚胎形成方式和脊索动物一样,所以它们虽然看起来原始,但实际上是包括人在内的脊索动物的近亲。根据新的"推测":其中一类棘皮动物英明地向着"脊索动物"迈进,而"脊索动物"则是人类的前身。

当你面对一颗鲜艳的海星,在欣赏着大自然的神奇与精美时,你可曾意识到你是与谁在对话?你可曾晓得人类曾经在此彷徨?你会肃然起敬吗?

§10 进化的遗憾者——半索动物(Adelochorda)

樽海鞘(Thaliacea)晶莹剔透,大多是自由游泳的漂浮型动物,体呈桶形或樽形,咽壁有两个或更多的鳃裂。刚出生的海鞘很像小蝌蚪,尾部很发达,中央有一条脊索,成体后尾部消失,神经管退化,只留下一个神经节,身体透明,因而称之为半索动物。其生活史较复杂,繁殖方式是有性与无性的世代交替,它们喜欢排着长队,翩翩起舞,放着荧光回归深海。它们的使命就是将海洋表面的碳沉入深海,它们是地球上碳平衡的调解器。海鞘纲约有65种。问题是,攸关重要的脊索在樽海鞘身上只是灵光乍现便了无踪影，这究竟在暗示着它们缺失了怎样的天机呢？

相反，头索动物的脊索不但终生保留，且延伸至背神经管的前方，故称头索动物。又因本亚门动物都缺乏真正的头或脑，所以又称无头类，代表动物——白氏文昌鱼。脊索到底蕴蓄着怎样一番天地光景呢？

§11　正果的修成者——脊索动物(Phylum Chordata)

5亿年前，地球上最早的由无脊椎动物到脊椎动物的过渡物种——脊索动物在海洋里出现了，这就是文昌鱼，又称皮卡虫。凑巧的是，它同时也在寒武纪出现，这无疑是一件幸事。

如果达尔文看到这些，一定会心花怒放。这里揭示了生命进化过程中"人"的位置。文昌鱼是人类的近亲，胚胎期与脊椎动物及人有相同的基因，但经过分裂后基因数不同了。文昌鱼属脊索动物门头索动物亚门，外形酷似小鱼，体侧扁，长约5厘米，半透明，两头尖，体内有一条脊索，有背鳍、臀鳍和尾鳍，就是没有头。生活在沿海泥沙中，吃浮游生物。说它是"鱼"，实际上并不是鱼。它是介于无脊椎动物和脊椎动物之间的物种，且更趋向于脊椎动物。经过了漫长的岁月，这个没头脑的生灵却演化为各种脊椎动物，其中包括类人猿。虽然，文昌鱼在物种分类和类系方面有着重大意义，但它又是一个存在争议的特殊物种，目前人们持两种不同观点。

一种观点是：头索动物（无头类）身体结构虽然比较简单，但脊索动物典型的三大结构已经具备，并且终生存在，如脊索、背神经管、咽鳃裂。根据形态学推测，脊索动物由一种左右不对称，无围鳃腔、鳃裂少、能自由生活的原始无头类演化而来。应该是棘皮动物的一类，且在进化当中分为两支，一支适应自由生活，演变为原始有头类，进而走向脊椎动物；另一支向底栖生活发展，演变为尾索动物和头索动物。这意味着，"头索动物"只是进化过程中意外的"副产品"！

另一种观点是：脊索动物是由无脊椎动物起源的，而其中的棘皮动物和半索动物与脊索动物的亲缘关系较近的观点为大多数人所接受。经推测，脊索动物的祖先可能类似于尾索动物的幼体，它们向两个方向发展，一是经过变态，成为具鳃裂，并将鳃裂作为呼吸器官的棘皮动物；另一个方向是幼体期延长并适应新的生活环境，不再变态，产生生殖腺并进行繁殖（即幼体性成熟），进而发展出新的一类动物，即具有脊索、背神经管和鳃裂的自由运动的脊索动物。之后有了头，分化为有颌类和无颌类。这意味着，头索动物是脊椎动物的直系祖先。

以上都是根据形态学的推测,遗憾的是由"脊索动物"演变为"原始有头动物"的过渡物种没找到,无法拿出具有说服力的证据,这令现代"基因学"也一筹莫展!

还有个问题,越是高级的动物,越是最后获得"头"的!这一点不好被接受。在此之前,"扁虫"是最先进化出"头"的原始生物,那么它的"头"在进化中,最终传承到节肢动物和软体动物身上便偃旗息鼓了。在这个纷繁的过程中,是哪个环节中冲出了一支敢于主动放弃"头"的另类呢?谁又会料到:恰恰就是这种"愚蠢"的另类,失去了"头",获得了"脑"。可谓"大智大勇,大彻大悟"。实际上,它们所放弃的"头",充其量只是一个高级"反应器",而获得的"脑"则可以进行深入地"思考"。在寒武纪蕴藏着太多的奥秘!庆幸的是"生命大爆发"如约而至,否则人类能否见得天日,那就难说了!

脊索的出现是动物演化史中的重大事件,使动物体的运动的功能获得质的飞跃。这一先驱结构,在脊椎动物身上得到了更为完美的发展,从而走向了更高级的生命。

绚烂的寒武纪,动物界发生了天翻地覆的改变,而植物界,且表现平平,仍然是单调的几种有限的藻类。说它是植物还有些勉强,因为藻类没有真正的根、茎、叶。是什么原因让"植物"一如既往地坚守着惰性呢?

§12 第三次冰河期——第一次地球史上物种大灭绝

4.4亿年前的奥陶纪末期,发生了奥陶纪大灭绝,延续了6 500万年。奥陶纪早期是地球历史上大陆地区遭受广泛海侵的时代,海生无脊椎动物空前繁荣,鹦鹉螺进入鼎盛时期,它们身体巨大,凶猛残忍。晚期是气候分异冰川发育的时代。大片的冰川,使洋流和大气环流变冷,整个地球的温度骤然下降,冰川锁住了大量水分,致使海平面也随之下降。地球两极积累了厚厚的冰盖,这些巨大的白色冰盖,将阳光反射回太空,又加速了全球气温的降低。生物很难适应,导致了85%的地球生物灭绝,生活在水中的各种无脊椎动物几乎荡然无存,这是地球史上第三次大冰期,之后,死去的动物化为了"石油"。

§13 第五次地质构造——华力西运动
(Varisian Movement)

4亿年到2.3亿年前,从石炭纪晚期开始,构造运动此起彼伏,一直延续到晚古生代末期才结束,这次运动称为华力西运动。以阿尔卑斯山脉中的华力西山命名,也叫海西运动,由德国海西山得名。所形成的褶皱带,称海西或华力西褶皱带。海西运动使西欧的海西地槽、北美东部的阿帕拉契亚地槽、欧亚交界的乌拉尔地槽、中亚哈萨克地槽及中国的天山、祁连山、南秦岭、大兴安岭等地槽褶皱回返,形成巨大山系,但都是光秃秃的石头,因为此时的高级植物——藻类,依然在水中徘徊,它们没有能力征服大陆。

此时北半球各古地台之间的地槽带变为剥蚀山地。全球大陆块达到最大限度的彼此靠近,这就形成了全球统一大陆——潘加亚大陆。2.3亿年前,地球上只有一个大陆,潘加亚大陆一词是由德国气象学家兼地质学家魏格纳(A. Wegner)1912年提出来的,它是泛大陆,大陆总面积已经跟今天地球上的大陆总面积相差无几。后来才分散成今天的样子,这一点让我们对大陆漂移充满了新奇的想象,它直接主导了动、植物的命运分布。不知这种被迫的接受,是否让混沌的动物们领悟到聚散依依的无奈……

海西运动的完成,标志着古生代的结束。

在前古生代末期,植物和动物早已经分化。在植物界中,蓝藻繁盛;在动物界中,已经出现低等无脊椎动物。可以看出动物比植物进化得快。寒武纪,植物界中的红藻、绿藻等开始繁盛,但是还只有藻类;动物界中,若干门类无脊椎动物,尤其是三叶虫突发性开始繁荣。奥陶纪的海洋里,植物界中藻类广泛发育,海生无脊椎动物中以头足类(软体动物)居多,在奥陶纪晚期,已经出现了原始的没有颌的圆口鱼形脊椎动物——无颌类,而真正的鱼类出现在志留纪晚期。

§14 幸运的承载者——脊椎动物(Vertebrata)

最早的脊椎动物鱼类(Pisces)又分为软骨鱼亚纲(Chondrichthyes)和硬骨鱼亚纲(Osteichthyes),前者出现上下颌,体被盾鳞,出现成对的鳍,鳃裂直接开口于体外,鳃间隔发达,无鳃盖,脊椎虽部分骨化,却缺乏真正的骨骼,如鲨鱼、鳐鱼等;后者骨骼一般为硬骨,体被硬鳞、圆鳞或栉鳞,鳃裂不直接开口于体表,有骨质的鳃盖遮护。现在的鱼类绝大多数为硬骨鱼。

鱼类拥有更多的基因数,所以进化遥遥领先。特别是拥有了真正意义上的心脏,即一心房和一心室,机能全面提升。以前动物的心脏充其量只是壮大的血管。由于鱼类行动速度的空前提高,可以捕捉更有营养的食物,因而无论是种群还是个体,迅速壮大增强。鲨鱼则一路冲到食物链的顶端,头骨有效地保护了大脑,鱼类在当时拥有最高的"智商",因而一统海洋世界直到今天。

3亿8千万年前,泥盆纪中期,鱼类已经很繁盛,它们是当时最高等的动物,节肢动物在软体动物和鱼类的夹击下,地位面临严峻挑战!由于成为到处被猎食的目标,或许还有其他因素,迫使节肢动物向新的生存环境"挺进",以规避风险。起初是到陆地上产卵,之后逐步深入大陆。链接陆地和海洋的桥梁依然是藻类,不过陆地上植物的第二类——裸蕨,已经出现,这是陆生最古老的植物,不仅初步摆脱完全对水的依赖,而且呈挺立之势,成为当时的高等植物代表(现已绝灭)。庆幸的是这类"祖先"已出色地完成了进化使命,所以才有今天的郁郁葱葱。另外,保护生命的臭氧层这时也已形成,不存在后顾之忧。

"球潮虫"首先登岸,从自由呼吸氧气开始,加快了进军步伐;蜘蛛成功接踵而至,各种节肢动物一路而随。更有甚者,史无前例地开始向天空进发。蜻蜓和蚊子,幼年畅游水中,成年翱翔蓝天,它们是最早发明飞翔的动物。

节肢动物是真正的"地球征服者",横贯海、陆、空。更是最早成功登上陆地的勇士。节肢动物诞生在海洋,一部分翔潜大海;一部分翱翔天空;一部分爬行陆地,改变了地球环境,有力地促使了陆地植物的进化发展。正是有"螳臂当车"的勇气,所以节肢动物成为最早征服地球海、陆、空的动物。它们立意求变,适应环境,改造自然,所到之处,一片繁茂,为生命的高级进化及大型动物登陆,创造了有利条件,奠定了坚实基础。

完成使命的节肢动物,今天还在与我们相守,然而它们在进化的道路上开始墨守成规。但相比之下,它们比软体动物还是更进化一些。

3亿7千万年前,由于一些脊索动物的基因没有增加,走上了与人类大相径庭的道路,于是鱼类担负起进化的使命,勇敢地冲刺下一个里程碑。其中有一种总鳍鱼,生有四条腿,同时具有鳃和肺。

§15 神勇之鱼——鲍里斯

鲍里斯,它是第一个走出大海的人类近亲,也是鱼与四肢动物的过渡物种——总鳍鱼,同时具有鳃和肺。在3亿7千万年前,进军陆地,后进化为两栖动物及爬行类动物。当然,在此之前,节肢动物已经攻占了整个星球的海陆空,为其开路!

"泥盆纪"也是一个轰轰烈烈的时代,历时5千万年,与寒武纪一样辉煌。节肢动物、鱼类,向陆地发起了声势浩大的进军,之后它们占据了海、陆、空,这一历史性变迁使我们的星球成为了真正名副其实的生命星球。

不争气的植物在泥盆纪中期终于得到很大的发展,许多种属已经长成大树,但仍属于裸蕨类,执意而无奈地坚挺着。实际上它们是在向我们诠释一种深刻:大乾坤是光阴积淀的持之以恒。

§16 冰川再现——第二次地球史上物种大灭绝

距今3.65亿年前的泥盆纪后期直到2.6亿年前的石炭纪,又称石炭纪冰期或泥盆纪大灭绝,持续1亿年之久,可以说这段时期内地球又是一个冰冻星球。泥盆纪早期,气候温暖,陆地面积扩大,生物界鱼类代表着生命的巨大变革;泥盆纪晚期地球气候变冷和海洋退却,海洋生物遭受了灭顶之灾,75%的地球生物消失。这是地球史上第四次大冰期。

只有少数相对温暖的地区保留了一些物种。鱼类和两栖类遭受了永无出头之日的厄运,然而佼佼者终归胜出,这种意志的较量是不可想象的!3.5亿年前,也就是这个冰期刚刚开始的时候,恰恰喜欢温暖潮湿的陆地上的第三类植物——蕨类,却意想不到地诞生了。这类植物依然靠孢子繁殖。后来,华力西运动,使海水退去,大陆面积更加扩大,使生物界向大陆进军的进程又大大推进,昆虫进一步繁盛。约3亿年前的石炭纪,最可敬佩的是有一种更意想不到的崭新生命,却从漫长的冰期中缓缓地爬了出来——早期爬行类,迎接它们的是陆地上高大挺拔的蕨类所形成的地球上第一次原始森林。这段经历是被忽略的历史,因为早期爬行类没有赢得喘息的机会,同时也没留下太多的痕迹。

中生代——生命的磨难乐章

第4章

§1 山崩地裂——第三次地球史上物种大灭绝

距今2.5亿年前的二叠纪末期,不知地核受到何方力量的强烈搅动,使地下深处的岩浆聚集了超级的能量,首先从西伯利亚喷涌而出,迅速演变为全球性的火山大爆发。大地在震颤,海洋在咆哮,温度在升高。火山灰、大量有毒气体遮天蔽日,氧气极缺,陆地上疯狂逃生的大型爬行动物无处所依,几乎都倒在亡命的路上;海洋生物在惊慌失措中窒息而终。世界末日,毋庸置疑。动物们"刚刚"爬出冰川,随即又深陷火海。浓烈的酸雨开始洗劫地球的每一个角落,烧死了植物,溶解了动物。这是地球史上第三次物种大灭绝,也是最大的一次,超过96%的地球生物彻底消失。具有重大意义的三叶虫和海蝎的绚烂的生命历程就此终结,我们的星球一夜间化为死寂。一个无生命的星球,在黑暗的天宇中漂泊、游弋……

然而,地球在呈现了500万年的死寂后居然起死回生。时间导演了这一幕的寓意何在?这个时期的生物断带,在世界考古史上一直是一个恐怖的谜团,生物学家也因一直无法对接历史而抱憾。

公元2010年,中国罗平古生物群落,聚焦了全世界的惊奇目光,并得到了国际社会学术界一致公认和首肯。这是一部惊天的地质史书:"收藏"了从二叠纪末,大灭绝前,直到三叠纪生命复苏全部过程的所有秘密,跨度长达四千万年。绝无仅有的"化石"终于破解了这一千古玄机。原来罗平地区特殊的地质结构,使它成为了大劫难中生命有限而宝贵的"庇护所",真实的"诺亚方舟",为生命的复苏保留了火种。确切地证实了二叠纪时期典型的古老生物,在大劫难之后依然活着。

而漫长的复苏之路持续了一千万年之久。

时机到来,"菊石"(软体动物的一种,已灭绝)首先开始大规模扩张性暴发,就像当初的三叶虫泛滥一样,其价值意义不可估量,生态系统逐渐开始丰富。海生爬行类——鱼龙、幻龙等动物的出现是三叠纪早期生命复苏的重要标志。鱼龙的远祖是二叠纪的陆生爬行类动物,外形酷似鳄鱼,大劫难后,不知是对大海的天生迷恋,还是陆地食物的匮乏,该爬行类动物重新回到大海,取代了鲨鱼,称霸海洋。生态系统进行了一次最彻底的更新。后来,这些爬行动物是否重新上陆不得而知,但结局已定,因为又一个鲜明的标志出现了,那就是恐龙在陆地上的成功崛起!

§2 第六次地质构造——印支运动(Indosinian Movement)

中生代时期分为三叠纪、侏罗纪、白垩纪,从距今2.3亿年起到6700万年前结束。印支运动是晚二叠纪至三叠纪之间的构造运动,由印度支那半岛(中南半岛)得名。

这一地质运动推动了地球史日新月异的发展。潘加亚大陆逐步解体,岩石圈又经历了一系列重要的变动,各个陆块渐渐趋向于漂移到现在所处的位置。中生代开始到三叠纪末期,在北美和欧亚、南美和非洲之间发生了分裂,开始互相移开;到了侏罗纪晚期,在北美和欧亚大陆之间,南美和非洲之间产生了一条南北方向的巨大裂隙,陆地向两边移开,海水浸入。到了白垩纪晚期,情况又进一步变化,各大陆继续互相移开,最显著的是南美和非洲之间的距离加大,印支运动的最终结果,造就了浩瀚的大西洋。当然这种移山挪海并非一蹴而就,而是在漫长的不知不觉之中,耗去了大约1.6亿年的地球时光。

§3 湿热缺氧——第四次地球史上物种大灭绝

距今2亿年前的三叠纪晚期,又称三叠纪大灭绝,持续了约5000万年,估计有76%的物种,其中主要是海洋生物的大量消失,爬行类动物更遭受重创。原因是海洋里出现了大面积缺氧的海水,陆地上干旱气候向湿热过渡,一切都与印支运动有关。这种大范围的残忍灭绝是福是祸不可简单描述、定论,但这又是无法避免的!总之,这一次的大灭绝为后来高等动物的现身,提供了有利的契机。或者说,这是一个更大尺度的自然选择。

这时,第四类陆地植物——会"开花"的裸子植物趁机而入,待到气候干燥转凉时,以强劲之势开始扩张,尤其在北半球,80%以上植物都是裸子植物。如落叶松、冷杉、华山松、云杉等。它们第一次靠种子繁殖,生命力显然优于孢子,迅速刷新了地球颜色,因而形成了地球上第二次原始大森林,今天它们依然孜孜不倦地为我们提供新鲜氧气,点化苍翠的地球风景。

§4 灾难深重的爬行类(Reptilia)

爬行类(Reptilia):由两栖类进化而来。皮肤干燥,被以角质鳞、角质骨片或骨板。用肺呼吸,心脏为二心房,一心室。胚胎发育中出现羊膜,与鸟类、哺乳类共称为羊膜类(Amniotes),其他各纲脊椎动物称为无羊膜动物(Anomniotes)。

恐龙是已经灭绝的史前大型爬行动物,也是爬行动物大家族中的一类主要成员。它们生活在三叠纪、侏罗纪和白垩纪。恐龙大约出现在三叠纪的中晚期,是在上一次的灾难中诞生的,也是留给人类情节最深刻的动物。由于恐龙骨骼生长得很快,迅速地完成了征服大陆所需要的登峰造极的巨型体魄,一路所向披靡,成为地球的最高统治者。然而到下一场灾难结束后,它们却干净彻底地消失了。那是6 500万年前的事情,之后哺乳动物把地球接管下来。

§5 第七次地质构造——燕山运动(Yanshan Movement)

1亿4千万年前到6 500万年前左右的燕山运动,即侏罗纪和白垩纪期间中国广泛发生的地壳运动,形成新的绵延高大山系,因中国北京附近的燕山是典型的代表而得名。它造就了世界最深的马里亚纳海沟(Mariana Trench),位于北纬11度20分,东经142度11.5分,菲律宾东北、马里亚纳群岛附近的太平洋底,在亚洲大陆和澳大利亚之间,北起硫黄列岛、西南至雅浦岛附近,最深处在斐查兹海渊,为11 034米。如此宏大尺度的此消彼长,我们的星球不会轻易为之。

就在恐龙正肆无忌惮地践踏着这个星球的时候,最先登上陆地的节肢动物则已达到了另一个发展高峰。其中,膜翅目昆虫已在这个星球上建立起一种全新的组织模式——社会,黄蜂则成为出类拔萃的代表。社会是有明确分工的,它有别于一般意义上的群居。这里又彻底颠覆了一个我们传统的认识!原来,社会模式并非人类所创,也决非人类所独有,并且,在人类还没有出现的时候它就存在于这个星球之上了,姑且称之为生物社会。

1.2亿年前,由黄蜂进化而来的蚂蚁则将"社会"二字演绎到了极致。

蚂蚁的社会遵循这样的规则：蚁后为最高统治者，一切繁杂而有序的生活形式都是为它服务的，它负责繁殖每一个社会成员。雄蚁每天不劳而获养尊处优，一旦有需则义无反顾，交配殉国。兵蚁担负着保家卫国之职，一旦国家有难它们会前仆后继粉身碎骨以捍卫神圣之责。工蚁是生殖能力退化的雌蚁，负责构筑巢穴、喂养蚁后、照料后代及采集食物。整个蚂蚁社会王国井然有序。然而，最不可思议的是蚂蚁的社会发展之势竟然如此令人震惊！

蚂蚁学会了培植：采集的队伍浩浩荡荡，娴熟的蚂蚁们把一种特殊的植物茎叶剪切成段搬运回家，通过一系列特殊手段进行发酵，培植出大量菌类以供整个王国食用。

蚂蚁学会了放牧：清晨，蚂蚁们习惯地驱赶着成群结队的蚜虫（1亿6千万年前出现）在熹微的阳光中出发，它们要赶往特定的牧场，那里有蚜虫最喜欢吸吮的浓郁树汁，在傍晚的余晖中蚂蚁们带着一天的收获再把蚜虫赶回巢穴。这些蚜虫能分泌一种体液，是蚂蚁的高级补品。

蚂蚁学会了奴役：帝国的兵蚁们动辄挥师弱小之国，杀死其全部有生力量，将它们的卵全部运回自己的国度，孵化出来的幼体将全部沦为奴隶，之后这些奴隶将承担帝国所有的苦役，贵族们过着奢华的生活，甚至进食都由奴隶来喂。在残酷的统治中帝国一度欣欣向荣。不堪重负的奴隶往往会不得善终，反抗者更逃脱不掉死亡之命运，由于奴隶的数量会不断下降，因而强大的帝国军队会持续不断地去征服、去掠夺。

蚂蚁社会今天依然在延续着精彩。一个巨大的问号是：历经亿万年的演进，蚂蚁社会为什么未能出现更复杂、更高级的社会阶段呢？似乎我们暂时还不能草率地回答这个问题！

§6 天体撞击——第五次地球史上物种大灭绝

6500万年前后，白垩纪晚期，发生了白垩纪大灭绝，约75%～80%的物种消失，包括侏罗纪以来长期统治地球的恐龙，这却为哺乳动物及人类的最后登场提供了条件。

中生代的气候条件总的说来是有利于动植物发展的，中生代早期的植物以裸子植物松柏、苏铁、银杏以及某些真蕨为主。1亿年前，到了中生代晚期白垩纪，陆地上出现了能够真正开花结果的第五类植物——被子植物（Angiosperm），被子植物是植物界中最高等的门类，它们在传播和繁殖后代方面具有显著优势。因而促成了地球上第三次原始大森林的形成，其中热带雨林居多。

爬行动物挤满了整个中生代，其中恐龙最为繁盛，并在侏罗纪成为地球的霸主,但到了白垩纪恐龙却在"蝶恋花"(蝴蝶诞生在白垩纪)的翩翩之舞中突然消失了,究其原因,至今得不到恰当的科学解释。普遍为学者接受的观点是:一颗小行星撞击了地球,引起空前灾难,几乎将大半个地球变成了火海。接着,大量的气体和灰尘进入大气层,以至于阳光不能穿透,全球温度急剧下降。这种黑云笼罩地球长达数年之久,全球生态系统崩溃。

恐龙是在怎样的痛苦中面对着不可抗拒的力量!也许最后一只恐龙站在地球上,望着满天闪烁的流星雨(撞击后的碎片燃烧着从天而降,达数日之久,波及大半个星球)在绝望中发出了最后的呼号,便化为乌有,而它的雄魂,则化作了"巍峨"的喀斯特丰碑,矗立在现代博物馆中,向后世默默地述说着,那悠远而波澜壮阔的历史。

当然,不是所有的爬行类都和恐龙的命运一样,少数幸存者至今依然俯卧大地,凝视天空。身型巨大的科莫多龙(最大的蜥蜴,依然是霸主),徜徉在南太平洋的旖旎风光里,不停地抽动着分叉的舌头,在温暖而湿润的气息中,嗅着那细小而微妙的变化。

从爬行动物发展而来的两类更高级脊椎动物——鸟类和哺乳类,也在中生代后期出现了。绝大多数也都在劫难逃,极少数幸运者躲过一劫。其中一种啮齿类动物,由于到处被捕杀,躲到了深深的地下,因祸得福。

新生代——生命的华彩乐章

6 700万年前,新生代时期是地质历史时期中最新的一个时代,由第三纪和第四纪组成。由于最高级的被子植物的出现,地球进入了繁花似锦的"新世纪"。

§1 第八次地质构造——喜山运动

喜山运动泛指新生代以来的造山运动。非洲跟欧洲的接近和印巴次大陆跟亚洲的相撞,西起非洲北部的阿特拉斯山,经南欧的阿尔卑斯山,东延是喀尔巴阡山,接高加索山、土耳其和伊朗的高原、帕米尔高原和山地,向东就是世界屋脊喜马拉雅山和青藏高原,再向东南去,中南半岛和印尼诸岛的山脉也都跟它相连。雄伟壮丽的喜马拉雅山脉和连绵俊秀的阿尔卑斯山脉都是这一时期形成的,地球表面海陆分布,气候状况以及生物界面貌逐渐演变到现代的样子。直到现在喜山运动仍在继续,因喜马拉雅山而得名。至此地球上,山河锦绣,气象万千,欣欣向荣!生命的高级进化进入了异彩纷呈的新阶段。

这个时期同样完成了海底杰作——冒纳罗亚火山。它是夏威夷第一大火山,海拔4 170米,呈圆锥形,从水深6 000米的太平洋底部耸立而起。由海底到山顶高度超过一万米,比珠穆朗玛峰还高一千多米。

§2 自由精灵——鸟类(Aves)

鸟类全身被羽,前肢变为翼,适应空中飞翔生活。心脏为二心房,二心室,血液循环为完全双循环。恒温,卵生,与哺乳类共称为恒温动物(Endotherm)。其他脊椎动物均为变温动物(Ectotherm)。

侏罗纪和白垩纪是力量的时代,大气磅礴,更是演义弱肉强食的时代。之后恐龙神秘消失了,这无论对于考古学家还是生物学家来说,都是一个未解的谜团。

公元2000年4月,生物界发生了一起引人注目的事件,中国的"古盗鸟"被学术界彻底否定。然而,与"古盗鸟"出自同一地点(中国辽西一带)的"中国鸟龙"(1亿3千万年前)以及"小盗龙"充分证明和填补了恐龙与鸟类的过渡物种的存在。这一意外的发现在公元2003年彻底颠覆了生物界中"始祖鸟"的地位,被世界所公认。

恐龙从来就没有消失!而是一直在我们身边,它们已经化作精灵,飞向了五彩云端——鸟!

§3 坚韧的翅膀

"离离原上草,一岁一枯荣。"广袤的欧亚大陆,不乏灵秀之地。阳春5月,呼伦贝尔大草原泛着初春的嫩绿。湖泊、沼泽、苇塘鱼儿繁多而活跃。春意愈演愈浓,天际边蓑羽鹤身影已翩翩而至。它们要在这里生儿育女并在隆冬到来之前,将继承了它们娴雅、端庄、稳重品性的后代,带回印度去越冬,第二年春天重返家园,往返数万里。心中有家,永远不会迷失方向!

蓑羽鹤属于中型涉禽,是世界鹤类中体型最小的一种候鸟。成年蓑羽鹤身高在一米左右,体型纤瘦。羽毛以石板灰色为主,背部具有蓝灰色蓑羽。颊部两侧各生有一丛白色长羽,蓬松分垂,状若披发。前颈和胸部羽毛黑色,上胸黑羽延长,呈披针状。蓑羽鹤食谱丰富,以水生植物为主,像昆虫、小鱼、蝌蚪、虾之类的风味小吃,亦情有独钟。蓑羽鹤分布于北非西古北界的东南部至中亚及中国等地。而中国的蓑羽鹤,其勇气之大,最为动人心魄!

适宜的环境,丰富的食物,经过夏季风暴的锤炼,使它们越发强劲。深秋10月,蓑羽鹤家族汇聚成群,浩浩荡荡悦然南迁。

一段鸟类绝无仅有的征程!它们要征服的是世界屋脊——连绵的喜马拉雅山脉。每年有大约十六万只蓑羽鹤,从珠穆朗玛峰顶飞跃而过。一种生命极限的残酷挑战!世界上海拔最高的山峰,氧气稀薄,温度极低,时刻有被速冻的可能。强烈的气流,轻易便可将翅膀折断。更可怕的是一种鸷忍的食肉动物——金雕,盘旋在雄峰之巅的那一边,正饥肠辘辘地等待着它们……

强劲的气流推起峰顶的终年积雪,喷出坚硬的云,那是来自印度洋强大的暖湿气流,被高山和严寒长期压制后,变得怒不可遏!

漫天的蓑羽鹤升腾而起,接近峰顶时,却瞬间七零八落,没有生的希望,蓑羽鹤只好返回。它们相拥在山腰间,择机而动,期盼新的一天,重新振翅,可是事与愿违,这样的情景不知重复了多少回……

　　终于有一天,蓑羽鹤飞跃了气势雄浑的珠穆朗玛峰。以逸待劳的金雕,已经急不可耐,发起了凶猛突袭。年幼的蓑羽鹤,往往会被追赶得一只只掉了队,不幸地化为金雕口中的美食。无助的母鹤,眼睁睁地看着自己的孩子在猛禽的利爪下痛苦地挣扎,发出阵阵哀鸣,但是鹤群依旧队形整齐,不动声色。这一刻是不许出现任何杂念或偏差的,否则将导致整体队形的崩溃。母鹤不敢耽搁,只能扇动着悲伤的翅膀跟上队伍。鹤群依然从容不迫地飞着,拖着挥不去的阴霾,直至消失在喜马拉雅山脉南麓的密林中……

　　在鸟类中迁徙路线最长的要属北极燕鸥。春天在北极出生,当秋天到来的时候,它开始飞越重洋,一直向南飞,飞到南极的夏天里。当地球的北极冬去春来时,它又展开双翅飞回来,繁衍自己的下一代。它们一直在追赶季节,一年过两个夏季,但都是在冰上。鸟类在适应环境的变化上,同样意味深长:孔雀的翅膀艳丽,只能滑翔;鸵鸟的翅膀硕大,只能协助奔跑;企鹅的翅膀,则化为了有力的"鳍"。

　　鸟儿——自由精灵,凭着一双坚韧的翅膀,在曲折而惊险的命运里搏击,而等待它们的永远是未知的希望……

§4　自然进化的完美之作——哺乳类(Mammals)

　　哺乳类,心脏二心房,二心室。新生代早期的动物主要有两大类:古有蹄类和古食肉类。到第三纪中、晚期,古有蹄类先是有奇蹄类,如马、犀等,后有偶蹄类,如牛、羊等;古食肉类也渐渐进化成各种猛兽,如狮、虎、豹等。

　　就性状对比来说,哺乳类与鸟类的亲缘关系更近一些,与爬行类似乎没什么瓜葛,但哺乳动物确实由爬行类进化而来。从进化的程度来说,可分为原兽类,如鸭嘴兽、针鼹等卵生动物;其次是后兽类,进化程度较高一些,它们虽然是胎生,但没有胎盘,幼兽是在母兽的育儿袋中发育成长的,如袋鼠、袋貂和袋熊等;最后是真兽类,如狮、虎、豹等,它们是现在最高等的哺乳动物,至今依然虎视眈眈……

§5　奔腾的生命

　　在辽阔的东非大草原上,数以万计的食草性动物,以角马、斑马、瞪羚居多,按不同种群,结成浩浩荡荡的大军,千里奔袭。天宇之下,壮观之势一望无际。

大地在震颤,扬起漫天尘土。不问为什么,这就是生命!年复一年周而复始。一路上它们要跋山涉水历尽千难万险,还要时刻面对狮子、猎豹、鳄鱼的围追堵截,但是,它们始终朝着一个方向勇往直前。也许是为了追寻远方闪电的气息,那天宇之下,定是水草肥美的乐园!为了"生"的希望,就要冒"死"的危险。在奔袭途中,许多同伴倒下或被吃掉,但丝毫动摇不了它们前进的步伐。

当紧迫、宏大、悲壮的生死大迁移结束时,食草性动物又成群地回到了原始出发地。大批老、弱、病的个体被淘汰掉了,奇怪的是种群的数量与出发前基本相当!因为绝大部分新的生命,在危险、坎坷的归途中经受住了严峻的考验,已经茁壮地成长起来。身型矫健而俊秀,崭新的瞳仁,饱含经历,凝视着这个纷繁的世界,以及一条注定的命运之路。永远的塞伦盖蒂啊,心中的马赛马拉!延续种群的希望,自然要落到新一代的身上,它们定会以生生不息的力量,再续生命的传奇,直至可歌可泣!

或许是生存的需要,或许是迷失了方向,有的哺乳动物出乎意料地飞上了天空,如昼伏夜出的蝙蝠,有的又回归了阔别已久的大海,在惊涛骇浪中,追寻生命的真谛。鲸的祖先——巴基兽,5 000万年前还在陆地上驰骋,但后来畅游海洋,变为世界上最大的哺乳动物。海豚是体型较小的鲸类,却拥有着与众不同的智力,与猿差不多。遗憾的是这批回归海洋的高等动物,没能进化出真正的智慧。智慧却偏偏爱上了在树上的窜蹦跳跃者,或许"五指分离"触发了新的命运!

§6 攫取智慧的幸运之儿——灵长类(Primates)

灵长类是哺乳纲的一个目,动物界最高等的类群,包括原猴亚目和猿猴亚目,主要分布于世界上的温暖地区。大脑发达,眼眶朝向前方,眶间距窄,手和脚的趾(指)分开,大拇指灵活,多数能与其他趾(指)对握。这可是非同小可之事,最终它们握住的可是最华彩的命运。灵长类中体型最大的是大猩猩,体重可达275千克,最小的是倭狨,体重只有70克。实际上,出色的人类也被归为灵长目动物。

树上生活造就了智慧的提升,直立行走促使个体意识的觉醒。人类与类人猿共同走过了一段辉煌的旅程,只是在进化的最后阶段选择了不同的方向。不管怎样,真正的智慧诞生了,这是自然界中最重要的一件事情。

是偶然还是必然,不可思议!在生命进化的整个历程中,一些完成了"注定"使命的祖先们,今天仍然与我们同在,只不过已经成为我们继续前进中永恒的参照坐标了,楚楚动人,更催人警醒!自由漂浮的鹦鹉螺,默默无闻的海星,晶莹剔透的樽海鞘,终成"正果"的文昌鱼。曾记否?当初,我们从寒武纪那朦胧的时光中一起出发,如今,我已经不再是我,可是你却依然是你!

其实,在生命进化的整个历程中,所有的动物,包括已灭绝的,它们都是已被定格在某一时刻的人类的祖先!在相应的阶段环节,都为人类最终在自然界绝对胜出做出了既不可缺失又无可替代的贡献。它们同样铸就了这个星球的"蔚蓝色",也应该成为星球当之无愧的主人。

而今天我们更需要它们!一旦离开了它们,人类将在无尽的孤独中,追悔莫及、坐以待毙。这是告诫,是天条,不可触犯!

生命经过四十亿年的进化,走过了从无到有、从低级到高级的许多发展阶段,终于在最新地质历史时期——第四纪,绽放出最绚丽的生命之花——人类,更是生命之歌中高潮的华彩乐章。生命的发展是一种铤而走险的历程,痛苦而美妙,让人心怀侥幸与不安。要是在某个过程中偏差一点,人类的命运不堪设想!

庆幸的是我们成功问鼎璀璨,沧桑正道,给我们的深刻启迪是:生命的价值在于进化!难道不是吗?若是回眸凝望,定会感慨万千!

在历史的深处,暮色下的鲍里斯,正在踯躅于离开大海的第一步,欲向莽莽苍苍中,攫取陆地上第一个乾坤浩荡的黎明!

第3篇　人类乾坤

人　寰

从茹毛饮血到刀耕火种，
从愚昧荒蛮到智慧文明，
多少血雨腥风，
生命被吞噬，生灵遭涂炭，
然而从战争的血泊中爬起来，
依然铁骨铮铮。
往事一幕幕，
匆匆地掠过，
鲜明而生动，
走进苍茫的历史，
如歌如述，荡气回肠！

千古一帝亚历山大,率领所向披靡的马其顿大军,从爱琴海出发,横扫了欧、亚、非三大洲,所到之处,形形色色的王国土崩瓦解。

唯我独尊的秦始皇,执虎狼之师,攻城略地,出秦川,灭六国,一统天下。

天朝大汉的"飞将军"们,在广袤的戈壁与沙漠中,迅雷出击,追剿匈奴,金戈铁马,气吞万里。

一代天骄成吉思汗,百万铁骑,势如洪水猛兽,惊醒了欧洲人悠长的黑梦。

西班牙的无敌舰队,整装待发,揭开了近代世界史上轰轰烈烈的一页。

不可一世的拿破仑,雄心勃勃,征服欧洲,志在必得。

在人类历史上第二次大浩劫中,反法西斯的硝烟战火,从高加索平原燃烧到撒哈拉大沙漠,直至太平洋的万顷碧波。

为寻求"独立、平等、自由、科学、民主、道义",人性的光辉照亮世界。在艰苦卓绝的斗争中,是谁不断地抚慰人类心灵的创伤,铸就了坚实的信念和理想,又是谁得以驱散迷雾拨开乌云,一次又一次地拥抱新纪元的曙光,是强大的人类自身。

人类起于远古,归于未来,披着沧桑,走向辉煌！

蒙昧时代(Stage of savagery)

第 1 章

蒙昧时代：美国社会学家、民族学家 L·H·摩尔根(Thomas Hunt Morgan)在《古代社会》中，根据"生存技术"进步观点将人类社会早期历史划分为蒙昧时代、野蛮时代和文明时代三个阶段。这里主要指石器产生以前的阶段。

3 000 多万年以前，在地质年代叫作中新世后半期和上新世早期的年代，由于强烈的地壳运动，使得同阿拉伯古陆块相分离的大陆产生漂移，从而形成一个巨大的裂谷，即东非大裂谷，全长近 6 000 千米，相当于地球周长的六分之一，气势宏伟，景色壮丽，号称地球最美丽的伤痕。汹涌澎湃的赞比西河奔腾不息，在这里形成了世界最壮观的瀑布——维多利亚瀑布(1855 年命名)。我们的祖先最早选择了这里落脚，实际上它们选择的是近水的森林。森林作为"自然"和"精神"的双重家园，最早庇护了我们蒙昧的祖先。

此时，这个星球上的热带、亚热带原始森林，广袤无垠，成群的古猿栖息在树上，以果实、嫩叶、根茎和小动物为食。是不断摇晃的树枝首先考验了它们的前肢，前、后肢初步分工，前肢变得精巧，善于"臂行"，更便于采摘果实。偶尔它们也出没于地面之上，步履蹒跚，勉强站立。适宜的环境使这支队伍迅速壮大。上苍作美，不断地赐予它们垂涎欲滴的果实和"无忧无虑"的日子。

到第三纪末第四纪初，这些猿类寄居的地方发生了巨大的变迁。山水重新布局，冷暖交替，干湿变换。古猿生活的地方变得干燥寒冷，随之而来的是森林消退，食物骤减，饥饿降临。古猿们怎能知道食物都去哪了？惶惶不可终日，不得不分道扬镳。

有一些古猿，在树上灵活自如，到了地上举步维艰，林木稀少无处藏身，在面对陆地上于数千万年弱肉强食中胜出的猛兽时，只能是在声嘶力竭的逃亡中，化为美食。由于适应不了变化的环境，从此销声匿迹。

有一些古猿，它们占据了天然的生存优势，率领族群从森林的边缘退向深处，赶走了那里的生存者，继续在树上生活，森林退到哪里，就逃到哪里。它们的后代就成了今天的猩猩、大猩猩和黑猩猩等。

有一些古猿，被迫地来到林间草原，开始长期的地面生活，其中包括在激烈的竞争中，被森林中的其他族群驱赶出来的一群。为了便于观察周围情况，扩大视野，以规避风险，它们不得不警觉地直立起来。就是这些落魄的古猿后来进化成了人类。

从树上到地上，从攀援活动到直立行走，这是从猿进化到人的具有决定性的第一步。我们值得为沦落到地面上的流浪者庆幸，上苍没有赐予它们果实，却赐予了它们无限的未来！

古猿不是一下树就能直立行走的。这是个循序渐进的过程，下树有早晚，直立有先后，掌握有快慢。

经过了几十万年，古猿才把支撑全身移动的任务彻底交给后肢来完成，前肢向手的方向发展。直立后的古猿发生了奇特的变化，首先享受到了畅饮空气的快感，肺和声带随之获得释放，充足的氧气刺激得大脑异常活跃，朦胧而奇怪的声音，在喉咙里盘旋。

手脚分工后，手变得更加灵巧，可以利用"工具"，改变原始生存规则，优势开始突显。但是，能够直立行走的古猿还不能叫作人。把人和猿区分开来的根本标志是劳动，劳动中同时创造了工具和语言。

包括古猿在内的任何动物都不懂得劳动。劳动是从制造工具开始的。这是一种有目的、有意识的活动，也是向自然宣战的开始。尽管古猿也能利用自然之物，进行萌芽式的劳动，但它们根本不会制造工具，只是被动地适应环境。当人类的祖先在长期同自然的斗争中，懂得了用一块石头打击另一块石头，制造出有一定用途的东西时，石器便产生了。所以古猿是在"以石击石"的铿锵作响中，完成了进化到人的具有决定性的第二步。那一刻，生物界的性质发生了根本的改变！从此，古猿就转变为人类，人类进入了最早期的石器时代。

由"古猿"到"能人"再到"直立人"最终发展到"智人"，这是"成人"的节奏，其中只有智人才可算作人，以前还处在古猿的阶段。实际上，也远非如此简单，发展的过程也不是古猿、能人、直立人、智人这样唯一一条直线，而是像树枝一样，在人类发展过程中有许多旁枝，只有伸展到最远处的那枝，才能攫取到真正的智慧。具体是哪些支能够伸得更远，这个问题只有我们的祖先才晓得。

可喜的是，冥冥之中，人类在每一个彷徨的十字路口都选对了方向！

石器时代(Stone Age)

石头只有被刻意地加工过,才能算作与众不同,当这些与众不同的东西被我们的祖先第一次用作投掷(或锛、凿、刨)时,尽管那生硬而粗放的动作依然原始,但与众不同的已不再是石头本身,而是石头所击中的那段硬朗的时间,石器时代便这样被定义下来。时间从距今 300~200 万年前,止于距今 6 000~4 000 年左右。这段时间又称为史前时期,总之不是文字记载的历史,那时没有文字,其实除了被"雕琢"过的石头什么都没有。这一点点表现当然远远不够,之后那些与众不同的石头做了一次伟大的旅行,从东非的萨瓦纳(Savannas)向世界各地蔓延,石器时代才实至名归。

在 John Lubbock 1865 年所著的经典书籍《史前时代》(Prehistoric Times)中,石器时代出自他的三代法(Three-age System),分别为旧石器时代、中石器时代和新石器时代。从此,人们自然地接受了这种恰当的划分。

§1 漫长的旧石器时代(Palaeolithic)

250 万年前,地质时代属于上新世晚期,大体上处在能人、直立人并存阶段,工具的制造尚在萌芽状态。第四纪冰河期恰巧也来凑这个热闹。这是地球史上出现的第五次,也是最近的一次大冰河期。地球的三分之一被冰雪覆盖,到 2 万年前才结束。或许是天降大任,冰河期将旧石器时代拖拉得如此漫长,让我们的祖先饱尝了磨难与煎熬。所有的证据只能来自考古的发现。

非洲,200 万年前的复杂工具——石斧以及一些石器,在东非大裂谷纵贯南北的肯尼亚图尔卡纳湖附近被发现,这是有史以来考古学家发现的最为古老的石质工具,这些石器代表着一次巨大的技术进步。

大约在上新世末期的非洲,被称为能人的现代人类的祖先,制作出了已知最早的石制工具,这些石器工具非常简单。能人被认为掌握了奥杜韦文化时期利用薄岩片和石芯的制造工艺。这种石制工艺由它的产生地,坦桑尼亚的欧肚白大峡谷加以命名。这些"人"很可能并不打猎,而是以食用腐肉和野生植物为生。实际上它们正处在脱离古猿的阶段。

欧洲,显得不太急切,最早出现的证据是100万年前被使用的一种更先进的手斧,阿修尔手斧,地点在德国的莱林根。这个时期的人们主要制造简单工具以作为打猎和采集之用。

亚洲,中国河北省阳原县东部,位于桑干河上游,阳原盆地的一个小村庄——泥河湾,也发现了古人类活动的证据——石器。这是在东非之外,找到的第二个200万年前后的人类活动遗迹,已向人类起源"非洲唯一论"提出有力挑战,然而激动的考古学家们则一贯持有谨慎的态度。

祖先们好像有意向我们昭示着一个出奇的时间跨度和进展程度。

中国云南元谋上那蚌村附近的元谋猿人,生活的年代距今170万年左右。

肯尼亚的切萨瓦尼亚,一支被称为直立人的现代人类的祖先,生活在距今142万年前,他们最早使用了火。火的使用是对直立人的最高奖赏。从此"人类"把对黑夜的恐惧与迷茫转为对火的依赖,多了一份温暖、光明与安全,更令凶猛野兽望而却步。

中国陕西省蓝田猿人生活在距今110万年前到70万年前。

法国马赛附近埃斯卡尔的洞穴中,也发现了火的使用,距今75万年前。

中国周口店发现的北京人,距今60万年前。他们使用石器和木棍来猎取野兽,并懂得对不同的石头采用不同的加工方法来制造工具,主要居住于山洞中。从其洞穴中发现了木炭、灰烬、烧烧石、烧骨等痕迹,显然当时的人们已掌握了使用火的技术,并懂得砍伐树木作为燃料。

地球是宇宙中唯一有条件可以燃起火苗的地方,因为其他星球上没有绿色植物,不存在氧气。

60万年前的一个夜晚,披着树叶的直立人祖先们结束了一天惊心动魄的狩猎活动,正围绕火堆旁兴高采烈地享用丰厚的战利品,场面欢快喜人。抱着孩子的"妇女","鬃发"蓬乱,神情怡然,孩子一天的渴望延伸在张开的小手上。好一派祥和的"大同盛世"!

烧熟的食物更容易消化和吸收,就是这种小小的改善让人类的大脑飞速进化,在不到100万年的时间里,体积增加了一倍(700 ml ~ 1 400 ml),特别是大脑出现新皮层并且面积不断扩大形成沟回,以至于产生心智,构筑心灵,而其他种类动物的大脑几乎没变。当兴奋的火苗在历史的切萨瓦尼亚第一次跃然而动的时候,便具有了划时代的意义。那燃烧的已不再是"火",而是人类的希望。火的使用,不仅提升了人类,改造了人类,更赋予了人类文明的象征意义!

似乎我们的祖先生活得如此轻松惬意,并富有成就,但不要忘记,他们是在穿越冰河期,从不晓得归宿何方,唯有饥寒交迫,艰难前行……

而让人念念不忘的是有一种庞大的动物和人类同时诞生,陪伴着人类一起度过了那段艰难而寒冷的岁月,当银河系的融融暖意惠及这个星球的时候,它们便随冰河时代一起隐去。它们便是憨憨的猛犸象。它们被生动地描绘在大量的洞穴壁画中,那优雅流畅的线条是我们祖先的情怀,更是冰河时代的记忆,其中最典型的代表是法国阿尔代什河谷的肖维洞穴壁画(约 3 万年前)。和猛犸象一起消失的还有我们的近亲——高大的泥安得特人(非智人),他们在这个星球上苦撑了 40 多万年,却与最后的希望失之交臂!

§2 过渡的中石器时代(Mesolithic Age)

2 万年前,最后的冰河期渐渐逝去,苏醒的地球在暖洋洋的情绪中开始舒展筋骨,梳妆打扮,呈现一派飒飒风姿。大气象直接作用于人类的血脉,致使怡然的人类灵感不断闪现,他们把加工过的石头再进行研磨,精致的石器开始生辉。时光融融,采集和渔猎活动愈发活跃,规模不断扩大,地球生机盎然。

中石器时代是旧石器时代向新石器时代的过渡时期,大约持续一万年。

中石器时代的特色是用燧石组合成的小型工具。在某些地区可以找到捕鱼工具、石斧以及像独木舟和桨等木制物品。这些稀少的遗迹足以体现人类对自然的探索已经进一步深入。世界上还不时出现森林被开发的迹象。

是谁无意中散落了种子,长出了青苗?无法说清,但是,这一切被我们细心的祖先记住了,且成功效仿。那一刻,人类开始收获未来的保障。随着种植的成功,中石器时代的人们出现了刀耕火种的生活方式。即把小块森林用火烧掉,以石制工具在燃烧过的土地上掘出坑来,洒下种子埋好,之后便在无所作为中企盼果实累累的光景。烧毁森林,只是为了获取空地,草木灰的强大肥效,一直把我们的祖先蒙在鼓里,因而在他们期待的目光中,禾苗却也不乏长势强劲。不过这种情景在地球表面只是零星点缀,森林的急遽开垦则发生在新石器时代,因为农业需要更多土地空间。

欧洲中石器时代文化的突出特点是盛行几何形细石器。这种细石器呈三角形、梯形或不规则四边形等形状。

在西欧南部和南欧地区,先后分布有阿齐尔文化和塔德努瓦文化,均因法国的同名遗址而得名。塔德努瓦文化的海滨河口地区,有些堆积层中含有人们吃剩的大量贝壳和鱼骨等。

时间的形状

在西欧北部和北欧地区有马格勒莫瑟文化,因丹麦的马格勒莫瑟遗址得名。该文化分布很广,在英国的斯塔卡遗址发现有木桨、家狗等重要遗存。

狗是由"狼"通过自然驯化而来。狼蹲守在祖先们的居住地外边,等待残羹冷炙的施舍,祖先们也索性将计就计。就这样狼与人渐渐地形成了一种从属关系,不知经过多少代的变更,最后,"狼吟"变"犬吠""狼心狗肺"皆化为"无上忠诚",谁又能说这不是天地之一大慨叹呢?

亚洲西亚重要的中石器文化有凯巴拉文化和纳吐夫文化等。

山顶洞人距今约1.8万年,在"北京人"曾经出现过的地区生活。骨针的发现,说明人们已能用兽皮缝制衣服。装饰品的出现,表明人们的审美观念已经产生。山顶洞人把海蚶壳、兽牙、砾石和骨料等,加以磨制、钻孔,串成一串美好的向往,加以佩戴。那串美好的向往,至今仍在我们的胸前闪闪发光——项链,其艺术价值和文化价值是无法用克拉来衡量的。这是"审美意识"在人类心灵深处的最初萌动,标志着人类觉醒的开始。

与山顶洞人同期的新人已分布在世界各地,当初,一些离开非洲的智人,不肯忍受在欧亚大陆上朝不保夕的游荡,其中一批登上东南亚的诸多岛屿,在那里同潮湿与酷暑进行一番生死搏斗,最终成功渡海,深入广袤的澳大利亚(4.5万年前);另一批贸然挺进西伯利亚,在那里同严寒展开了旷日持久的较量,随后跨入北美大陆(1.6万年前),并一路向南。这一切在今天看来仍不可思议,但已真实地发生了。智人不经意地走出非洲却成就了人类全球化的非凡壮举。

这一时期的新人,由于所处的环境条件不同,例如地带、气候、湿度、阳光等方面的差异,逐渐形成了现在世界上的各个种族。总的说来有蒙古利亚(黄种人)、欧罗巴(白种人)和尼格罗(黑种人),物竞天择,只有颜色之别,没有高低之分。

§3 萌动的新石器时代(Neolithic Period)

旷日持久的喜山运动终于稳定下来,这一恢宏之举改变了星球的格局、气象、命运。严格地说,我们今天的地貌是八次地质运动叠加的结果。它造就了星球上两处异常奇特的地质环境,一处在东方,一处在西方。

东方一处:三面环山,一面靠海:东面是浩瀚的太平洋,北面是蒙古高原,西面是万里黄沙,西南是世界屋脊,南面是起伏的南岭谷地,中间是一望无际的大平原,长江和黄河经此向东奔流入海,我们就称这沃野千里之地为山中原。西方一处:由欧、亚、非三块大陆共同合围的一片大海,我们称之为地中海。两处的渊源在人类的发展史上举足轻重,可以让我们思考到永远……

61

1.3万年前,人类最后的近亲——矮小的弗洛里斯人(非智人)消失,至此在这个蔚蓝色的星球上只剩下了不知孤独的智人,那便是今天的人类。

大自然的食物总是不够,叶子布满枝头的时候未必有食物,叶子没有的时候只好以脆嫩的根茎充饥,种植的收获同样甚微,无法补偿食不果腹。忧心忡忡的祖先们一直在寻找出路,却始终一无所获,最后还是把精力集中在了手中的工具上,这里面到底有没有乾坤呢?

一万年前,或许是生存的紧迫,促使了祖先们智慧的提升,他们将石制工具修整得更加细腻精致,以至于称心如意。果然,这一修整使劳动变得更有效,实现了更大面积的种植,回报开始丰厚。

多与少的区别让劳作的祖先们做出抉择:从漫无边际的"采集"和"狩猎"中腾出身来,去从事"种植"和"饲养"。这个简单的换算过程需要多个寒暑对比才能明了,但却是一次巨大的社会变革,没有发起者,是劳动力向着高效能劳动的自觉转移。之后,显而易见的酬劳让祖先们乐此不疲。挖掘陷阱同样可以捕捉猎物,而且是活的,可以饲养也可以驯服。殊不知那温顺的动物竟然是如此乖巧,一切都是新鲜的感觉。

食物的来源开始变得稳定。为此祖先开始守候播种过的土地,守候着津津有味的向往,由逐水草而居变为固定下来。为此,那些因饥饱而四处游荡的"原始群落",就转变为稳定的"氏族公社"。

定居是为了更多地劳有所获,而生产劳动需要在一定的组织下才能进行,"母系氏族"是第一个应运而生的"鲜明"组织,区别于集体狩猎,是血脉的天性传承,或者说是客观条件的自然产物。那么后来的结果又怎么样呢?

8 000年前的人类生活,得到了前所未有的改善,即便是萧条的欧洲大陆也开始人迹频频,世界人口接近500万。在这个星球上是女性的那副柔弱的身躯,支撑起了一个繁荣世界!而最精彩的是文化开始萌芽,文明开始闪现。

人类需要火,但更离不开水,归根到底,水才是"文明"产生的决定性因素,在这个星球的北纬30度附近,从雪山冰峰中淌出来的几条著名的大河几乎都集中在东方,分别孕育了人类最古老的几个文明。无论是黄河、长江、印度河、还是底格里斯河、幼发拉底河以及尼罗河,都成为人类文明的摇篮。因而,文明的曙光从东方升起,就像太阳从东方升起一样。

1. 仰韶文化:7 000~5 000年前,仰韶文化属于母系氏族公社制繁荣时期的文化,主要分布于中国黄河中下游一带的核心地区,因河南省渑池县东北仰韶村(1921年)最为典型而命名。浩浩渺渺上下数千年,纵横几千里。一种丰富、细致、多姿、有序的生存方式,拓土于荒蛮之中,即便在今天想起来都需要非凡的勇气!

这个原始农业经济形式的杰出代表精于播种粟和黍,也不忘兼顾畜牧、渔猎和采集。然而一个惊人的发现让考古学着实晓得什么才是震撼。那就是寻获了数十斤 5 000 年前的谷物。这些谷物不知经历了多少饥荒岁月,但是它剩下来了!也就是说在那段饥荒灾祸肆意的古老日子里,地位几乎人人平等的仰韶人彻底地赶走了饥饿,才会出现这种情况。仰韶人一定拥有数量惊人的谷物,它的农业该有多发达?是不是他们的工具特殊呢?他们的工具虽然很丰富,有刀、斧、锛、凿、箭头等,但是再精致毕竟还是石器。这是多么不可思议的了不起!他们的生活丰富,还饲养着一定数量的猪和狗。

仰韶人过着定居生活,村落可以用"布局"和"规模"等词语来描述。并且选址更巧妙,一般是在交通便利的河流两岸的较高而平坦地带,这里土地肥美,有利于灌溉、畜牧及取水。比较大的村落周围通常都有一条围沟,村落外有墓地和窑场。这已经含有"城"的概念了!还有一个概念也出现了——窑场。

一股股青烟升腾于 7 000 年前的清澈天空,那是人类在这个星球上的第一次气贯长虹的宣誓。青烟之下,窑火正旺,仰韶人正在烧制高品位的生活。他们创造了世界最早也是最美的彩陶文化!惊人的彩陶技术,精美的陶器,简直让人不敢相信自己的眼睛。一款史前的杰作——"双联壶",与今天的水平不分伯仲,足以让人惊讶得目瞪口呆。透过那些史前陶器,你会看清一种境界,那是我们祖先的高度!

多彩的陶器承载了仰韶人的全部情感和不凡的经历!在这一点上我们找不到任何材料可以代替,无论木头还是石头,都无法诉说一把泥土的神奇……

2. 河姆渡文化:7 000 ~ 5 300 年前。河姆渡文化是中国长江流域下游地区的新石器文化,依然以农业为主。第一次发现于浙江余姚河姆渡(1973 年),因而得名。它主要分布在杭州湾南岸的宁绍平原及舟山岛。无独有偶,河姆渡文化与仰韶文化同时亮相,又形成了鲜明的对比。

同样惊人的是发现了大量人工栽培的稻谷,这是目前世界上最古老、最丰富的稻作文化。在这个星球上,幸运的河姆渡人最早品味了稻花香的气息。"谷"与"稻"是祖先留给华夏子孙最宝贵的粮食和精神!

除有大量的水稻被发现外,尚有残存的葫芦、橡子、菱角、枣子等植物。动物还有家养的猪、狗、水牛等牲畜。

同样不可思议的是河姆渡人的制陶、骨器、竹器、木器、纺织等怎么会发展得如此成熟?甚至一些"器物"可以用"精美绝伦"来概括。

河姆渡出土的纺轮、两端削有缺口的卷布棍、梭形器和机刀等,据推测这些可能属于原始织布机附件。虽然没有找到纺织品,但可以肯定,他们的原始的机械已经代替了手工编织,这个消息足够吓人。遗址中还发现了柄叶连体木桨,证明他们已有舟楫之便。我们还无法想象当时"船"的形态,但它一定承载着新时代的气息。

河姆渡的生存方式有现代社会的影子。有一个现实问题,所有的"行业"需要大量的人来从事,而这些人首先要解决的是温饱问题,而事实上这已不是问题,说明它的农业同样高度发达。

原来定居生活快速促进了经济发展,人口增加。而定居又为劳动之余进行手工制作提供了可靠保障。以前的手工制作充其量是匆忙中的零打碎敲,粗制滥造,现在则可以做到精而美。有些心灵手巧之人,他们不仅善于制造工具,还能制作其他新奇而有用的东西,于是便脱颖而出,后来他们干脆告别土地的劳作,成为"能工巧匠"的鼻祖,客观上完成了第二次社会大分工。

新石器时代已有了一定的社会形式,氏族内近亲通婚被禁止,实行的是一个氏族与另一个氏族的兄弟姊妹之间相互通婚制度。其原因虽然没人能说清楚,但肯定是付出一定代价换来的,及时而科学,否则人类延续不到今天。完婚后的男子仍要回到原氏族从事劳动,因为那里有他的血缘关系(其母)。子女必然要归于女方喂养,由此可使本氏族壮大,因而女性有着突出的重要地位。这样造成的结果必然是子女只知其母,不知其父。而母亲则可对子女进行支配和分配,这是天然的血缘关系建立起来的权威,牢固而有效地支撑了那段灿烂的历史。母系氏族是伟大的!事实上,这个星球早已在践行母系氏族,在人类还没有出现之前,如蚂蚁、蜜蜂、鬣狗、大象等动物就已经开始,至今它们还在母系制社会的呵护下有条不紊地繁衍生息。

6 000年前,古埃及文明在尼罗河第一瀑布至三角洲地区,苏美尔、阿卡德、巴比伦、亚述等文明在美索不达米亚平原的两河流域才开始发际、繁荣、延续。新世纪的天空开始璀璨。

这段岁月都是鲜为人知的,考古学者历尽磨难才让我们有机会与祖先对话。否则,世上没有人知道:华夏的祖先开创了辉煌的史前时代。那将是这个星球的缺憾,历史的背离!

寻找回来的华夏记忆

七千年前的荒蛮星球上,
人类最先进、最发达的文化,
在九曲黄河和无尽的长江里,
悄无声息地流淌着,繁荣着,灿若霓霞!
悠悠岁月,无休更迭,
不经意地将辉煌的经历扯裂,
文明的碎片,随处散落!
年轻的文字,尽可洋洋洒洒、挥斥方遒,

却也只知今生,不晓前世。
七千年,彩陶的歌声在韶山脚下,壮怀激烈!
七千年电闪雷鸣,七千年风雨凄凄。
长江、黄河,忽而雷霆万钧,忽而咆哮怒吼,
但都没能唤醒华夏子孙。
终于有一只木船,
摇着古稻香的气息,
从沧桑的河姆渡出发,
径直驶入了20世纪,
满载着华夏七千年凝重的历史!

§4 时代能者

　　生产规模一再扩大,对劳动力的需求紧迫,男女的天然之别也随繁重的劳作被筛选出来,男子在生产中占了主导地位,成为社会财富的主要创造者。"男子的劳动就是一切",自然也就掌握了剩余产品的支配权,可以分配给子女,也可以根据不同的喜好进行交换。剩余产品越来越多,交换便日趋频繁。有一伙人看出了其中的门道,结果在交换中大获其利,干脆也脱离了劳动以此为生,在优哉游哉中赚得盆满罐满。但此时的交换性质已经改变,同样是需求,但这种交换,已不再是依情绪而定,而是依据一定"原则",往往与共同信赖物比较得失。这是第三次社会大分工。交换来,交换去,便交换出一个新世界。从此,这个世界才真正找到了发展的动力之源,直到永远!男子的主导意识独立出来,母系氏族制度自然淡去,父系氏族公社诞生了。所有的颠覆,既创造了辉煌,又埋下了私欲的祸根。男子的社会地位提高了,所发挥的作用也更大了,特殊人物的作用更大,远远超越了其他人,其中更有能者,大得无可替代。

　　1.燧人氏:传说,华夏民族的第一位人文始祖,他在河南商丘一带钻木取火,教人熟食,他是人工取火的发明者。看似原始,但这可是一项破天荒的发明,在此以前的火只是老天不经意的馈赠(雷电引发山火),火种尚需小心翼翼地保存,酿成火灾,则一切将付之一炬,一旦熄灭,唯有仰天长叹,而企盼则遥遥无期。可燧人氏之火,能随心所欲地获取。至此,人类真正意义上结束了茹毛饮血的历史。因而,商丘也被誉为华夏文明的源头。

　　2.伏羲氏:华夏民族的第二位人文始祖,所处时代约为新石器时代中晚期。传说,伏羲坐于方坛之上,听八风之气,乃做八卦,后衍生易经;他结绳为网,教会了人们渔猎;发明弓箭,用以捕鸟打猎;他还发明了瑟(拨弦乐器),并创作了

《驾辨》曲子。

弓箭的发明者,考古界并没有明确的结论。恩格斯说:"弓、弦、箭已经是很复杂的工具,发明这些工具需要有长期积累的经验和较发达的智力。"英国科技史家贝尔纳(J. D. Berrnal)曾说:"弓弦弹出的汪汪粗音,可能是弦乐器的起源。所以弓对于音乐方面和音乐的艺术方面都有贡献。"

3. 神农氏:传说,神农氏是农业的发明者,继伏羲之后,又一个中华民族的人文始祖。他以农耕技术闻名,号神农氏,因以火得王,又称炎帝。然而关于神农氏是否就是炎帝这个问题,学术界一直在争议。传说不辞辛劳的神农,为确认哪种植物可吃以便播种,日尝百草而中毒,吃了一种神奇的树叶,神清气爽,淤毒化去,后来他对这种树叶甚是称道,这就是茶叶。然而地处山中原的神农尚无从晓得,此时,在遥远的美索不达米亚平原上,也有两条奔腾不息之河(底格里斯河和幼发拉底河)。在那里,机灵的苏美尔人已经与倔强的牛达成默契,之后,牛开始任劳任怨,拖拽着缓慢的犁,彻底翻开了星球上第一层沃土,以这样优美的动作为"耕耘"二字最先下了定义。人、牛、犁的不凡组合一往无前地刷新着星球的拓荒速度,继而微风过处,麦浪青青,报偿了人类生活。

4. 黄帝(公元前 2717—公元前 2599 年):华夏民族的始祖,少典之子,本姓公孙,居轩辕之丘(现河南新郑西北,有争议),故号轩辕氏。出生、创业和建都在有熊(今河南新郑),因有土德之瑞,故号黄帝。黄帝以最先统一中华民族的伟绩而载入史册。他播种百谷草木,大力发展生产,始制衣冠,建造舟车,发明指南车,定算数,制音律,创医学(后人整理的《黄帝内经》是中国最早的医学著作),倾其壮举以铸"山中原"基业。然而,圣明的黄帝也不晓得,此时世上已经出现一种精巧之物"铜"。还不晓得在他专心致志造车之际,苏美尔人的轻快毛驴儿已经牵动着辘辘大车碾过了三个世纪的风雨大地。他更不晓得,在更加遥远的"地中海"南岸的沙漠里(埃及),同样有一伙了不起的人已经建成世上最高之物——胡夫金字塔(公元前 2690 年左右)。但这一切并不妨碍他励精图治,为国为民。

黄帝的夫人嫘祖发明了"养蚕取丝"。全新世大暖期为中国带来了宜人的气候,桑树生长和蚕的繁殖遍及黄河流域,使"养蚕取丝"成为可能。

5. 尧(公元前 2377—公元前 2259 年),姓伊祁,名放勋,史称唐尧。生于唐地伊祁山,幼年随其母在庆都山度过,20 岁成为部落联盟长。尧仁慈爱民,明察于人,治理有方,盛德闻于天下。他命羲和根据日月星辰的运行情况制定历法,四时成岁,即测出了春分、夏至、秋分、冬至的时节。为百姓颁授农耕时令,有力地促进了农业发展。唐尧在位 70 年,90 岁禅让于舜,约公元前 2259 年,尧 118 岁时去世。尧在位期间,美索不达米亚平原战乱纷争,阿卡德人打败了苏美尔人,建立了阿卡德王国,霸占了两河流域南部,以及所有勤勤恳恳的牛和倔强毛驴儿。而"地中海"南岸的沙漠里(埃及)的金字塔,则鳞次栉比,层出不穷。似乎所有人都在忙于生前的事,只有埃及在忙于死后的事,那是因为他们最先对"生命"的概念进行了深入的思考。

6. 舜是中国传说中的历史人物,他是五帝之一。名重华,生于姚墟,故姚姓。舜为四部落联盟首领,受尧的"禅让"后世以称之舜。舜大兴变革,通过"庶绩咸熙"之整顿,各个方面都出现了新的面貌,"四海之内咸戴帝舜之功,天下明德皆自虞帝始",山中原呈现辉煌之业绩。舜即位时,美索不达米亚平原上,有一个叫乌尔纳姆的人已率领激昂的苏美尔人进入巴比伦,复兴成功,建立了乌尔第三王朝(约公元前2113年),这一回,他们掌握了先进的青铜技术,所以重获新生。倔强的乌尔纳姆还留给后人一部《乌尔纳姆法典》,这是世界上最早的法典。序言中说:神明在众人中选择了乌尔纳姆。君权神授由此开端。

7. 禹:姒姓夏后氏,名文命,号禹,后世尊称大禹。禹幼年随父亲鲧东迁至中原。帝尧时,中原洪水泛滥,百姓愁苦不堪。帝尧遂令鲧治理水患。鲧用障水法,在岸边设置河堤,但水却越淹越高,历时九年未平洪水之患。后禹继任治水之事。禹总结了鲧治水失败之训,改进治水之法,疏导河川,利用水向低处流的自然趋势,疏通九河。禹亲自率领百姓风餐露宿,把平地的积水导入江河,再引入海洋。禹以其坚韧不拔、勇于开拓的精神,经过了十三年治理,终于治水成功,根除黄河洪水之灾。无独有偶,就在大禹千方百计治理洪水猛兽的时候,机敏的苏美尔人已学会了利用洪水猛兽。河水泛滥时,他们将水存起来,干旱来临时,他们将水引入农田,实现了人工灌溉。

传说大禹曾在绍兴娶涂山氏为妻。新婚三日禹便离家治水,十三年,曾三过家门而不入。后因大禹整治黄河水患有功,受舜禅让继位。

大禹治国有方,百姓日益富庶。遂令施黯铸九鼎,象征九州稳定,四海升平。九鼎铭刻伯益之《山海经图》,含各州的山川、人物、奇禽异兽、神仙魔怪,以释天下。伯益为东夷首领,两大矛盾集团在共同对抗洪水中促进了民族融合,这是一个深刻的启迪!也就是从这个时候起,逐渐形成了以华夏为中心的五方格局,四方分别为东夷、南蛮、西戎、北狄。这一贯穿地域与心灵的观念,在山中原延续了数千年,也同时造就了华夏民族内心深处的自信与自负。

后来,此镇国之宝成为国家权力的象征。如今,九鼎无从找寻,成为千古之谜,而《山海经图》作为华夏民族历史最早的记录,没有文字,只有图案和符号,同样踪迹皆无,号称失落的天书。现存的《山海经》是中国西汉刘向、刘歆父子汇编整理的,只是大致忠实原貌的核心。公元前2070年禹传位于启(禹之子),夏王朝建立。

"三皇五帝"说法不一,争议不断,所处年代也有待考证,均为新石器时代杰出代表人物,对中华民族的贡献有口皆碑。只有把顶礼膜拜的祖先放到真实的历史中去,才能还原这种亲切、这种可敬、这种伟大。当这些能者率先垂范,为人师表时,效仿者也开始传道授业。他们也许脱离了生产劳动,代以言传身教之德。实际上,他们的行为客观地构成了第四次社会大分工,没有明确地标识,但它真实地发生了,且每每关乎于百年大计。到大禹时期,"铜"的冶炼技术已具备,号称金石并用时代。最早时期的铜源于天然,为红铜(纯铜),它是因天然的山火凑巧将表面的铜矿石烧熔而生成。直到这新颖的东西引起了人们的好奇,发现了它的用途,才有意识地去炼制它。先人开始寻找铜矿,鲜绿的孔雀石则成为最直接标志,它常与其他铜矿物共生。

实际上"铜"长期为"石头"所压制,始终显而不露,然而从烈火中汲取的能量,终归要情不自禁地释放,漫长岁月再度弥漫着特殊的神秘,结果清晰而透彻地诠释了"铜"的力量是不可抗拒的。

铜器时代(Bronze Age)

第3章

迢迢之青铜时代是介于新石器时代与铁器时代之间的时期,相互都有一定的时期重合。

早期获取的铜为红铜(纯铜),特性偏软,后来在冶炼的过程中人们发现,加入一定比例的锡可以增加铜的硬度,于是青铜就出现了。青铜是红铜与锡或铅的合金,熔点在700～900℃之间,比红铜的熔点(1 083℃)低。含锡10%的青铜,硬度为红铜的4.7倍,性能良好。青铜的出现是人类技术发展史上的飞跃,社会生产力、军事战略条件均有了极大的提高和改善,有力地推动了社会发展与进步。

"铜"散发着新鲜的气息,开始在这个星球上流淌,从公元前4000年到公元初年,铸就了一条熠熠生辉的历史长河,只是这条"河"仅浇灌了欧亚大陆的重点部位。公元前4000年,从伊朗(波斯)南部"发源",公元前3500年从美索不达米亚平原淙淙而过,"流经"土耳其(小亚细亚),之后又惠及爱琴海地区,最终抵达巴尔干半岛;公元前3000年,"流经"印度、中国,直到公元前2000年才渗入非洲,随之消失在茫茫的沙漠中。这条泛着粼粼青光之"河",撇开了美洲、大洋洲,虽然最终没有避开非洲,可惜非洲没有准备好,只能无奈地守望着原始的石头,坐等"铁"的召唤,埃及则是个例外,险些成为源头,而美洲直到公元11世纪才闻到"铜"的味道。

水深火热中的人类,终于找到了称心如意的材料——"青铜",以便制造更有效的劳动工具,减轻生产的重负,然而更多的铜却都被铸成武器,这些武器是用来对付人类自身的,在频频征战中成为杀人利器。"铜"被强制地赋予了一种残酷性。世界上所形成的几个重要的青铜铸造地区,如爱琴海地区、小亚细亚(土耳其南部)、美索不达米亚平原、埃及、印度、中国等地区和国家,都是厮杀迭起,征战不断的地区。青铜的铸造中心自然成为王朝的统治中心,青铜的光芒强烈地刺激着新兴的"奴隶制"走向繁荣,而形形色色的文字(象形字居多)也伴着一批批"铜"的出炉相继产生。

§1　滋润欧洲

公元前3500年左右,爱琴海南端各岛屿与古希腊的群岛吸收了"铜"的养分,长出了基克拉泽斯文明。公元前3000年左右,克里特岛这些诸多希腊神话的发源地,被"铜"催生了米诺斯文明。公元前2500年左右,中欧和西欧是钟杯战斧文化,以绳纹陶为特征。公元前2000年左右,中欧和西欧是骨灰瓮文化,以骨灰墓园为特征。公元前1600年后,迈锡尼文明是"铜"给希腊追加的最强肥效。巴尔干和东南欧以乌涅茨基文化著称,西班牙东南和葡萄牙南部的是埃尔阿尔加尔文化。公元前1400年,意大利北部的泰拉马拉文化达到鼎盛期。南部是亚平宁文化,到公元前1000年"铜"的威力还在持续发酵……

§2　滋养亚洲

小亚细亚东部卡帕多细亚以及美索不达米亚平原,约在公元前3500年进入青铜时代早期,公元前3000年前后转入中期。

公元前3000年,南亚次大陆和东南亚、北亚的青铜时代,产生了印度河文明。公元前2500年前后是哈拉帕文化,青铜工具和武器广泛的使用,有斧、镰、锯、刀、剑、镞和矛头等,对金属的热加工和冷加工都已达到较高的水平,能用焊接法制造金属器具,并刻有铭文。

公元前2006年,阿摩利人入侵两河流域,摧毁了阿卡德人和苏美尔人建立的乌尔第三王朝。公元前1933年,"少康中兴"夏王朝夺回天下,百姓安定,山中原走向鼎盛。少康又名杜康,正是他在历尽磨难的复兴之路上发明了"酒"。公元前1894年,阿摩利人的首领苏姆阿布姆以幼发拉底河畔的巴比伦城为首都,建立起古巴比伦的第一个强大王朝。继而山中原的姒芒(夏王,公元前1850年—公元前1833年)却守着无为的青铜,不再治水,开启了延续数千年在黄河祭祀河神之举。一度蒸蒸日上的夏王朝从此日薄西山。

与之形成鲜明对比的是,进入巴比伦时期,恰恰是青铜的力量将一代征战君王汉谟拉比(约公元前1792年—公元前1750年)送上了人类历史的巅峰。

§3 聚焦公元前 3000 年

公元前 3000 年,古蜀国繁盛在中国四川的长江上游一带。三星堆文化(古蜀文化)的发现,揭开了一个千姿百态的神秘群体,先后出土了大量的铸造精美、表现细腻、形态夸张的青铜像,让人匪夷所思。

其中,三个著名的糅合了人、兽特点的硕大纵目青铜人面像,气势煊赫,十分怪异,他们眼球明显突出眼眶,双耳极尽夸张,大嘴阔至耳根,三重嘴角上翘的微笑,神秘而亲切。最大的一件通高 65 厘米、宽 138 厘米,圆柱形眼珠突出眼眶达 16.5 厘米。

如果说铜像在刻意地宣示着什么,那就是:5 000 年前的人类已经认清并确立了自己的位置,正以一种安然自信的态度在审视着这个大千世界。那伸出的双眼是要把人类的目光送到神秘世界的最深处,要看透宇宙自然的本质。气魄何其宏伟壮丽!

一件青铜神树称得上世界考古发现中绝无仅有的奇妙器物。青铜神树分为 3 层,树枝上共栖息着 9 只神鸟,人首鸟身像立在花蕾上,神龙头朝下尾在上,攀援在青铜神树上。五千年前,古蜀人怎会有如此高超的青铜工艺和造型艺术呢?我们虽然说不清它所代表的确切含义,但肯定是对已探索的宇宙自然做出了明确而深刻地诠释。

古蜀地的三星堆青铜文化虽然具有独特性,但与中原文化有着一定的渊源。三星堆出土的大量青铜器中,基本上没有生活用品,绝大多数是祭祀用品,表明古蜀国的原始宗教体系已比较完整。这些祭祀品带有不同地域的文化特点,特别是青铜雕像、金面罩、金杖等,与世界上著名的玛雅文化、古埃及文化极其接近。大量带有不同地域特征的祭祀用品表明,三星堆曾是世界朝圣中心。

古蜀国的繁荣持续了相当长时间,然后又像它的出现一样突然地消失了。这个谜比其自身的神秘还要神秘。

公元前 3000 年,玛雅人已出现在今天墨西哥合众国的尤卡坦半岛、恰帕斯和塔帕斯科两州,以及中美洲的危地马拉、洪都拉斯西部地区和圣萨尔瓦多的太平洋海岸。玛雅文化是世界最重要的古文化之一,然而,玛雅文明也在片刻辉煌之后,湮没在中美洲的蓊郁丛林之中。星球上唯一一个非大河文明的突变式发展和消失虽然难以破解,但多少让我们对奔腾之河充满敬畏。虽然玛雅文明缺乏铮铮的青铜之气,但是他们通天文,晓历算,善建筑,世上无能可比。雄伟的神庙和大型金字塔更是不朽的杰作。

玛雅人的金字塔是最早的天文台,他们以自身的智慧与天地对话,而惊人的计算能力使其无限地接近世界的本质。他们留下一个古老的预言,穿越了沧桑历史,深深地作用于人类内心,长达5 000年之久。

公元前3000年,古埃及人出现在尼罗河第一瀑布至三角洲地区,他们创造了塔萨文化、奴隶制及其鲜明的法老王朝,并且早已进入发达的青铜时代,是历史上第一个军事强国。国家的出现,人类社会的性质发生了根本的改变!埃及最早发明了象形文字(比楔形文字晚)。由于所处的地理环境相对闭塞,其东西为干旱的沙漠,南北濒临尼罗河的几处大瀑布与地中海,所以古埃及人被牢牢地束缚在尼罗河畔,天然保留了其独特性的文化。古埃及人同样留下了千古谜团,那就是金字塔,方锥形的法老陵墓。他们以这种方式与宇宙意识、世界的本质沟通。古埃及文明最后也彻底沉积在奔腾的尼罗河底,岁月的风沙中只剩下了沉默的金字塔。胡夫金字塔(公元前2690年左右),高137.2米,底长230米,共用230万块平均重量2.5吨的石块砌成,且超乎寻常的严丝合缝,它是当时世上最高的建筑。金字塔堪称世界第七大奇迹,无人晓得恢宏而浩大的工程是如何建造的,无人懂得忧郁的斯芬克斯的脸为什么永远朝着东方……

5 000年前,人类的星球上三星堆文化、古玛雅文化、古埃及文化,沿着北回归线一路同时绽放,是什么原因使得这条天作之线妙尽玄机呢?三种文化有着共同的方向目标:向着神秘而未知的世界核心本质进发,以不同的方式深刻地切中主题。

它们相距遥远,彼此隔绝,但它们的关联却足以让人惊诧万分。古埃及的许多习俗都可以在古代墨西哥合众国找到奇异的"印记";在玛雅人的陵墓壁画中,可以轻易找到与古埃及王陵近似的图案。这样的"巧合",不胜枚举。

很有可能这三种文化有着共同的起源,那又是何方境遇?又是如何"璀璨"为这般光景呢?活生生的一切让5 000年后的智者,绞尽脑汁……

莫非是"亚特兰第斯之光"真的在闪耀?

§4　青铜中国

青铜吟

一炉"铜",从夏商炼到春秋,
剑锋的杀气刺破了四海升平。
一方鼎,君王梦,
雄居中原,保佑的是狼烟滚滚,哀鸿遍地。
终归化剑为犁,祈盼五谷丰登,太平盛世,

转而金石之声,煌煌乎位列于圣殿,
编钟盈盈、曼舞翼翼。
三足的铜樽里斟满了风花雪月,香妃迷离。
怎奈惊涛拍岸,波澜再起,
不见山呼海拥,只有英雄气短,红颜泪泣。
最后的"铜"已化作一面巨大的明镜,
照进了千秋峥嵘,青色的兴衰社稷!

4.1　青铜致远

中国青铜的实际应用较晚,落后于世界近千年,但其高超的冶炼和铸造技术后来居上,领先世界。

黄河流域的青铜文化最早发现于河南偃师二里头遗址中。所处年代约在公元前21世纪至公元前17世纪,相当于史籍所载夏王朝的时代,时下"奴隶制"方兴未艾,二里头是当时夏王朝的都城。出土的生产工具、兵器和乐器等青铜器铸造技术已经成熟,非初始形态,但出类拔萃者尚寥寥无几。铜低调地走过夏王朝桎梏的天空,任听"桀骜不驯"丘壑悲歌。

大约在公元前1600年,随着中国历史上著名的鸣条之战的爆发,有470年历史的夏王朝被一举推翻,一代豪杰商汤建立了强大的商王朝,定都于亳(今河南商丘)。他以仁厚广揽人心,争取人民的支持,百废中兴,百姓康泰。

一次商汤与夏革有一番耐人寻味的深刻对话:

"商汤问夏革说:'在一开始的时候,是不是就有了各种事物呢?'

夏革回答:'如果那时什么都没有的话,现在怎么能有任何事物呢?假如后代的人硬要说我们的这个时代什么都没有,他们说得对吗?'

汤说:'那么,事物就没有先后吗?'

夏革回答说:'事物的终始是没有严格界限的。始可以认为是终,终可以认为是始。谁能够在这些循环中划出明确的界限来呢?在万物之外和万事之先都有些什么,我们就不知道了。'

于是汤又问:'空间又是什么情况呢?上下八方是否都有限度呢?'

夏革说他不知道,但是在追问之下,他答道:'如果是虚空,那么它就没有界限。如果有事物,那么它们就有界限。我们怎么知道呢?但在无穷之外必然存在着非无穷,而在无限之内又必然有不是无限的东西。正是这种考虑——无穷必然继之以非无穷,无限必然继之以非无限——才能使我们领会空间的无穷和无限的范围,但不能使我们构想它是有穷和有限的。'

于是汤又接着提他的问题说:'四海之外都有什么呢?'

夏革答道:'正和我们在齐国这里所有的一样。'

汤说:'你怎么能证明它呢?'

夏革说:'当我向东旅行走到营州时,我发现那里的人民和我们这里的一样。问他们再往东的情况,我发现那也是一样的。再向西旅行到豳地,而且再向前走时,情况也没有什么不同,因此,我知道四海、四荒以及大地的四方极角,都和我们自己所生活的这里一样。小的总是被大的包围着,永远达不到尽头。天和地包围着万物,而它们本身又被某种外壳包围着,这种外壳必然是无穷的。我们怎么知道并没有某种外层的宇宙,而我们自己的这个宇宙仅仅是它的一部分呢?这是些我们回答不了的问题。总之,天和地是物质的东西,所以就是不完善的。'"《列子·汤问》李约瑟译

这是人类对宇宙自然理解认识的最早表述。3 600年前,有人能将天地之极、万物之始,以及人间正道描绘得如此淋漓尽致,让今天的我们都相形见绌!谈话间,赫梯人刚刚翻越了高加索山脉,已在小亚细亚半岛建国,历史又播撒了一粒新的种子,而殷商的青铜冶铸随之也达到鼎盛时期。

4.2 青铜瑰宝

1. 司母戊鼎:它是世界上现存出土的最大型青铜器,号称青铜器之冠,器型厚重,气势宏大,纹饰华丽。铸造于中国商代后期,约公元前14世纪至公元前11世纪。祖庚或其同父异母之弟祖甲,为祭祀母亲"戊"而作的祭器,祖庚是商朝第24位君主,为商朝著名第23位君王武丁的次子,他继承了"武丁中兴"的事业,遵行礼制,恪守孝道。他在位其间,商代的经济、文化迅速发展,国力强盛,青铜文化发展到完备阶段。"司母戊鼎"高133厘米,口长110厘米,口宽78厘米,重832.84千克,四足中空,工艺复杂高超,代表世界的高度。凑巧的是甲骨文也在这个时期开始繁盛,在甲骨文中第一次出现了"美"这个字,美的概念被正式标识。所以透过青铜器的线条,我们得以领会到至美之境。

华美厚重的司母戊鼎,1939年3月在中国河南安阳武官村北的农田中发现。公元2011年3月6日中国考古学家将"司母戊鼎"更正为"后母戊鼎"。现收藏在中国国家博物馆。

后来,"铜"到了商纣王手里又演变成为一种酷刑——炮烙,即将人绑在烧红的铜柱上烙死,以惩戒意见不同者。纣王无道,暴殄天物,害虐丞民,公元前1046年,恢宏的牧野之战为商王朝最终划上了沉重的句号。

2. 阳燧:中国从西周早期开始,礼器上普遍铸有长篇铭文,内容涉及军事、政治、经济、文化、宗教等各方面。大约在公元前1000年左右,人们学会了从太阳中取火的方法,为缅怀燧人氏之功德,将取火的工具称作"阳燧",即青铜凹面镜。而掌管这一器物的官员,更具神职之责,以至于死后手持阳燧而葬。可见当时人们对太阳之火的崇拜,但发明取火之人没有留下名字。

3. 越王剑：《吴越春秋》和《越绝书》记载，越王勾践曾特请龙泉宝剑铸剑师欧冶子铸造了五把名贵的宝剑。剑名分别为：湛庐、纯钧、胜邪、鱼肠、巨阙，都是削铁如泥的稀世宝剑。后来越被吴打败，勾践曾把湛庐、胜邪、鱼肠三剑献给吴王阖闾求和，但因吴王无道，其中湛庐宝剑"自行而去"到了楚国。为此，吴楚之间还曾大动干戈，爆发过一场战争，吴打败了楚，后来越又打败了吴（公元前478年），最终楚又灭了越（公元前333年），历史轮回中的稀世珍宝"越王剑"全部归楚。

"越王剑"享有"天下第一剑"的美誉，也成为中国古代短兵器制造的杰出代表。1965年冬，中国湖北省荆州市附近的望山楚墓群中出土了一把价值非凡的"越王剑"。剑上用鸟篆铭文刻了八个字，"钺王鸠浅，自乍用鐱"，"鸠浅"即勾践。剑体通高55.7厘米，宽4.6厘米，柄长8.4厘米，重875克. 这把青铜宝剑穿越了2 500年的历史，依然寒气逼人，锋利无比，炫目的青光中辉映的是一部浩气长存的恢弘史诗！

"苦心人，天不负，卧薪尝胆，三千越甲可吞吴。"

公元前478年吴越战火骤起，越王勾践在整个战争中，手持利剑，驰骋疆场，抒写了一曲英雄凯歌，名垂青史。而他挥下的最后一剑，堪为千古绝唱！斩断了盘踞在中国近一千六百年之久的奴隶制度。促使时代的标记由"春秋"挺进"战国"。

4. 编钟：曾侯乙（公元前475—公元前433年），战国时期南方小国曾国的国君。曾侯乙编钟是中国现存最大、保存最完整的一套大型编钟。共六十五件。钟架全长10.79米，高2.73米，由六个佩剑的青铜武士和几根圆柱承托着，总重量达3 500千克，史上绝无仅有。在纷乱无序的战国环境中，竟然还有这般优雅之君如此迷恋音律！钟体和附件上还篆刻有两千八百多字的错金铭文，记载了先秦时期的乐学理论，以及曾和周、楚、齐等国的"律名"和"阶名"的相互对应关系。惊人发现打破了所谓"中国的七声音阶是从欧洲传来、不能旋宫转调"的说法。

侯乙墓编钟的出土，使世界考古学界震惊，在两千多年前就有如此精美的乐器，如此宏大的乐队，在世界文化史上罕见，它代表着中国古代青铜铸造工艺和音律科学的巨大成就。

这些悦耳的精灵，在愉悦了"东周"那片阴沉沉的天空之后，开始沉默了，有道是"此时无声胜有声"！

4.3 青铜解密

青铜的铸造，必须解决采矿、熔炼、制模、翻范、铜锡铅合金成分的比例配制，另外还有熔炉和坩埚的制造等一系列技术难题。先人是如何掌握如此复杂而高超技艺的呢？最早在春秋时期的《考工记》中有记载：

"金有六齐。六分其金而锡居其一,谓之钟鼎之齐。五分其金而锡居其一,谓之斧斤之齐。四分其金而锡居其一,谓之戈戟之齐。三分其金而锡居其一,谓之大刃之齐,五分其金而锡居其二,谓之削杀矢之齐,金、锡半,谓之鉴燧之齐。"

这是世界最早的青铜配方秘诀。书中还记载了：

"凡铸金之状,金与锡,黑浊之气竭,黄白次之；黄白之气竭,青白次之；青白之气竭,青气次之,然后,可以铸也。"即根据火焰的颜色来断定青铜是否冶制精纯程度。"炉火纯青"一词也由此而来。

铸造技术有：混铸、分铸、失蜡法、锡焊、铜焊等方法。

起源于春秋时期的失腊法,妙尽其能延用至今。用蜡制作所要铸成器物的原型模子,然后在蜡模上涂以泥浆,这就是泥模。泥模晾干后,再焙烧成陶模。一经焙烧,蜡模全部熔化流失,只剩陶模。一般制泥模时留下浇注口,再从浇注口灌入铜液,冷却后,大器便成。

先人留给后人的,不仅仅是绝伦的财富,还有数千年不绝的惊叹！

这个时期,在灿烂的青铜之光照耀下,又涌现出一股铮铮之气,那便是"坚韧不拔"的钢铁。

铁器时代(Iron Age)

曾经是"铁"元素独特的个性导致了超新星的爆炸,强劲地推动了宇宙的演化;分发给地球的铁,大部分坠入地核,持续地搅动着地壳的变迁;剩余的铁隐藏在矿石中,蓄势待发。在"铜"大行其道的日子里,"铁"备受煎熬与摧残,时隐时现!但铁与生俱来的"坚韧"却是"铜"所望尘莫及的。不过要让"铁"真正地现身,则需要更为苛刻的条件,时间在不失时机地酝酿,并赋予"铁"以使命,誓要摧毁"铜"的顽固意志。当铁的洪流终于滚滚而出时,便一发不可收,其卓越表现显然比"铜"更有力、更深刻、更彻底。

§1 聚焦公元前 1400 年

大约始于公元前 1400 年,人们最早知道的铁是从呼啸而来的陨石中得到的,其中混有少量的钴和镍。由于来路神秘,古代埃及人称之为神物,所以用起来很谨慎。人们用这种天然铁制做刀刃和饰物,寄托心愿。然而铁器时代的到来则是以能够冶铁和制造铁器为标志的。

亚洲,世界上最早锻造出铁器的是小亚细亚(今土耳其境内东部)的赫梯王国(西台帝国)。这个从高加索山脉翻越而来的民族,活跃而好奇,他们发现巴比伦人的楔形文字(最早的文字)有趣且有用,便加以改进,用起来十分得意。他们看到埃及(古)人专心致志地炼铜,也学着做起来。赫梯人生活的地方铜矿不多,铁矿丰富,有时炼铜炉里往往无意中混入了铁矿石。其结果产生了一些黑灰色块状物,千疮百孔且不与融化的铜相溶。当时人们还不晓得,世界上最早的炼铁技术就这样诞生了——"块炼铁技术"。那黑灰色的块状物便是海绵铁。当赫梯人发现这些黑灰色的块状物体同样有用时,便把它们重新加热反复锻打,既能排出其中的杂质,又能使疏松的铁块变得密实而精致。这个过程才是"趁热打铁"的最初由来。一个发现让赫梯人大吃一惊：那玩意儿居然就是埃及（古）人称之为神物的东西。他们还发现，如果把铁用炭加热，再用锤子锤打成型，就可以铸造出特别坚韧的铁器——钢。赫梯人落下的第一锤，本想砸碎铁中的杂质，没想到却把这个星球上所有的"杂质"都砸碎了。是钢铁的力量将赫梯王国推上了最强盛时期。当拎着钢铁武器的赫梯人出现在美索不达米亚平原和安那托利亚高原的时候，各种角色全都望风而逃。赫梯人摧毁了由胡里特人建立的米坦尼王国，并趁埃及第十八王朝第16位法老埃赫那吞（公元前1379—公元前1362年）正忙于轰轰烈烈的宗教改革之机，夺取埃及的土地。广袤的平原上，到处都是赫梯人的气息。此时，山中原（中国）还是铜在支撑着社会，但铁已初见端倪。1972年在中国河北省藁城县台西村出土了一把商代铁刃青铜钺，该铁刃是将陨铁经加热锻打后，和钺体嵌锻在一起的。其年代约在公元前1400年前后。说明了当时的中国已认识了铁，熟悉了铁的锻造技术，识别了铁与青铜在性质上的差别，对"铁"的应用已有最初的掌握。之后商朝出现了一个极盛时期，公元前1300年，商朝的第20位君主，盘庚迁都于殷（河南安阳），政策开明，百姓安居，社会富足，但繁荣的景象里依然没有铁的影子，还是铜在建功立业。

非洲，此时青铜同样把埃及也送上了鼎盛时期。1922年埃及十八王朝的第18位法老王图特卡蒙（公元前1336—公元前1327年）华丽的墓穴被发现，宝藏丰富。依照他的脸型制作的10.23公斤的黄金面罩，巧夺天工，震惊了世界。黄金这种自然界中的单质金属在地球上储量虽然少，但分布却很广，埃及则得天独厚，米坦尼国王图什拉塔（Tushratta）称黄金在埃及"比泥土还多"。然而真正能说明问题的却是与金剑一起陪葬的一把铁制的"匕首"，因为此时的铁还是稀有金属，比黄金昂贵得多。说明埃及同样对铁的加工技术以及应用也已经初步掌握。

欧洲，此时同样一派青铜繁盛之况，迈锡尼最为耀眼，但从公元前13世纪下半叶起，在南起埃及、北至希腊半岛、东抵小亚细亚和巴勒斯坦、西达塞浦路斯和克里特岛的地中海东部广大地区，出现了许多古代文化中心迅速衰落以至灭亡的现象。尼罗河畔的埃及王朝曾经显赫一时，两河流域的赫梯王国曾强大无比，但都与在地中海、希腊半岛、爱琴海灿烂的迈锡尼青铜文明一样，突然被毁灭。原因是"海上民族"腓尼基人（腓力斯丁人）的入侵。腓尼基人之所以所向披靡、势不可挡，是因为他们首先将巨大的船体挂上了帆，并已成熟广泛地使用了先进的铁器。在腓尼基人的铁剑中，含碳量可达到0.8%，显然已拥有钢的坚韧，说明腓尼基人已经掌握了用先进的"渗碳淬火法"炼钢，而这一时期，铁在诸多地区只是崭露头脚，也是极昂贵的金属，稀奇得很。可惜最先拥有"铁"的赫梯人，为了使炼铁技术不外传而封锁起来，没能储备足够的铁来拯救自己。这次毁灭性的征服是"钢铁"的力量在腓尼基人手中得到了强有力的爆发。

事实表明"铁"已代表一切！铁的绝对拥有量已是关系到国家生死存亡的大事,人们对铁的渴望与追求,已达到寝食不安的程度。

地球上天然"铁"几乎没有,都被"氧"所绑架,并挟持到矿石中,但存量丰富,分布广泛,到处可见,不像铜矿那样,有选择性地落脚。地球上铁的储量是铜的200倍以上。这个数字,可观而重要,也是天赐的决定性因素！必然大有所为。

当时,无论坚硬性还是坚韧性,初生的"铁"都无法与成熟的"青铜"相比,但是,铜的储量实在有限,而且铜矿不易寻找,无法满足急切的需求,而铁矿则来得方便、容易。一旦掌握了炼铁技术,并拥有足够的量,就会有惊天动地之举！而且这种惊喜来得非常快,快得让人想不到,唾手可得的铁矿石无时无刻不在刺激着人类的欲望,这一点"铜"实在是难以企及。上天所赐,这是注定的宿命！

赫梯人想不到的是他们所获得的铁实在是一种运气,因为铁的熔点高(1 535℃),仅凭当时的条件是根本无法获取的,恰恰是他们用碳作燃料,一氧化碳在1 000℃左右还原了矿石中的铁,歪打正着。更让他们想不到的是,铁在他手中竟然发挥出了神效,让赫梯人成为美索不达米亚平原上的巨人。还让他们想不到的是,这种冶铁的技术已严格封存起来,自己都舍不得用,本可高枕无忧,但那个海上民族是怎么获得铁的呢？而且获得的那么快、那么多、那么好！赫梯人想不到的还有,缺乏铁的巨人竟然如此不堪一击！总之所有的想不到都化为了文明碎片。之后,四处出击的腓尼基人从埃及那里弄来了象形文字,谁知用起来却十分繁琐,一气之下将其揉搓成抽象的字母,组合起来自己用,倒也方便新奇,并随着钢铁一路而走。

当人类能够运用更复杂的方法来制造铁器的时候,世上那些有模有样的象形字,大都消失殆尽了,埃及也不例外。而那些"没有任何含义"的字母却生生不息,开始大批繁衍后代。这些字母可以拼凑出任何意义来。把思想转化为排列的字母,可与数千年后的人们直接对话交流,世界上还真的没有哪些发明能够让人类的心灵如此的跨越时空！

§2 聚焦公元前776年

赫梯王国灭亡以后,掌握炼铁技术的赫梯人分散到欧洲各地,加速了铁的传播和普及。古希腊和古罗马开始普遍使用铁制的工具和武器。

古希腊的神秘何以详述得尽？代表着希腊的迈锡尼文明对米诺斯文明的有力征服（公元前1450年）是怎样的一番铜与铜的淋漓尽致的较量？随之，迈锡尼人赢得了更多的土地、财富和光景美好的日子。后来，迈锡尼人又去打仗了，他们簇拥着一匹高大的木马，里面藏兵，在著名的特洛伊里应外合打赢了一场绝妙的战争，但这一次凯旋而归的迈锡尼人似乎什么也没有赢得，后来就不见了踪影。是活跃的多利亚人趁机接管了他们的家园。古希腊就曾这样遁去一时。等威武的希腊人再次现身希腊半岛的时候，犀利的目光变得一片茫然，他们望着历史的残片说不清缘由。倒是一位盲人替他们找回了身事，他就是荷马。他用一段精彩的神话将那段缺失的历史补充完整，那便是《荷马史诗》。这不是故事而是历史，因为历史断代什么遗迹都没有，只有一部《荷马史诗》，因而希腊有一段属于荷马自己的时代。史学家确信荷马是一群人，而不是一个人。

荷马时代末期，希腊人在雅典重新开始。他们从"神话"里获取大量的铁，取代了青铜，活跃了海上贸易。他们继承了腓尼基字母，创造了自己的文字，这些字母里依然可见"海上民族"的那种原始冲动。后来新的城邦国家纷纷建立，其中雅典和斯巴达的势头强劲，如鹤立鸡群。

公元前776年7月20日，雅典在奥林匹亚召开了第一次"奥林匹克"运动会，代表着希腊的崛起。那个赤身裸体的"掷铁饼者"至今还向我们诠释着力量与铁结合的深刻道理。（当宙斯庙点燃的火炬成为一种真正的精神时，圣火才开始传至子孙后代，遍及全世界）

"铁"使希腊成为世界文明中心，更使整个世界发生着深刻变化。

"铁"的使用，导致了世界上一些地区（如非洲）从石器社会直接发展到奴隶社会，也推动了一些民族挣脱了奴隶制的枷锁而进入了封建社会。

铁元素再一次"作怪"，几乎置换了遇到的所有的社会意识形态，使得旧制度终日惶惶不安，远远超越了石头和青铜。当然，美洲及大洋洲依然与铁无缘，因为那里的铁是由欧洲人到达后才带入的。

公元前776年，山中原是风雨飘摇的西周末期。昏庸无度的周幽王极为宠爱褒姒，废掉太子宜臼，册立褒姒之子伯服为太子。如此荒唐之举比比皆是。这一年，秦国（西周附属小国）开国之君——秦襄公，看准了时机，迁都于汧邑（今陕西陇县），这是秦人进入陕西境内的第一个城邑。对于秦人来说，"铁"有的只是偶然一见，有的则闻所未闻，但凭着手中闪烁着青铜光芒的武器，照样向东挺进。这一举动就像洒下了一粒希望的种子，在日后的残枝落叶中萌发了全新的历史。

却说周幽王不仅长期荒芜朝政，为博得褒姒的嫣然一笑，竟然多次点燃烽火，谎报战事，带领兵马前来御敌助战的各路诸侯屡屡受骗，最后周幽王彻底失去人心。公元前771年周幽王走到了末日,为西戎、犬戎攻杀于骊山。有曰:"周幽王烽火戏诸侯,美人一笑亡西周"。

秦襄公因率兵护送周平王(东周第一代君王,幽王之子)迁都洛邑(洛阳)有功,次年被周平王封为诸侯,又被赐封岐山以西之地,命其将此处戎人赶走。自此,秦国正式跨入诸侯国之列。山中原也进入东周列国时代,即春秋时代。

这个时期出现的中国最早的诗歌总集《诗经》,反映了公元前11世纪至公元前6世纪的社会情况,与《荷马史诗》交相辉映。公元前613年,据《春秋》记载"秋七月,有星孛(彗星)入于北斗",这是世界上对哈雷彗星的最早记录,但是,当时还没有出现人工冶炼的铁。公元前7世纪成书的《管子·地数》中曾记载:"上有陵石者,下有铅锡赤铜,上有赭者,下有铁。"管仲这位齐国名相,当时还分不出精力来深入探究铁矿石的奥妙,只能刻不容缓地去发展盐业,用这种"不可或缺"的资源去换取铜的矿石。齐国没有铜矿,但齐国不能没有铜。他知道那一车车运回来的可不是简单的石头,而是齐国的命运。

此时非洲同样没有用上铁。

到公元前6至前5世纪,非洲在今天苏丹共和国的首都喀土木附近才出现主要冶铁的地方。在西非,罗克族是最早掌握冶铁技术的民族。此后,铁及铜的冶炼技术不断向非洲内陆散播,直至在公元200年抵达最南端。铁器技术大量传播,使得非洲改善了农耕技术,脱离石器时代,并将农业扩张至热带草原上。

山中原最早的关于铁器制作的文字记载是《左传》中的晋国铸铁鼎(公元前513年)。在春秋晚期,已经有出土的铸铁容器,农业、手工业生产虽然已使用铁器,但还是以铜为主。这个时期地中海的炼铁技术早已得到发展提高,特别是"渗碳淬火"技术使铁变成了钢,已接近有700年的历史了,但是其后来停滞发展的时间更长,接近2 000年!

钢与铁的区别在于铁中的含碳量。含碳量低于0.03%的为铁,柔软而有韧性。含碳量为0.03%~2%的为钢,随含碳量升高钢的硬度增加、韧性下降。含碳量2%~4.3%的为生铁,硬而脆,耐压抗磨。

山中原冶铁技术的出现晚于西亚和欧洲等地,但其后发展迅速,一直处于世界冶金技术的前列。它是世界上最早发明生铁冶铸技术的,时间在公元前6世纪的春秋晚期。它又是世界上最早发明生铁柔化成钢技术的,时间在公元前5世纪的战国初期。早于世界2 000多年。铁器的使用促进了社会经济的发展,加速了奴隶制社会的瓦解。

钢铁产量逐年增加,以至于难以驾驭,大大小小的战争都是铁元素在作怪。时代也在烈火中剧烈地翻腾着。获取铁的方式、占有铁的方式、应用铁的方式,在考验着每一个面对铁的民族。哪个环节薄弱或缺失都是危险的。炽热的炼铁炉中,沸腾的已不再是钢铁之水,而是比钢铁更强大的"帝国思想"。

帝国时代(Age of Empires)

§1 世界上第一个横跨欧、亚、非大陆的帝国——波斯

1.1 帝国思想的怒放

时光悠悠,不疏于多事之秋,大地茫茫,唯有当事方显峥嵘。

公元前550年,居鲁士率领阿黑门尼德人推翻了米底王国的奴役统治,在伊朗高原的西南部建立波斯国。随之伊朗高原上的波斯草(波菜)愈发浓郁。仅仅三十年,小小波斯竟然演变成从爱琴海到印度河、从高加索到尼罗河的世界上第一个横跨欧、亚、非大陆的庞大帝国。

公元前539年,骁勇善战的居鲁士兵不血刃定都于世界上最繁华之城——巴比伦。"巴比伦之囚"得以重返耶路撒冷,巴比伦之梦则化为烟云。居鲁士声称自己是"宇宙四方之王",之后这个"牧羊人之子"的传奇持续了200年。

公元前525年,居鲁士之子冈比西进驻埃及,古埃及数千年的悠久历史被沉积到淙淙尼罗河底,从此不见天日。庞大的波斯帝国将人类史上两大文明古国巴比伦、埃及从这个星球上"彻底"抹去了。

希腊文明同样遭受蹂躏。公元前499年,小亚细亚半岛上的米利都等希腊城邦发动起义,得到雅典的支持,引起波斯国王大流士一世极端仇视,镇压起义后,决定准备进攻雅典。

公元前490年9月12日,12万波斯大军西侵地中海,锋芒直指雅典。

波斯帝国之所以能东征西讨是因为他们有一支能征惯战的强大军队,这支军队是世界最早的水陆两栖兵种。配有战舰、战车、以步兵为主,骑兵为辅。每人装备一副弓箭和一把

钢刀,不着铠甲,以弓箭为主要杀伤力。波斯人的箭,为一种三棱宽刃箭镞,青铜质地,带有倒钩,在阵前三百米内构成杀伤强大的"火力"覆盖。当波斯人的箭雨铺天盖地而来时,敌阵顷刻间瓦解,轻装上阵的波斯步兵,收弓出刀,开始冲锋,骑兵迂回包抄,无往不胜。

然而在著名的马拉松战役中,强大的波斯军队却被人数居于劣势的雅典重装步兵击败。雅典人没有弓箭,但他们罩有青铜头盔,浑身披甲,圆盾青铜蒙皮,让波斯人的弓箭失效,长矛三米,方阵密集,重装步兵,锐不可当。"铁"已不再是决定历史发展的唯一因素了,事物相互关联,错综复杂。

希腊人赢得了第一次"希波战争"的胜利。这次战争在人类文明史上留下了不可磨灭的印记。传送胜利消息的希腊士兵菲迪皮茨42公里绚烂的生命历程,也永远地铭刻在人类的心灵深处(马拉松比赛是为纪念他而举办的)。这次战争更是"帝国思想"对全人类的第一次正式挑战与征服。"是非"另当别论,但是它激活了一个无比灿烂的大时代,人类的思想意识从此升华到一个前所未有的境界与高度。

这一年(公元前490年),东方的"山中原"依旧笼罩在古旧的青铜光辉之下。勾践死里逃生回到了越国,开始卧薪尝胆,发愤图强;老子在险峻的函谷关留下了玄之又玄的五千言;孔子仍风尘仆仆地奔波在周游列国的"仁义"之路上;印度河畔的释迦牟尼,顿悟在繁茂的菩提树下,开始普度众生;所罗巴伯,此时已将圣经(旧约)从危险的巴比伦城平安地护送至耶路撒冷,已接近半个世纪之久。

出色的人类文明几乎一下喷涌而出,不可思议,奇怪的是人类没有能力解释这一切,直到2500年后的今天,依然是一筹莫展!不仅如此,同样人类也没有能力超越他们,只能附着在这种基础之上追随他们。史学家将这一灿烂时期称为"轴心时代"。

公元前480年,希腊人又赢得第二次希波战争的胜利。

公元前471年,一代圣贤老子辞世。两年后,一代宗师苏格拉底(Socrates)降临地中海(希腊),次年(公元前468年),一代大家墨子(墨翟)现身在山中原(鲁国)。这两位举足轻重的人物用了2000年的时间,把"山中原"与"地中海"区别开来,注定了整个世界的命运。也就是说这2000年(公元前500年~公元1500年),这个蔚蓝色的星球是"山中原"和"地中海"角逐的舞台。

苏格拉底之后的数十年里,在雅典的大街小巷内侃侃而谈,响者云集,那番话一直影响着欧洲及世界。他还带出了一个出色的学生——柏拉图(Plato),而柏拉图最得意的门生便是大名鼎鼎的亚里士多德(Aristotle)。此三人共同奠定了古代西方的哲学和科学基础,各有千秋又一脉相承。

墨子这位战国时期"集百家"之大成者,适逢天降大任,但他更对基本科学方法产生了浓厚兴趣，对力学和光学的研究使他成为东方造诣之大家，因而成就一套独有的科学逻辑体系，包括辩、类、故等逻辑概念。

但是，科学的墨家思想精华，日后却被淹没在"强大"的道家和儒家经典之中。老子、孔子、墨子此三人最终没能走到一起，这一刻决定了在人类宏图命运的大角逐中，"山中原"已经输给了"地中海"！这一点，需要人类通过2 500年艰苦卓绝的探索，方能得以确切求证。

"轴心时代"人类的思维高度达到顶点，客观上也形成了对人类"思维"的一种分工形式。古希腊文明更多地关注人与自然的关系；印度文明更多地关注人与超验世界的关系；华夏文明更多地关注人与人之间的关系。由此更为明显地反映出："山中原"与"地中海"的命运早已注定！

1.2 帝国思想的衍射

希腊赢得了两次"希波"战争的胜利，但是强大的波斯帝国依然无法动摇，"帝国思想"依然在威慑一切。公元前447年，雅典兴建了一座巍峨壮观的长方形建筑物——帕特农神庙，以提升士气，振奋精神，捍卫民族的不屈与希望。神庙里面供奉着雅典的化身——端庄秀丽的"雅典娜"，她是象征智慧和力量的女神。谁知她竟然把雅典的智慧一下"提升"了两千年。这不会是痴人说梦吧？如今帕特农神庙只剩下了残垣断壁，那是辉煌的最后归宿！

公元前440年，阿那克萨哥拉提出了月食的正确理论，他是世上第一个人，解释了月亮不发光，而是反射了太阳的光芒。他还指出月亮比太阳低，太阳比星星低。只是历史的错觉让他把地球视为了中心，但这不是他的错。

这一年，留基波提出了惊人的原子论，他相信宇宙万物都是由原子构成的，原子是运动的，无数的，不可分的，甚至种类也是无限的。要操持何等的奇思妙想方可捕获如此的真知灼见呢？而他的学生德谟克利特，又将原子论扩展到天体演化的成因上来，并在"周游"埃及、巴比伦、波斯、印度的坎坷险途中完成了巨著《宇宙大系统》：相互碰撞的原子在漩涡中聚集成球状，形成所有的天体。这简直是现代宇宙学理论的简版！最精彩的是他摊上了官司，因求学而周游世界，花光了他所有的家产。他被控"挥霍财产罪"，遭到了审判。他被迫拿出了《宇宙大系统》一书，谁知这本书不仅救了他，还让他赢得5倍的奖励，遗憾的是这本书最终人间蒸发，只在典籍中尚存一些微乎其微记载。而结果是2 500年后，这一切均被现代科学所证实。

这一年，山中原正值战国初期。"帝国思想"同样在迸发。战争无序，形势吃紧。楚国完成了精心的准备，正踌躇满志地要攻打宋国，这时历史中走来一位力挽狂澜之人，这个人就是墨子，时年29岁。他留下了一段精彩而发人深省的故事，内容如下（《墨子·公输》）：

公输盘为楚造云梯之械,成,将以攻宋。

子墨子闻之,起于齐,行十日十夜而至于郢,见公输盘。

公输盘曰:"夫子何命焉为?"

子墨子曰:"北方有侮臣者,愿借子杀之。"

公输盘不说。

子墨子曰:"请献千金。"

公输盘曰:"吾义固不杀人。"

子墨子起,再拜,曰:"请说之。吾从北方闻子为梯,将以攻宋。宋何罪之有?荆国有余于地,而不足于民。杀所不足而争所有余,不可谓智;宋无罪而攻之,不可谓仁;知而不争,不可谓忠;争而不得,不可谓强。义不杀少而杀众,不可谓知类。"

公输盘服。

子墨子曰:"然胡不已乎?"

公输盘曰:"不可,吾既已言之王矣。"

子墨子曰:"胡不见我于王?"

公输盘曰:"诺。"

子墨子见王,曰:"今有人于此,舍其文轩,邻有敝舆而欲窃之;舍其锦绣,邻有短褐而欲窃之;舍其粱肉,邻有糠糟而欲窃之——此为何若人?"

王曰:"必为有窃疾矣。"

子墨子曰:"荆之地方五千里,宋之地方五百里,此犹文轩之与敝舆也。荆有云梦,犀兕麋鹿满之,江汉之鱼鳖鼋鼍为天下富,宋所为无雉兔鲋鱼者也,此犹粱肉之与糠糟也。荆有长松文梓楩楠豫章,宋无长木,此犹锦绣之与短褐也。臣以王吏之攻宋也,为与此同类。"

王曰:"善哉!虽然,公输盘为我为云梯,必取宋。"

于是见公输盘。子墨子解带为城,以牒为械,公输盘九设攻城之机变,子墨子九距之;公输盘之攻械尽,子墨子之守圉有余。

公输盘诎。而曰:"吾知所以距子矣,吾不言。"

子墨子亦曰:"吾知子之所以距我,吾不言。"

楚王问其故。

子墨子曰:"公输子之意,不过欲杀臣;杀臣,宋莫能守,乃可攻也。然臣之弟子禽滑厘等三百人,已持臣守圉之器,在宋城上而待楚寇矣。虽杀臣,不能绝也。"楚王曰:"善哉!吾请无攻宋矣。"

子墨子归,过宋。天雨,庇其闾中,守闾者不内也。

故曰:治于神者,众人不知其功。争于明者,众人知之。

墨子的胜利是逻辑与智慧的胜利,也是科学与思想的胜利。他推理有据,应对有法,制止了一场惨烈的大屠杀,稳定了牵一发动全身的山中原的大局。但日后却落得一个"墨守成规"的讽刺。所以,事情的结果就像故事的结尾一样,令人深思,更让人悲凉。其实,悲凉的已不再是墨子本人,而是此后山中原2 500年的历史命运。墨子的悲凉在2 500年后得以昭雪,那是因为有一位智者李约瑟(1900—1995年)真正识破了天机,但山中原的悲凉已永成定局,不可改变。这个话题2 500年后我们再续前缘。

1.3 帝国思想的发酵

帝国思想风生水起,波光粼粼的地中海全部的神经绷紧了,城邦国家都在不遗余力地发展军事实力及战略思想。

长期被视为蛮族的马其顿,位于希腊的北部边陲,希腊文明的边缘,一直为地中海所忽略。公元前395年的到来把这里的一切都改变了,那就是菲利普二世即位了。坚毅果敢的菲利普励精图治,马其顿在一个较短的时期内迅速成为了巴尔干地区首屈一指的军事强国,实力超越了依旧在洋洋自得中的雅典,逼近了雄风犹在的波斯。山中原的首屈一指是穷兵黩武的魏国。秦国寄于一隅之地最为赢弱,生存自然面临危机。

公元前361年,秦孝公即位,愤然喊出:"诸侯卑秦,丑莫大焉"。遂下令:"宾客群臣有能出奇计强秦者,吾且尊官,与之分土。"商鞅闻讯入秦,以强国之术悦君,遂被委以重任。变法,让秦国阵阵作痛。

公元前346年(秦孝公十六年),太傅公子虔犯法,商鞅施以割鼻之刑。变法日久,秦民大悦。道不拾遗,山无盗贼,秦国实力大增。

公元前344年(周显王二十五年),商鞅以过人之慧,在与魏惠王的周旋中为秦国避免了一场灭顶之灾,以"逢泽朝会"的堂而皇之,赢得了宝贵的发展时机。他不晓得,这一年苏秦(字季子)出生在熙熙攘攘的洛阳,这位悬梁刺股之人是专为灭秦而来。

第二年,地中海西西里岛的叙拉古国狄奥尼索斯二世翻了车;希腊也为之震动,凑巧的是才高八斗别具性格的亚里士多德出任亚历山大的老师。地中海的波浪即将翻腾。

公元前341年,山中原爆发了著名的"马陵之战"。深谋远虑的孙膑令齐军诱敌深入,致使魏国的二十万精兵全军覆没,太子申被俘,上将庞涓葬身于马陵道。得意的齐威王做上了山中原的霸主。孙膑与庞涓都很可爱,他们皆从师于鬼谷子,两人的鹬蚌相争,使得秦国坐收了渔翁之利。

公元前340年,卫鞅率秦赵之兵,计擒公子昂,大破魏军。魏国割河西之地与秦,将人民迁居至大梁,从此一蹶不振。魏惠王大忿:"寡人恨不用公叔痤之言也"。秦国迈向强势,卫鞅因功受封于商十五邑。

公元前338年,马其顿在克罗尼亚大败希腊联军,取得了对整个希腊的控制权。第二年,菲利普遇刺,即位的是他的儿子亚历山大。他很快平定了希腊的叛乱,牢牢地控制住整个巴尔干地区,亚历山大开始雄视地中海。

世界到了新的拐点。东、西方的历史旋即充满了玄机……

§2 世界上第二个横跨欧、亚、非大陆的帝国——马其顿

公元前334年,亚历山大率大军渡海东征,拉开了征服世界的序幕,其中最大的敌人是强大的波斯帝国。在格拉尼卡斯河畔,亚历山大首战告捷,从波斯人手中夺取了小亚细亚。公元前332年冬,亚历山大率军南下直捣埃及,大军长驱直入未遇抵抗,结果亚历山大成了埃及法老的合法继承人。在尼罗河的入海口又耸立起一座崭新之城——亚历山大里亚,也是最大的港口。公元前331年,雄心勃勃的亚历山大继续东进,在高加米拉与大流士三世展开决战。亚历山大大获全胜,并乘势攻下巴比伦以此定都。繁华如初的巴比伦又迎来了千古一帝。

亚历山大一路所向披靡是因为著名的"马其顿方阵"发挥了让人战栗的效果。每个联合方阵由四个初级长矛方阵组成,配以多兵种保护,出奇的长矛足可以使自身在安全范围内对敌构成有效杀伤,开合自如,攻守兼备。这种排兵布阵是军事史上战略战术的一次革命性创新,冲向敌阵摧枯拉朽一般。

之后,亚历山大继续东进,直到印度河流域才折返。随着马其顿大军的撤出,盛极一时的孔雀王朝开始兴起。十年间,亚历山大建立了世界上第二个横跨欧、亚、非大陆的大帝国。公元前323年,亚历山大病死,他庞大的帝国也随之分裂,其中塞琉古(叙利亚)王国、托勒密(埃及)王国、马其顿王国较大。古希腊历史结束,分崩离析的希腊化时代开始。

古巴比伦、古埃及、古印度以及古希腊辉煌的历史全部终结。在世界范围内实现了巴比伦、埃及、希腊、印度文明的交汇与融合,在一定程度上反映了人类历史的整体性发展的未来趋势。

是地域的阻隔使得东、西方两大最具军事实力的集团没能相遇,东方智慧与西方思想在历史的邂逅中擦肩而过。有相当一部分人一直为之抱憾!他们想看到的是两种强大文化灵魂的碰撞,进而迸发出真正能代表未来方向的思想精粹,试图寻找一条人类发展的捷径。全然忽视了普天之下生灵涂炭和毁灭性的社会破坏力。其实这很荒诞!如果亚历山大真的直面孙膑与卫鞅,只是会在浩瀚历史内容中多一幕精彩的片段而已,但结果不会有丝毫的改变。强弩之末的亚历山大失去补给,能征服得了早已懂得"知己知彼"的这片东方的"知战之

地"吗？劳师远征的马其顿大军,最后能够安全地撤出河西走廊之外的那片万里黄沙吗？如果孙膑把全军的锅灶都拿出来,永无休止地诱敌深入,卫鞅以重战尚武之勇,天长地久地断其后路,厌倦之极的亚历山大,恐怕会改行找白圭去做生意。但有一点是肯定的,那就是从此东西方文化中会多一分彼此的元素,而这一点历史已经补充完毕,东方的"山中原"与西方的"地中海"依旧是一如既往。至于历史最终改变的真正原因,那远远不是这几位历史之人所能揭示得了的。当然,亚历山大起兵时,孙膑已遁入深山老林,修书《孙膑兵法》,卫鞅已被车裂,历史不能拼凑。总之,这一切注定不会发生。

就在世界上几大古老文明如火如荼交融正酣之时,地中海的西部也在嬗变。在与巴尔干半岛隔海相望的阿平宁半岛(意大利半岛),有一座"被母狼哺育"起来的城市——罗马,从一个蕞尔小邦迅速崛起,獠齿已经锋芒,狼爪已经锋利,开始发出一声声长吟……

§3 大秦王朝

公元前314年(齐宣王五年),齐宣王命匡章率"五都之兵""北地之众"伐燕,五旬克之。至此,齐国实力大增,逼近秦国。为遏制强秦之势,齐与楚结盟。

秦感到威胁,令张仪离间齐楚。张仪施以"连横之术",许诺献出600里商於之地予以楚国,以使楚与齐决裂,与秦修好。楚怀王垂涎于丰腴之土,遂绝交于齐。齐宣王无端受辱怒气冲天,却又不解其故。楚怀王则欣然以盼期许之地,不料,事后张仪横眉冷对矢口否认,楚怀王自知上当,恼羞成怒直至面目皆非。

公元前312年,楚国愤怒之兵直扑秦国,结果大败,秦夺取了楚地汉中,气急败坏的楚怀王以力再战,又失蓝田而成笑柄。秦、齐两国斗智斗勇,让见利忘义的楚国付出了莫大代价,而赵国则寻得有利之机,公元前307年,赵武灵王以"胡服骑射"的胆识与气魄,使赵国迅速崛起。

赵国发展势头强劲,秦国又感到了不安,便与齐国联合。

公元前288年10月,齐湣王与秦昭王并称东、西二帝,之后,秦国欲联合五国攻打赵国。然而,秦国这一"连横之术"没能得逞,被一代名将苏秦发起的"合纵之策"所瓦解。苏秦从齐国入手,劝与齐湣王:称帝乃不义之举,可招致天下人共讨之祸,届时,秦国会像当初对楚那样,再次背信弃义,这是把自己送上绝路,不如倍(背)约摈秦,伺机灭宋。齐湣王果然被深深地打动。

次年,齐国联合燕、韩、赵、魏等五国攻秦,入函谷关,迫秦求和。秦、齐两国皆放弃帝号,这一回,轮到秦国弄巧成拙了。

公元前286年，齐国灭了宋国，成为最强国。宋何罪之有？只因你太弱！

齐国又成为各国的最大威胁。燕、齐两国一向宿怨很深，燕昭王则令苏秦离燕入齐辅政，欲弱之。其间，苏秦令齐湣王纵情声色，远离国事，大兴土木，耗其财力，同时亦为"合纵"抗秦之策而四处奔走。

公元前284年，时机成熟，燕以乐毅为上将军，联合燕、秦、韩、赵、魏攻齐，以雪前仇。入临淄，势如破竹，接连攻下七十余城。齐湣王如梦方醒，苏秦来齐是为祸国殃民，齐湣王不由得勃然大怒，但为时已晚，此时苏秦早已死于一场意外刺杀，而齐国大势已去。只剩下"莒"和"即墨"两座孤城。齐湣王逃入了"莒"，却被淖齿所杀。这位曾经撵走南郭先生之人，再无识别滥竽充数之能，落荒而亡，可谓黍离之悲。王孙贾与莒人杀淖齿，立齐湣王之子法章为齐襄王。恰此时燕昭王亦死，其子惠王即位。惠王疑忌乐毅而走之。骑劫率领燕兵围攻"即墨"，城中推举田单为将誓死抗敌。

公元前279年，田单实施反攻，以"火牛阵"大败燕军，收复失地。齐虽复国，但元气大伤，再无力与秦抗衡。燕国也同样玉石俱焚，再无乾坤。至此，除赵国尚有一息之气外，秦国再无劲敌。苏秦、张仪两人还是可爱，亦都从师于鬼谷子，两人的鹬蚌相争，确立了秦国的绝对优势。山中原即将面临一场血与火的彻底洗礼。

地中海的形势如何呢？罗马历经艰苦鏖战，也把优势扩大到整个阿平宁半岛（意大利半岛）。地中海正在积蓄惊人的能量。

随后，强秦以"远交近攻"之策，不断蚕食六国，终至泱泱。

公元前221年，秦国终于踏平六国，秦始皇一统山中原。

这是一位唯我独尊之人，他北击匈奴，南征百越，统一度量衡，转而收缴利器，焚书坑儒，以求江山永固。赳赳老秦，对内是法家，对外是兵家。看似铜墙铁壁的江山，却是由大大小小的计谋堆砌而成，成于计谋，亦将败于计谋。

之后，秦始皇修建了举世闻名的三大建筑：万里长城、阿房宫、秦始皇陵。

1. 万里长城：秦始皇兼并六国后，为解除匈奴对秦的威胁，公元前214年命大将蒙恬率30万大军北击匈奴。匈奴败逃，向北迁徙。为防止匈奴南下，蒙恬奉命征集大量民工，在燕、赵、秦原长城基础上修筑了西起临洮，东到辽东，绵延起伏、气势雄伟的万里长城。长城是中国古代一项伟大的工程，也是人类建筑史上的奇迹，它凝聚着华夏民族的智慧、力量和精神，同时，也强行地成为了农耕民族与游牧民族的分界线，奇妙的是它与400毫米降雨线正好吻合，因为这是维持农业生产的最低条件，堪称天作之合。

似乎这位执虎狼之师的皇帝骨子里还是希望将自己封闭起来。其实并非如此，这是历史的必然结果。因为独特的山中原地理环境，使得东、南、西三个方面都构成绝对安全屏障，外边闯不进来，里边也冲不出去，只有北方存在隐患。而北方不安分的各个游牧民族时时威胁着山中原,他们在高原上四处游荡,不时地冲下来,一番残忍洗劫之后便无影无踪。因而修筑长城堪称是一劳永逸的创造力,这个高度集权的国家确实可以集中巨大的人力、物力,来完成这项非凡之举,从而守候年复一年的风调雨顺。历史淙淙,果真应验。而地中海之况则迥然不同,其特定的地理环境不存在天然的安全屏障,使得各个城邦之间只有不断地去征服,才会获得绝对安全,否则便是坐以待毙。所以山中原可以孕育强大无比的内向王朝,而地中海则只能造就刻不容缓的扩张帝国。山中原的英雄每每张扬君子风范,而地中海的英雄往往突显悲壮气概。

2. 阿房宫:能够把阿房宫说清楚的天下只有一人,不是项羽,而是杜牧。言简意赅,娓娓道来。

六王毕,四海一,蜀山兀,阿房出。覆压三百余里,隔离天日。骊山北构而西折,直走咸阳。二川溶溶,流入宫墙。五步一楼,十步一阁;廊腰缦回,檐牙高啄;各抱地势,钩心斗角。盘盘焉,囷囷焉,蜂房水涡,矗不知其几千万落。长桥卧波,未云何龙?复道行空,不霁何虹?高低冥迷,不知西东。歌台暖响,春光融融;舞殿冷袖,风雨凄凄。一日之内,一宫之间,而气候不齐。(《阿房宫赋》)

阿房宫不仅因富丽堂皇而闻名,更以先进的科技而著称,它有用磁石制成的大门,可防止有人进宫行刺暗杀,一旦有人暗披铠甲、私藏兵器入宫就会被大门吸住而被发现。中国古代很早就已经掌握了对磁石的应用。然而其最终结局是被楚王项羽一把大火化为灰烬,如歌的岁月中只剩下了碧草青青。

3. 秦始皇陵:秦始皇陵南依层峦叠嶂、郁郁葱葱的骊山,北临逶迤曲转的渭水之滨,景色独秀。陵墓规模宏大,气势雄伟。无数的奇珍异宝藏匿其中。陵墓内机关重重,还灌入大量水银(二千年前人们用天然的丹砂(HgS)在空气中燃烧而得)组成江河,这种液态金属,有毒且易挥发,足以令盗墓者望而却步。实际上这座陵墓的内容是按东方思想构筑的一个小宇宙。修建过程中用了72万人做苦役,绝大多数是犯人。最幽默的是这72万人最终埋葬的并非只是秦始皇,而是将整个大秦王朝送进坟墓。因为在之后的战争中,他们被赶上了战场,结果他们反戈一击,铜墙铁壁的大秦王朝就这样被自己葬送。

兵马俑坑是秦始皇陵的陪葬坑,位于陵园东侧1 500米处。坑内的陶塑展现的是大秦宿卫军。8 000名手执弓、箭、弩,或手持戈、矛、戟,或负弩前驱,或御车策马的陶质卫士,全部面向东方,分别组成了步、弩、车、骑四个兵种。

这里揭示了秦军虎狼之师的一个重要秘密。弩阵的非凡杀伤力让人魂飞魄散,这些强劲之弩可称为当时世界上的重武器,训练有素的士兵只有躺在地上手足并用才能拉得开。万弩齐发,秦军面前不会再有站着的敌人!而此时秦人的剑已寒光永驻,再无锈迹可侵蚀利刃。他们掌握了镀铬技术。科技缔造神奇,而神奇又在世界屡屡上演。

烈日当空,罗马舰队乘地中海之风而来,剑锋直指叙拉古城。青壮年和士兵们一起上前线去了,城里只剩下了老人、妇女和孩子。这时,在对面岸上,一位年逾古稀的老人迎着太阳举起一面镜子,无数妇女也跟着他举起了擦得锃亮的镜子。强烈的反射光投射到古罗马帝国舰队的船帆上,顷刻间,舰船纷纷起火,来势汹汹的古罗马海军大败而归。那位年逾古稀的老人的名字留了下来,他叫阿基米德(Archimedes)。大将军马塞拉斯无奈地承认:"这是一场罗马舰队与阿基米德一人的战争"。这是公元前212年的故事,虽然史实无法考证,但阿基米德却因此被世人尊为取太阳之火的鼻祖。

公元前210年,秦始皇出巡东海蓬莱,以求长生不老之药,结果无功而返,行至沙丘病发而终。这位山中原之主,生前只知道唯我独尊,根本不晓得遥远的地中海,以及强大的阿基米德定律。当然,因地缘之故,烟涛微茫的大海那一边到底是什么,连博学智慧的阿基米德也同样不曾知晓。但岁月无情,总有一天会将迥异的历史推搡到一起……

§4 大汉王朝

"大一统"的秦王朝以不可阻挡之势取代了具有800年分封制历史的周王朝,仅仅片刻(14年)的威风后,便灰飞烟灭。让历史陷入沉思。

公元前202年2月28日,刘邦在山东定陶氾水之阳举行登基大典,定国号为汉,山中原再次统一。同年,罗马人在大西庇阿的率领下,直取强大的迦太基,在著名的"扎马战役"中击败了军事天才汉尼拔。罗马随即称雄西地中海,开始向东窥视凌乱不堪的希腊文明。公元前141年,山中原迎来了雄才大略的汉武帝刘彻,他开创了西汉王朝的最鼎盛时期,也是中国封建王朝的第一个发展高峰。

汉武帝与焚书坑儒的秦始皇截然不同,他罢黜百家,独尊儒术。这项国策让他尝到了家国天下的甜头。"五经"(诗经、尚书、礼记、周易、春秋)由此奠定了尊贵地位,道家和墨家便从中国历史的大背景中隐去,这一点,无人晓得我们究竟失去了什么,意味着什么。

偏偏在这个时候匈奴大举入侵。在这个星球上,所有的文明都会遭到野蛮力量的入侵,而最终的胜利往往归于野蛮。还是这个星球,曾经无比灿烂的古埃及文明、古巴比伦文明、古印度文明,包括古希腊文明,全都化为了乌有,唯有华夏文明还在一脉相承。从野蛮的视线里来看,华夏文明只不过是古老世界的最后挣扎,历史将要在这个关键点上迅速收官。

汉武帝当然心怀不忿,他要以一腔热血来问一问天理! 让亘古充斥着野蛮的沙漠与戈壁听一听来自黄河与长江的咆哮。古老的华夏文明向历史的惯性和宿命发起了正式挑战！

从公元前133年至119年，汉武帝果断地出击匈奴。李广、卫青、霍去病这些大汉的"飞将军"们，在广袤的戈壁与沙漠中，迅雷出击，金戈铁马，气吞万里。他们在河南之战、河西之战和漠北之战，三大决定性战役中取得了最后的胜利，匈奴残余窜入荒芜之地。从此，山中原彻底解决了北方的威胁。

汉武帝并没有意识到此举不仅确保了山中原，捍卫了华夏文明，更波及了地中海，改变了世界格局，影响了人类发展的整体进程。这一点历史很快做出了反应，特别是在接下来的欧洲。

公元前138年、公元前119年汉武帝两次派张骞出使西域，开辟了从长安（西安）到中亚各国的友好往来之路，之后石榴、葡萄、黄瓜（当时称胡瓜）、芹菜、洋葱及大蒜，这些西域美味（多为种子）沿着这条路流入山中原，同样，山中原的奇珍异品也惠及西域各国。然而这条路所运送的货物中最具影响力的还是出自山中原的丝绸锦缎。19世纪末，德国地质学家李希霍芬将张骞开辟的这条大道誉为"丝绸之路"。开放而包容的国策让整个世界繁荣而精彩。

所有大汉非凡之气象都被一个人的目光摄入了眼底。他目光犀利而深刻，已远远超出了这个时代："究天人之际，通古今之变，成一家之言"。他叫司马迁。有了他，华夏文明才真正留下了清晰而密集的脚印。

汉朝之所以兴盛，除政治开明、人才辈出外，更重要的是科技得到了前所未有的发展，特别是冶铁技术的发展居世界领先地位。

首先，到西汉中期人们已能用反复锻打的方法制造出早期的"百炼钢"，这就是百炼成钢的由来。汉代铁器中用生铁作材料的铸件，除了有许多是经过柔化处理的"展性铸铁"以外，还有了不少"灰口铁"，性能更优良。

再有，出现了绝妙的炒钢法，就是将生铁加热成半液体状态，加以不断的搅拌，利用空气中的氧使之脱碳来获得不同含碳量的钢。以"炒钢"为材料，经过反复加热锻打而制成的器件是世上绝美的精品。用生铁作为制钢的材料是炼钢史上的一次革命。

还有，在汉朝提升了表面渗碳和刃部淬火技术，使得剑刃更加坚硬、锋利。是神秘的"奥氏体"与"马氏体"的瞬间转变，缔造了神奇，它赋予剑锋一种特殊灵气，岂止是削铁如泥，更寄托以保佑大汉的江山社稷！尤为重要的是冶铁技术的发展，农具与水力的改善，直接刺激了农业的发展，使汉朝经济达到了前所未有的繁荣。

世界上各种先进的"铁"自然构成了强大王朝的坚实基础！

§5　世界上第三个横跨欧、亚、非大陆的帝国——罗马

罗马不断对外扩张用兵。7.5万、8万、15万,不过这不是用兵的数量,而是缴获战利品的数量,鲜活的战利品——奴隶!罗马富了,提洛岛人声鼎沸,日成交奴隶数量达数万人。此时此刻,这个星球上的奴隶几乎都"跑"到罗马去了,罗马津津乐道。后来一个叫斯巴达克的奴隶首领把奴隶都"领"跑了,罗马差点折了腰。之后奴隶与贵族的仇恨一直在加剧。

恺撒成为民主运动的领袖后,他清洗了元老院中的苏拉分子,恢复了公民大会和保民官的权利,罗马的情况有所缓和。后来恺撒成为"祖国之父",民主思想同样化为了独裁专制,于是就有了想征服世界的狂热想法。这时,有一位倾国倾城的埃及艳后——克丽奥佩托拉七世,搅了进来。这位托勒密王朝的最后一任女王以美貌和智慧瞬间征服恺撒,并为其生下一子,欲使其成为罗马与埃及之王。这个梦想本该催生一个新的世界,然而,事出意外,因罗马人认为恺撒出卖了罗马,所以密谋将恺撒杀死。安东尼称雄罗马时克丽奥佩托拉七世再次抓住了机遇,轻易地颠覆了安东尼的神智,以至于安东尼把埃及、科埃雷-叙利亚和塞浦路斯心甘情愿地赠予她。这件事,激起了罗马人的愤怒。安东尼丧失了国内的支持,屋大维抓住了这个破绽。公元前32年,屋大维以侵占罗马人民财产为由对克丽奥佩托拉七世宣战,并剥夺了安东尼执政官职的一切权力。克丽奥佩托拉七世在诱惑屋大维时未能得手。公元前30年,屋大维进攻埃及,包围了首都亚历山大里亚。安东尼在绝望中伏剑自刎。埃及艳后也在万般的神秘情景中死去。这位是非之人一直留给后人和历史无尽的猜想。长达300年的埃及托勒密王朝覆灭了,埃及又被并入罗马板图。

公元前27年1月13日,屋大维以夺人的口才在元老院发表演说,让元老贵族感激涕零,他恢复了共和制,并荣获了"奥古斯都"称号,即神圣、高贵的象征。稳定了局面后,继而拉开了征服世界的序幕。

公元前19年征服了西班牙。公元前16年出兵阿尔卑斯山东部和多瑙河。公元前12年到公元前5年间,征服了莱茵河到易北河之间的土地。"奥古斯都"屋大维建立了世界上第三个横跨欧、亚、非大陆的大帝国。国土之大使得波涛汹涌的地中海第一次成为帝国的内湖。

罗马的科技并不突出,只是吸纳了希腊文明,包括改进了希腊字母,自成一派拉丁。它靠的是全面的军事化支撑,军事几乎靠全部的经济支撑,经济主要靠有力的农业支撑,农业靠数目庞大的奴隶支撑。这个星球已经跨越了奴隶制的门槛,但奴隶制在罗马却异乎寻常地延年益寿!水深火热中的奴隶以生命的

极限在同饥寒与死亡抗争。

公元元年,西方史学家以该年为耶稣诞生之年,并为公元纪年之元年,后为世界所采纳。

这一年恰好丝绸传入罗马,佛教传入中国。

大汉王朝为王莽天下,他结党营私,独揽朝政。公元8年,王莽夺取了汉室天下,西域诸国遂完全断绝了与新莽王朝的联系。公元24年,一代英雄刘秀复兴汉室,史称东汉。匈奴趁机扩充势力,卷土重来,准备重新征服西域。公元73年,汉王朝再次拉开讨伐匈奴的序幕。

这期间,刚刚称帝罗马的韦帕芗做了两件事,发行的钱币正面是韦帕芗皇帝,背面则是纪念征服犹太。为了纪念攻战耶路撒冷,帝国在罗马城开始兴建一个动人心魄的建筑——角斗场,强迫被抓来的8万名犹太俘虏作劳役,昔日的"巴比伦之囚"又沦为"罗马之奴"。

§6 大汉雄风

日出日落,阳光已在这个星球表面掠过了50亿年的时间,人类在这个草木枯荣的星球上已经生息了300万年,而人类的真正发展阶段仅仅在最后的5 000年才开始。国家的意识形态已经充分展现,政治、经济、军事、科技及文化,在一种绝对秩序下交织着尖锐与混乱,从东到西寰球同此。

公元78年的山中原,降临一位奇人——张衡(字平子,南阳郡西鄂县石桥镇人)。他并不是来直接拯救乱世的,而是要通过天上的星星给人们指点迷津。

《后汉书·张衡传》记载:"衡善机巧,尤致思于天文、阴阳、历算。安帝雅闻衡善术学,公车特征拜郎中,再迁为太史令。遂乃研核阴阳,妙尽璇机之正,作浑天仪,著《灵宪》、《算罔论》,言甚详明。"

浑天仪靠漏水作动力而运转,它是世界上第一架能准确演示天象的机械模型。不过涉及这样一个问题:张衡依靠什么手段来观测和记录了两千五百颗恒星呢?他也指出了,月球本身并不发光,而是反射了太阳的光芒,并正确地解释了月食的成因。他还揭示了宇宙的无限性和行星运动的快慢与距离地球远近的关系。当时这个星球上还没有一个人像他那样知晓如此之多的"天机"。

第二年(公元79年)的地中海诞生了一个古怪的建筑。历时8年的罗马角斗场终于落成。占地2万平方米,周长527米,可容纳9万人。它成了古罗马雄霸天下的威严象征,也成为罗马艺术史上的精神始祖。不过这里上演的是惨绝人寰的艺术。在角斗场的看台下,奴隶们顶盔挂甲,用铁剑和盾牌表演角斗或斗兽。他们没有冲锋陷阵的豪情,仅有一线生存的幻想。看台上,衣冠楚楚的贵族将军们喝着美酒,搂着美人,享受着人与人、人与兽血肉横飞的快感,在欣喜若狂中不经意地伸出大拇指,或给予奴隶生还机会,或赐予奴隶死亡命运,生死仅在一念之间。

此时,追击匈奴直达中亚腹地的中国汉朝将军班超,已在西域出色地经营了多年,他文韬武略胆识过人。赶走了匈奴,在整个西域建立了新秩序,各个国家睦邻友好,国泰民安,因而心存感激,皆愿依附大汉。然而,志存高远的班超却把新奇的目光投向了波光粼粼的地中海,那是一片神秘而诱人的大海。公元97年班超便派出副将甘英西渡波斯湾,出使大秦(罗马)想探个究竟。这是东西方文明的第一次正式接触。

公元105年(元兴元年),山中原又出现了一位叫蔡伦的人,他改进了造纸术。只需要一些微不足道的植物原料,如树皮、麻头及敝布、渔网等,经过挫、捣、抄、烘等工艺便可制造出一张张轻薄的纸来。轻薄得可以飘起来,极富韧性,像奇妙的魔术。他曾在昂贵的丝绸和沉甸甸的竹简上写过字,总是感到不够称心如意,便萌生了造纸的念头,谁知这一下改写了中国乃至世界的历史,而且在月球上还混了个位置,后来人们将月球的一个撞击坑命名为蔡伦。

公元132年,张衡又完成一项惊世之作。《后汉书·张衡传》记载:"阳嘉元年,复造候风地动仪。以精铜铸成,如有地动,尊则振龙,机发吐丸,而蟾蜍衔之。尝一龙机发而地不觉动,京师学者咸怪其无征。后数日驿至,果地震陇西,于是皆服其妙。"

地动仪已经失传,但张衡在天文学方面卓越的贡献为世人所景仰,为了纪念他的功绩,后人将月球背面的一个环形山命名为"张衡环形山",将小行星1802命名为"张衡星"。

无独有偶,就在张衡潜心专注于他的天地玄机时,地中海的亚历山大城(罗马统治)也有一位奇人,正怀着同样的性情与执着从事着同样的事。他就是克罗狄斯·托勒密(Claudius Ptolemaeus)。他的著作《天文学大成》几乎与张衡的地动仪同时问世,在这本书里他通过审慎的观测和精确的计算得出了极具迷惑力的"地心说"理论。他同样完成了一部演示天象的机械模型——天球仪。从此地中海被迷惑了1300年之久。但这似乎不是托勒密的错,他是严肃而缜密的,只因人类高度灵敏的运动感觉器官——内耳前庭,唯独对我们星球的高速运行和旋转采取了天经地义的失能状态所至。

公元166年,大秦(罗马)终于派使臣来洛阳建交。由汉明帝时班超打通以洛阳为起点到大秦(罗马)的陆上通道,经甘肃、新疆,到中亚、西亚,并连接地中海各国的第二条丝绸之路正式开通。这条路需要穿越茫茫戈壁与沙漠。白胖胖的蚕宝宝和能忍饥耐渴的骆驼,两种不相干的动物奇特地配合,改变着世界面貌,也改变着人类的向往。驼铃悠远,为世界不同角落送去靓丽而飘逸的生活。

随着汉代纺织水平的提高,丝绸生产达到了高峰,贸易空前繁荣,品种主要分为绢、绮、锦三大类。"锦"的出现是丝绸史上的一件大事,它把蚕丝优秀性能和华美的图案结合起来,丝绸不仅是高贵的衣料,而且成为艺术品,增添了文化的内涵和价值。这便是"锦上添花"的由来。

丝绸之所以为世界青睐,是因为它的特殊组成。蚕丝是由十八种氨基酸组成的天然蛋白纤维,有别于植物纤维棉花和麻,这些蛋白纤维与人体皮肤的性质类似,有天然的亲近性,对滋养和保护皮肤大有益处。另外,华美绚丽的丝绸更是高尚的生活元素。

一个是东方的强悍的王朝,一个是西方的扩张的帝国,在这个星球上彼此相邻,在淙淙的历史中如期而遇。世界上最强大的"王朝"与"帝国"没有爆发惊天动地的战争,而是以一条"锦绣"书写了友好往来,那就是闻名遐迩的"丝绸之路"。丝绸之路更是中国、印度、希腊三种古代文化交汇的桥梁与世界和平友好的象征。在这个星球上,从来没有过哪种力量能够使不同地域、不同民族、不同国家的人们都满怀欢喜地向着同一条大路汇聚!而那一路上的丝丝花雨以及感人肺腑的动人故事,一直滋润着人类的历史和今天。

§7 世界上第四个横跨欧、亚、非大陆的帝国——拜占庭

强悍的罗马帝国终于不再对外用兵了,这样一来似乎就断了血脉,一方面奴隶的来源没了,导致其数量开始锐减,农业萎缩,商业萧条,庞大的帝国有些力不可支。另一方面,罗马对内又进一步加紧血腥统治。水深火热中的人们渴望被拯救,只好把希望的目光寄托于天国,基督教便在多灾多难的犹太人当中开始秘密萌生,并渐渐从犹太教中分离出来,《圣经》的新约由此发端。谁知这个不分民族、不分贵贱的教派迅速蔓延,引起了罗马当局的恐慌,开始大肆扑杀和迫害教徒,创始人耶稣就被钉死在十字架上。然而高压之下基督教不仅没有被扑灭,反而发展成燎原之势,扩展到埃及、意大利及整个希腊半岛,进而演变为世界性的宗教。

同样,山中原也陷入动荡,由于腐败的王朝内部争权夺势,导致了历史上著名的"八王之乱",连年战乱致使新兴的西晋王朝元气大伤,奄奄一息。

此时"地中海"与"山中原"无论如何自顾不暇,都隐隐地感觉到:欧亚大陆正在酝酿一场更深刻的变化!

公元306年,山中原历时7年的混乱局面终归平静。这一年,君士坦丁即

位罗马皇帝,他做出一个反常的举动,皈依了基督教。罗马试图在努力缓和社会矛盾,然而,这对于整个欧亚大陆正在酝酿的这场深刻变化来说,显然无济于事。

公元316年11月,刘曜(前赵昭文帝,匈奴人)攻占千年古都长安,西晋王朝的最后一位皇帝司马邺(yè),光着膀子,口衔玉璧,乘一辆羊拉的矮小木车,出城投降。之后,山中原迅速分裂为南方的东晋王朝和北方的五胡十六国,浩劫再起。

330年君士坦丁大帝在"拜占庭"的废墟上建立一座新城,并迁都于此,并命名为君士坦丁堡。这两个举动都影响了整个世界的未来走向。最终基督教成为罗马的国教。

公元395年,饱受各路蛮族侵扰的罗马帝国终于无力支撑,同样一分为二,东罗马帝国和西罗马帝国。东罗马帝国又称为拜占庭帝国,但罗马人不肯接受这个称呼,因其首府君士坦丁堡的前身是古希腊统治地拜占庭城,所以他们称自己为正统的罗马人。西罗马帝国依然以罗马城为首府。

罗马的拆分,只是欧亚大陆酝酿深刻变化的一个简单的开始。

事实上,气候的差异把整个欧亚大陆分成截然不同的南北两个世界,即南部的农耕世界和北部的游牧世界。或者说是阳光(直射与斜射)把它们区别开来。两个世界过去有交往更有冲突,但都是局部和阶段性的。在人类历史上还未发生过两个世界的整体对撞,然而,仅仅是一个小小因素的改变,两个世界彻底翻了天。

是曾不敌汉朝的匈奴人,在面临着汉民族与迅速崛起的鲜卑族的双重威胁之下,率先发起西进,一路上他们把许多游牧民族驱赶到欧洲。几乎所有的游牧民族都开始躁动起来,整个欧亚大陆马蹄声声,尘土漫天,北部南侵,东部西进,一片沸腾!这一举动引发了整个欧亚大陆的民族大迁徙,当然伴随着战火的蹂躏。文明地区则陷入严重的内忧外患之中。归根到底,自北向南是来自太阳的力量,自东向西则是来自汉武帝的力量。整个欧亚大陆全部动起来,这还是人类史上的第一次!

匈奴人首先在顿河击败了阿兰人(斯基泰人),渡过顿河后进入东哥特人境内,把东哥特人赶入了西哥特,匈奴接踵而至,又把西哥特人赶入了东罗马境内,随后又迫使东罗马帝国臣服。从伏尔加河到莱茵河都得向匈奴纳贡。451年匈奴进攻西罗马帝国,最终攻入意大利。

公元476年,西罗马帝国在匈奴及日耳曼部落的反复侵袭之下,终归烟消云散,最后的帝国皇帝罗慕洛领着一群心爱的鸡离开了千年古都罗马。从这一年开始,地中海便进入了以残酷的宗教裁判为核心的中世纪,希腊的著名科学、哲学典籍几乎全部被烧光,西方文明险些被践踏成废墟。

山中原同样也遭受北方鲜卑族的入侵,谁知这个蛮族一番攻城略地之后,以征服者的身份恭恭敬敬地接受了全盘汉化,包括服装、语言及思想。不仅保护而且发展了华夏文明,并为接下来盛"唐"的出现一步步奠定了坚实的基础。

汉武帝怎么也不会想到,他的身后竟然是这样一番情景,他更不曾知道,一切均缘于他本人!是汉武帝对匈奴的有力一击搅得整个欧亚大陆600年历史沸腾,搅得地中海天翻地覆,搅出了一个全新的世界。

就在欧亚大陆陷入全面征服的战争泥潭之时,东罗马的拜占庭帝国却在韬光养晦,时机一到他们迅速出击。534年拜占庭帝国首先消灭了汪达尔和它的"主义",之后进攻意大利,用20年的时间将东哥特人赶出阿尔卑斯山以南,收复意大利全境,从而成为了世界上第四个横跨欧、亚、非大陆的大帝国。

550年有两个神秘的拜占庭人偷偷潜入山中原,巧妙地盗走了蚕卵和桑子,君士坦丁堡的丝绸业开始发迹。另外还有一群特殊之人,他们混入地中海,将古希腊柏拉图、亚里士多德等人的文稿深藏在马背的行囊中,偷偷带了出来,那是一群了不起的阿拉伯商人。

§8 世界上第五个横跨欧、亚、非大陆的帝国——阿拉伯

在欧、亚、非大陆的交接处,有一个世界上最大的沙漠半岛——阿拉伯半岛。无论是居鲁士、还是亚历山大以及屋大维,这些曾经征服世界的巨人,尽管万里赴戎机,但对于近在咫尺的阿拉伯半岛却从未涉足过一步。荡气回肠的战争场面也未曾触及到这里,似乎被历史忽略了。

公元610年,这个平静的半岛变了节奏。穆罕默德(Moharmmad)在麦加复兴阿拉比亚自古以来的一神教伊斯兰教,自称是阿拉伯和犹太人祖先的亚伯拉罕宗教的继承者——穆罕默德,主张把富人的财富分给穷人一些,结果一贫如洗的人们都去追随他,但这一下激怒了有钱的贵族们。622年,穆罕默德被迫出走麦地那,在那里他得到了更多人的支持,这一年被定为伊斯兰教教历纪年的元年,穆罕默德被尊为先知。

他曾经告诫他的弟子们说:"求知吧,哪怕远在中国。"他确实了不起,那个年份居然晓得如此神秘的山中原。他还认为"商人是世界的信使和安拉在大地上的忠实奴仆",并断定忠实的穆斯林商人在复生日将"居于安拉宝座的阴影之下"。这两项原则与众不同,对其后来的立国发展起到了决定性的促进作用。到他逝世时(632年),一个以伊斯兰教为共同信仰的、政教合一的、统一的阿拉伯国家已崛起在阿拉伯半岛。优美的《古兰经》为最高准则,"众穆斯林皆为兄弟"主张自由、团结、平等与宽容。帝国统治者称哈里发,集政治、宗教大

权于一身。为了巩固自己的统治,以及满足阿拉伯人对商路和土地的需求,在"圣战"旗帜下,沙漠游牧民族掀起了长达百年的征服世界的扩张运动。

他们前进,作战,征服,通过血与火的考验,建立了世界上第五个横跨欧、亚、非大陆的大帝国。鼎盛时期领土达到 1 340 万平方公里。在阿拉伯帝国的统治下,广袤疆域内各个迥然不同的古典文明逐渐融合,最终于几个世纪后形成了全新的阿拉伯文明。

635 年,哈里发的军队同时对拜占庭和萨珊波斯发起了进攻。被称作"安拉之剑"的哈立德·伊本·韦立德,率领阿拉伯人迅速通过人迹罕至的叙利亚沙漠,在雅穆克河畔一举歼灭了拜占庭 5 万大军,占领了叙利亚首府大马士革。638 年占领了圣地耶路撒冷。640 年阿拉伯人进攻埃及,642 年,哈里发成为亚历山大的主人,整个埃及又纳入阿拉伯帝国的版图。阿拉伯帝国先后征服亚洲的呼罗珊、亚美尼亚、阿塞拜疆以及非洲的利比亚等地区。为了进一步控制地中海,奥斯曼征集了小亚细亚沿岸居民,建立了一支强大的海军。

651 年(唐高宗永徽二年),阿拉伯帝国第三任正统哈里发奥斯曼派遣使节抵达长安与唐王朝通好。正值盛唐气象!繁华的长安城是人类史上第一个拥有百万人口的城市,规模之宏大是罗马城的 7 倍,而它的包容与开放是无法计算的。唐高宗李治随即为穆斯林使节敕建清真寺。《旧唐书·西域传》记载此后双方来往频繁。在中国史书的记载中大食(阿拉伯)使节来访 37 次。

664 年武媚娘(武则天)垂帘听政,山中原正在开启一代女皇治天下的千秋伟业,而哈里发则四面出击,阿拉伯业已揭开全面征服世界的序幕。

东线,阿拉伯帝国占领了中亚细亚地区,然后兵分两路,北路军侵入中亚内陆草原地区,一路所向披靡,直到遭遇盛唐之军止步于帕米尔高原西部。地中海与山中原发生了第一次正式碰撞,结果撞上了魅力女人的钢铁意志!南路军攻入印度河流域,征服了印度次大陆西北部的大小邦国。在那里阿拉伯人意外地得到了一种多年生长的草本植物——甘蔗,味道甜美沁人心脾。后来甘蔗传入西班牙,伴随着欧洲的野蛮扩张,糖让整个世界变得越来越"甜"。

北线,阿拉伯帝国的兵锋指向君士坦丁堡,由于拜占庭帝国(395～1453年)的顽强抵抗,使得阿拉伯帝国遭受重创。拜占庭使用一种"希腊火"大破阿拉伯海军,"希腊火"是一种以石油为基本原料的物质,可以在水上燃烧,致使哈里发在征服拜占庭的过程中海军几乎损失殆尽。

西线,阿拉伯人消灭了拜占庭帝国在非洲北部最后的驻军,占领从突尼斯直到摩洛哥。使非洲的柏柏尔人皈依了伊斯兰教,以他们为主力组成军队,跨越直布罗陀海峡进攻西班牙,征服了西哥特王国。

732 年在征服法兰克王国的图尔战役中被查理·马特(Charles Martel)挫败,阿拉伯在西欧的扩张步伐遂被遏止。

战火中的阿拉伯版图在极速膨胀,但终究未能贯通地中海的北岸,而那里早已不是净土,面对气势汹汹的阿拉伯帝国,罗马与君士坦丁堡教会之间分歧不断、矛盾重重愈演愈烈。

750年,山中原正值大唐朝的"开元盛世",繁华中透着冥迷,那是"天生丽质""回眸一笑百媚生"的气息(唐玄宗的朝政已被杨贵妃严重干扰)。这一年,阿布·阿拔斯·萨法赫登位,成为阿拔斯王朝首位哈里发(唐书称黑衣大食)。随即阿拉伯帝国占领坦桑尼亚的桑格几布群岛。彰显出咄咄逼人的气势。此时的唐玄宗早已心无旁骛,平日里最令其心醉神迷的场景便是"一骑红尘妃子笑,无人知是荔枝来",结果来的可不仅仅是鲜嫩的荔枝,还有阿拉伯的20万大军(751年)……

在中亚内陆城市怛罗斯,阿拉伯帝国与大唐军队展开激战。唐军出动了3万余人的精锐之师,起初唐军在高仙芝将军的指挥下节节胜利,后由于葛罗禄部落的背叛,阿军反败为胜,不过再也无法向东挺进。阿拉伯帝国遇到了百年以来的最强大挑战,损失将近4万人,但是,他们意外地获得了造纸术,后来又传到欧洲。大唐朝本来也可以重整旗鼓,以力再战,不料,755年(唐天宝十四年)早已埋下祸根的安史之乱终归爆发,国力大减,无力西征。阿拉伯人则成功夺取了中亚地区的控制权,隔葱岭(帕米尔高原)与大唐相望,今非昔比,那一边已是如泣如诉的"比翼鸟"与"连理枝"(唐玄宗与杨贵妃的挽歌)。

757年唐朝向阿拉伯帝国求援,阿拉伯人随即派遣3千士兵帮助平定"安史之乱",这些士兵后来大多留在了中国,构成中国的穆斯林民族。

阿拉伯人在浴血奋战的同时,没有忘记先知穆罕默德的嘱托——求知。762年阿拔斯王朝迁都巴格达(巴比伦城)。829年,巴格达出现了世界上规模最大、最先进的天文台。次年,巴格达创建了综合学术机构"智慧宫",以抢救消失殆尽的古代经典文化,人类史上的最伟大的翻译工程开始了。柏拉图、亚里士多德、欧几里德、托勒密、盖伦、希波克拉底等大批希腊人、印度人和波斯人的哲学、科学和医学等名著,均被译出阿拉伯和拉丁文的版本。想不到的是,这一所为不但发展了阿拉伯自身,日后更拯救了几乎被断送的欧洲!同时,为人类留下了一笔宝贵财富。

最后,阿拉伯果真征服了整个世界,但所靠的不是强大的军队,而是一部具有非凡魔力的书——《一千零一夜》,和10个神奇的阿拉伯数字。

§9　愤怒的黑火药

火药始于中国古代道家的炼丹术。为寻求长生不老道家开始向生命的真谛进发，通过炼制丹药以求得道成仙，到秦始皇时期风靡至极。出乎意料的是，炼丹术竟然导致了火药的产生。怎奈火药解决不了长生不老的问题，动辄火起总是让炼丹家心有余悸。后来，火药的配方由炼丹家转到军事家手里，结果一鸣惊人，随即宣告了冷兵器时代的终结。

公元808年，唐朝炼丹家清虚子撰写了《太上圣祖金丹秘诀》，其中的"伏火矾法"是世界上最早的关于火药的文字记载。

恩格斯指出："现在已经毫无疑义地证实了，火药是从中国经过印度传给阿拉伯人，又由阿拉伯人将火药和火药武器一道经过西班牙传入欧洲"。

初期的火药武器威力不大，主要是用来纵火。火药的炸响是在大约10世纪初，结果引发了军事科技、战略战术的重大变革。随着火药工艺的改进，火药的爆炸性能提升，爆破及投掷的作用有了惊人变化。投石机开始抛掷火药，尽管这只是最早火炮的雏形，可是它宣示了一种概念：火光冲天、震耳欲聋、粉身碎骨、无坚不摧……

公元974年（开宝七年），北宋进攻南唐时威力巨大的火炮向金陵发出了第一声怒吼，从而结束了刀光剑影的冷兵器时代。北宋王朝成为人类史上最早使用"热兵器"的国家。泱泱大宋，岂能不想永保这世界上独一无二的军事优势！何况大宋从建国之初就屡屡受到契丹、西夏的侵扰。

1000年（宋真宗咸平三年）和1002年（宋真宗咸平五年），神卫水军队长唐福和冀州团练使石普曾先后入宫展示火箭、火球等新式武器，受到真宗皇帝的赏赐。治国之要，居安思危，大若无懈可击。宋真宗哪里晓得此时在燕山山脉的深处，四座秘密的巨型高炉，以每天5吨以上的钢铁产量，正在为契丹国积累雄厚的战争资源。他更不晓得燕山山脉居然还蕴含着丰富的铁矿。

数百名工匠早已潜伏在那里，与世隔绝，他们夜以继日，不辞劳苦，赶制的武器足以支撑一场长期的战争，特别是弓箭的箭镞。之后那批工匠神秘失踪，契丹人把这一切都做得滴水不漏。

真宗皇帝更忽略了"契丹"一词的本意，即是"镔铁"的意思，通过使用侵蚀剂在武器上呈现花纹图案。

1004年，辽圣宗、萧太后亲率20万剽悍勇猛的契丹大军，突然南下直取大宋要地澶州。宋真宗这时才发现他的火药虽花样繁多，但存量远远不够御敌，萌生畏惧之心欲迁都南逃，因宰相寇准坚决主战，并力劝宋真宗御驾亲征至澶州（今河南濮阳）督战。宋军士气大振，击败辽军前锋，辽将萧挞览战死。辽军恐腹背受敌提出议和。这对于宋真宗来说正中下怀，次年初与辽订立和约。协定大宋朝每年赠给辽国"岁币银"十万两、绢二十万匹，双方各守疆界，互不骚扰，成为兄弟之邦。此即所谓的"澶渊之盟"。

前车之鉴，亡羊补牢，火药必须成为宋军必备的武器装备。之后，北宋在京城汴梁建立了火药的官营作坊,专门制造火药和火器。其中"日出弩火药箭七千支,弓火药箭一万支,蒺藜炮(内装有带刺铁片的火药包)三千支,皮火炮二万支"。这是世上最早的批量军火,数量惊人。大宋朝火器一直在日新月异地进步。

1044年,曾公亮《武经总要》告成,这是一部空前的军事百科全书,仁宗皇帝亲自核定,为此书撰写序言,以示大宋朝重战尚武之风。里面记录了三种火药配方及多种火药武器,并配有插图,这是世上最早的热兵器制作工艺流程记载。至此,火药武器从理论到实践应用已经相当成熟和完备。

书籍之所以能广泛流传,得益于当时的雕版印刷技术,它源自印章的启迪。这项技术始于唐朝盛于宋朝,可以实现批量印刷,传播快得惊人,但雕版的制作麻烦耗时,需要把字一个一个地反向刻在木板上,一旦有误则前功尽弃,一旦成型,内容不可再变。

1048年(宋仁宗庆历年间),平民毕昇在历代雕版印刷的基础上,制成了胶泥活字,每一个字都可重复使用,实现了排版印刷,提高了效率。这是印刷史上一项重大革命。遗憾的是这一旷世发明没有得到大宋朝廷的认可和推广,好在活字印刷技术流传下来最终奏效,对历史的推动不可估量。为此,后世的人们在月球上为毕昇留下了一席之地——毕昇撞击坑。

与火药、印刷术同时大放异彩的还有精美绝伦的陶瓷,同样是世上独一无二的。宋代的烧瓷技术已完全成熟,在胎质,釉料和制作技术等方面有惊人的进步。闻名遐迩的民间瓷窑层出不穷:

耀州窑瓷——犀利潇洒;磁州窑瓷——神奇结晶;景德镇窑瓷——洁白如玉、碧如湖水;龙泉窑瓷——翠绿莹亮如梅子青青;越窑瓷——明彻如冰,晶莹温润;建窑瓷——浓淡深浅浑成自然。

另外号称五大名窑的:官窑瓷(河南开封)——气势煊赫;钧窑瓷(河南禹州)——红若胭脂、青若葱翠、紫若墨者;汝窑瓷(河南汝州)——含蓄莹润、态若凝脂;定窑瓷(河北曲阳)——红白兼备琢红如玉;哥窑瓷(浙江龙泉)——青瓷千峰翠色,美哉天成。宋真宗景德年间在江西新平增设官窑。

等等、等等,态若凝脂,声如玉磬,琳琅满目,其美入境。

琳琅之状尚可耳熟能详,而琳琅之气何以直冲霄汉呢?这绝非言过其实,有天象为证。1054年7月4日(宋仁宗至和元年五月二十六日)《宋史·天文志》记载:"客星出天关东南可数寸。岁余稍末",《宋会要》记载:"晨出东方,守天关,昼见如太白,芒角四出,色赤白,凡见二十三日。"这个金牛座的"天关客星"实为最近一次的超新星爆炸,山中原视为天降祥瑞,这一年恰是宋仁宗赵祯的一个新年号,有包拯(包公)辅佐,大宋朝朗朗乾坤。地中海则预感不详之兆,7月16日基督教在君士坦丁堡圣索非亚大教堂正式分裂为罗马公教(罗马天主教)以及希腊正教(东正教),从此埋下祸根。

1084年(元丰七年),一代大家司马光的一部规模空前的编年体通史巨著成书。其中道出"修身、齐家、治国、平天下"的传世秘诀。神宗皇帝对这一世间难求的珍宝爱不释手,将其视为江山永固的保障,并赐书名为《资治通鉴》,传至皇室子孙,以示时时告诫。

1093年,北宋又出了一个叫沈括的大人物,他在润州(今镇江)卜居处"梦溪园"里写了一堆有用的文字,随即化为旷世之作。内容涉及天文、物理、化学、生物、数学、地质、地理、气象、医药和工程技术等名目,名曰《梦溪笔谈》。有趣的是这位大学士对指南针偏爱有佳,他深入细致地探究了这耐人寻味的东西,发现了诸多规律,如地磁偏角(磁针子午线与地球子午线相交的角度),但对指南针为什么会指南却没有一点概念,这一点令这位大学士感到匪夷所思。北宋已经代表世界的科技高度,《梦溪笔谈》近乎于世上全部知识的总和,后世人见人叹!

山中原呈现一片盛世,地中海却开了锅。地中海东岸有一块极为特殊之地——耶路撒冷。自所罗门圣殿建成后(公元前10世纪),希伯来王国的都城耶路撒冷就是犹太人的信仰中心。据基督教说,耶稣是在这里埋葬、复活、升天的,而按照伊斯兰教的说法,真主使者穆罕默德也是在耶路撒冷夜行登霄的。犹太教、基督教、伊斯兰教都把耶路撒冷视为圣地,圣地是必须捍卫的!此时耶路撒冷落到了穆斯林手中。罗马教皇乌尔班二世发出号召,誓要夺回圣地。1096年8月15日,十字军开始第一次东征,红十字标志让整个地中海战栗,那是一场声势浩大的杀戮与掠夺,也是天主教对其他教派自西向东的残忍扫荡。1099年7月15日十字军攻占耶路撒冷,之后血洗圣城。宗教意识迫使帝国思想进入漫长的休眠期。而征战却愈演愈烈。这种满目疮痍的状态与欣欣向荣的山中原形成了鲜明的对比。

有谁能够精确地描述,那个地处山中原拥有150万人口的世界第一大都城的繁荣盛况呢?恐怕世上只有一人,那就是北宋大画家张择端。一幅世界绘画史上独一无二的《清明上河图》,在五米多长的画卷里,宏大生动地记录了北宋汴京以及汴河两岸的自然风光,民风民俗,发达的农、工、商等繁荣景象。畅快淋漓,犹如亲身经历。

1101年,张择端的《清明上河图》告成之时,大宋朝徽宗皇帝赵佶在卷首题"五签",并加盖双龙小印,收入御府,束之高阁,视为珍宝。

这段时间里,水泊梁山又出了一群替天行道的好汉,林冲、武松、鲁智深各个侠肝义胆,性格分明,风风火火地留下一段脍炙人口的佳话,让历史增添了几分看点。不管这些人是真是假,他们都已走进历史,走入人们的内心。

然而大宋的火药一直蓄势待发,怎奈边关却异乎寻常地太平,没有爆发大规模的外族入侵战争,让大宋朝反倒不习惯了。

这得感谢一种凶猛的大鸟——海东青。原来最具侵扰之力的契丹人,由于迷恋海东青,声色犬马,使辽国发生了内乱,契丹人出猎时喜欢让海东青和猎犬紧紧相随,海东青是绝佳的上等猎手。为了海东青几代金主争权夺势,国事近乎荒废,天祚帝即位,有过之而无不及。开始变本加厉地对女真人进行残酷地压榨和盘剥,每年都向女真人索取大量贡品,如人参、貂皮、名马、北珠、俊鹰、蜜蜡、麻布等,特别是海东青。为进贡辽国,女真人几乎抓绝了境内的海东青,实在无处可寻了,可是契丹人哪肯答应,更加严厉地惩罚女真人,忍无可忍的女真人最后孤注一掷与契丹决死相拼。

1114年9月,完颜阿骨打率领二千五百兵士在流水会合,祭天告地,热血誓师,之后直取契丹。历时9年的浴血奋战,完颜阿骨打终于灭了大辽国,海东青让契丹人雄踞北方200多年的历史结束。女真人重获新生,金国建立。

1126年,狼烟骤起,金国攻陷北宋都城汴梁,掠走了徽宗、钦宗两个皇帝,北宋国土尽失。赵构逃往江南,在临安(杭州)即位,史称南宋。这一年十字军恰好攻占大马士革。

史学家也纳闷,这样一个空前繁荣、经济雄厚、军事超前的王朝,即便不走上帝国强盛之路,也不至于失去大半河山,屈居江南一隅,恬然自安!而导致北宋走到如此境地的竟然是高原上骑马冲下来的女真部落。这一部落时常被灾荒驱赶下来,到了平原马的激情得到了彻底释放,女真人抡着长刀短剑,向世界"第一"军事实力发起了挑战,结果吓走了火箭和大炮……

甚是通晓《资治通鉴》的徽宗、钦宗两位皇帝,无论如何都不明白,他偌大的王朝,眨眼间怎么就只剩下他们两个人了,这是真的吗?和他们一起被卷走的还有一贯被视为珍宝的《清明上河图》和江山永固的缥缈之梦。

北宋在抵抗辽、西夏和金的入侵时,火药及火器尤其得到了高度重视和广泛使用,但是看不到半点作用,史学家们郁闷得吃不下饭。

其实答案就深藏在那幅世上独一无二的《清明上河图》中。那是张择端以一种特殊方式呈给徽宗皇帝的一份绝妙的奏章。如果把这幅秀图中所有纷繁的热闹场面都去掉的话,剩下的就只有岌岌可危了:观火台上无人守望;衙役门前懒散的差人昏昏欲睡;把守城门的官兵不见了踪影。在这幅秀图的结尾,张择端匠心独运,安排了这样几幅生动的情景:人们集中在三个区域内看病、问路、算命。这是在追问大宋的前途命运。怎奈良苦用心未能及时唤醒沉醉中的大宋王朝,"小楼昨夜的东风"更未能吹醒这位迷恋诗词宋雅的大宋皇帝。只落得"故国回首三千里"的无限追悔与叹惜!

南宋时,火药武器技术依然一如既往地发展。1132年(绍兴二年),陈规奉命防守德安(湖北安陆)。临战之时,他一声令下,20余支长竹竿火枪喷火吐烟,响成一片,来敌应声倒地,余者晕头转向,九攻九距,应敌无穷,最终确保德安一方平安。这是军事史上最早的枪战,也是"热兵器"取胜的典型战例。

说也奇怪,南宋都城临安(杭州)很快就跃居百万人口,依然是车水马龙、熙熙攘攘,哪里像是个小朝廷呢?同样,人们也找不到心酸的旧国家事。有一个叫林升(字梦屏)的平阳(今属浙江)人来到这里,看到纵情声色的达官显贵每天如醉如迷,林升惊愤之余,把内心的隐忧倾吐在客栈的墙上。

山外青山楼外楼,

西湖歌舞几时休?

暖风熏得游人醉,

直把杭州作汴州。

至南宋中晚期,朝廷依然念念不忘发展先进的火药武器,出现了突火枪,技术向前推进了一步。同时发明了有深远影响的管形火器,竹筒改为铁管或铜管,而子窠(类似子弹)用铁块等材料制成,火药利用爆炸的推力把子窠推出去。这就是后来步枪和子弹的雏形。

"铁"与"火"的结合是引领时代的跨越性一步。这个节奏,仿佛让人看到了大宋君臣子民悠悠的复国之心。再看一看一代名将岳飞的精忠报国之志吧:

怒发冲冠,凭栏处,

潇潇雨歇。

抬望眼,仰天长啸,壮怀激烈。

三十功名尘与土,

八千里路云和月。

莫等闲,白了少年头,

空悲切!

靖康耻,犹未雪,

臣子恨,何时灭?

驾长车,踏破贺兰山缺。

壮志饥餐胡虏肉,

笑谈渴饮匈奴血。

待从头,收拾旧山河,

朝天阙!

但是,先进的武器和热血的仁人志士都没能改变南宋亡国的命运。

因为金人和蒙古人也相继学会了火药和火器,他们学得很快,用得更巧。南宋赵与峕的《辛巳泣蕲录》记载:1221年(嘉定十四年),金兵攻宋蕲州(今湖北省蕲春县)时,曾将铁火炮打到知府帐前和卧室中,"其声大如霹雳",一宋兵被金人"铁火炮所伤,头目面霹碎,不见一半"。

《金史·赤盏合喜传》记载，1232年（开兴元年），蒙古军攻汴梁（今河南开封）时，金兵曾用震天雷守城，并用铁绳将震天雷从城上吊下，炸毁蒙古军的攻城器械"牛皮洞子"。书中描述震天雷的威力说："炮起火发，其声如雷，闻百里外，所爇围半亩之上，火点着甲铁皆透。"

《宋史·马塈传》记载，1277年（至元十四年）元军攻静江（今广西桂林）时，一守城宋将率250人用一大型铁火炮集体殉难的情景："燃之，声如雷霆，震城土皆崩，烟气涨天外，兵多惊死者，火熄人视之，灰烬无遗矣。"

是什么原因使得本来发明用以克敌制胜的火药，反倒成为自己的殉难之物呢？上天既然孕育了一个泱泱大宋，为何偏偏又造就了一个强悍的蒙古呢？

§10　蒙古帝国

在山中原北部高原上，白山黑水间各游牧民族也像走马灯一样轮番登场，匈奴、鲜卑、突厥、契丹、女真等。室韦各部逐渐移居到蒙古高原时，对蒙古族的最终形成起到了决定性的作用。

1206年，铁木真统一蒙古各部，在斡难河（今鄂嫩河）源头召开库里尔台大会，铁木真继任蒙古大汗，位号"成吉思汗"，国号"大蒙古国"。蒙古草原结束了长期动乱混战的局面，马背上的人们终于可以休养生息了，但是，草原的月色下悠扬的马头琴声并没有寄托多久美好的思念，就被急促的号角所替代。成吉思汗的夙愿：让天下所有的土地都成为蒙古人的牧场。实现这一夙愿的时候到了。

成吉思汗发起了第一次西征（1218~1223年），灭西辽、花剌子模（中亚细亚的乌兹别克斯坦、土库曼斯坦一带），派速不台继续西进，越过太和岭（今高加索山）击破钦察各部，攻占了莫斯科。这期间地中海正是十字军的第五次东征（1217年~1221年），目标埃及开罗，结果被合围于尼罗河畔败归。1226年病危的成吉思汗再次出征西夏，次年西夏末帝李睍投降。1227年成吉思汗的夙愿止步于六盘山，他病去了。他的陵墓成为千古之谜，他以这种方式告诫蒙古后人去寻找祖先，激励他们永不停息地出征，直到天下的土地都成为蒙古的牧场。

蒙古并没有止步，1230年至1234年，蒙古灭金。1231年蒙古进攻高丽王国（今朝鲜），高丽王室退守江华岛。

第二次西征（1235~1242年）成吉思汗次子窝阔台继任蒙古大汗，以拔都（成吉思汗之孙）为主帅，先后征服里海布噶尔王国、斯拉夫各族，进而灭亡位于东欧大平原境内的基辅罗斯，而后击溃波兰和神圣罗马帝国联军（第六次东征的十字军)、大败匈牙利、征服保加利亚,远征势力已达意大利半岛的威尼斯东北部,蒙古大军已开始兴奋地眺望地中海,而那一边曾六次东征的十字军正急于仓促应战。世界的命运就要发生突变了,就在这时(1242年)大汗窝阔台突然离世,拔都无心继续西征,遂率军东归,参与争夺蒙古大汗位的继承权。之后,此处建立蒙古大汗国的钦察汗国,又称金帐汗国。

第三次西征(1252～1260年)蒙哥汗(成吉思汗的小儿子拖雷之子)在位时期以其三弟旭烈兀为主帅,向西灭亡了木剌夷(伊斯兰国家)。1258年,灭亡阿拔斯王朝(位于阿拉伯的黑衣大食),攻占首都巴格达,标志着阿拉伯帝国的最后消失。古老的巴格达(巴比伦城),三千年血洗的城市,每一次社会的动荡中都遭受着痛苦的蹂躏!之后,蒙古大军继续进攻叙利亚,1260年攻克大马士革,很快逼近威尼斯,马鞭遥指埃及,而埃及刚刚驱走第七次东征的十字军,尚未恢复元气。与巴格达历史命运一样的亚历山大城即将更换新的主人。就在这时又发生了意外,旭烈兀同样调转马头率军东还了,在此建立了伊尔汗国(又称伊利汗国)。

三次西征共灭了40多个国家,征服了720个民族。在人类历史上,蒙古成为了面积第一大的帝国。其连续版图高达3 300万平方公里,占了世界土地面积的22%,再也没有一个国家的领土面积能超过这个数字了,涵盖了当时疆域内1亿的人口。

马到了蒙古人的胯下就变得与众不同了,蒙古大军的"闪袭"和"速度"是让人出乎意料和防不胜防的,从排山倒海到踪迹皆无只在转瞬间,不知是幻觉还是在梦里,耳边一直在轰鸣,时刻都有草木皆兵之感,不知是该进还是该退,而那些怒火万丈的大炮足可以轰碎最后守敌的残存意志。

然而,上天终归没有给蒙古帝国一个拥抱地中海的机会。蒙古帝国再也未能前进一步。之后,窝阔台汗国、察合台汗国、钦察汗国、伊儿汗国日益枯萎消融,但是,蒙古铁骑声声,火炮隆隆,着实将欧洲中世纪的黑夜彻底震碎。

在蒙古第三次西征中包含着一个天大的秘密,关系到整个世界的命运。1258年,蒙哥汗令其三弟旭烈兀西征的同时,自己亲率三路大军攻打南宋。整个欧亚大陆全部被蒙古大军席卷。蒙哥汗的果断出击令南宋一败涂地。帝国双线作战实现征服世界的梦想志在必得。从历史的宏观视野来看,人类文明的格局也将翻开新的一页。

然而,一个小小的弹丸之地却扭转了整个欧、亚、非战局。那就是引人注目的钓鱼城,位于山中原的四川合州。在如秋风扫落叶一般的蒙古大军面前,钓鱼城竟然久攻不下。1259年蒙哥汗在一次指挥战斗中中箭后病亡。正在进攻湖北鄂州的蒙哥汗的次弟忽必烈遂班师,自称大汗。三弟旭烈兀从遥远的欧洲回师也正是要继承大汗之位的,而四弟阿里不哥同样也自称大汗。一时间同室操戈,骨肉相残。庞大的蒙古帝国在轰轰烈烈地破碎。

1267年忽必烈战胜阿里不哥,确立了汗位,定都中都(北京),后改称大都。1271忽必烈废除蒙古国号取意《易经》中"大哉乾元"(伟大的开始)之意,改国号为大元,山中原又一个朝代元朝开始了。

1279年,随着著名的"崖山海战",元军以少胜多,终于扑灭了风烛残年的南宋王朝。志存高远的忽必烈英明地效仿了北魏的孝文帝,同样是行汉法、尊儒术,积极奉行汉化政策,连国号都汉化了这一举动有力地促进了社会稳定、文化融合与科技进步。

胜负谁人定,是非谁人评?此后山中原的万风民情却偏偏击中了遥远地中海的一位少年之心,那位少年就是可爱的马可·波罗(Marco Polo)。

§11 马可·波罗

父亲和叔叔终于回来了,他们到遥远的东方经商,还带回了中国皇帝(大汗忽必烈)给罗马教皇的书信。小马可·波罗的日子变得明亮起来,他天天缠着父亲和叔叔讲东方的传奇经历。那神话般的中国情节着实在他幼小的心灵中激起了波澜,一定要去中国看个究竟!

1271年,父亲和叔叔终于拿到教皇的复信和礼品,带领马可·波罗与十几位旅伴从威尼斯出发,踏上了前往东方的迢迢之路。那一年马可·波罗是风华正茂的17岁。

十字军第八次(1270年),也是最后一次东征的战火刚刚燃起,处处废墟,偶尔会撞到厮杀,他们只能绕道而行。出地中海,渡黑海,跨两河流域,穿中东古城巴格达,涉碧波荡漾的波斯湾,熬霍尔木兹海口蹉跎之日,盼驶往中国的晃晃之船。两个月匆匆而过,等待没有结果,只能改走陆路。这是一条挑战人类勇气和信念之路,让人望而却步。向东是荒凉恐怖的伊朗沙漠,接下来是险峻寒冷的帕米尔高原。饥渴、伤病、猛兽、强盗让马可·波罗日后啧啧称道的人生回忆中始终心有余悸。一段非同寻常的辗转之后,他们终于踏上了中国的大地——新疆。

呈现在马可·波罗眼前的是一个全新的世界:美丽繁华的喀什、盛产美玉的和田,果园处处浓郁飘香……,在塔克拉玛干沙漠的尽端是庄严而富丽的敦煌古城,那些巧夺天工的佛像与壁画均为绝无仅有的稀世珍品,让马可·波罗有生以来第一次洞彻心扉。莅临玉门雄关,瞭望连绵起伏的万里长城,17岁的地中海少年首先感悟到的是一个泱泱大国的胸怀和气魄。漫步河西走廊,千年古道夜入梦,岁月伊始情自开,驼铃悠远黄沙,绫绡慢卷残霞。

1275年夏天,他们到达了上都(元朝北部都城),四个寒暑的轮回令他们感慨万千。父亲和叔叔向忽必烈大汗呈上了教皇的信件和礼物,并向大汗引荐了马可·波罗。

从第一位罗马使者的来访至今,世上已不经意地飘过了1 100年的人间岁月。在这期间有太多的事情发生!17年前(1258年),强势的蒙古帝国与善战的阿拉伯帝国狭路相逢,结果,曾经为世界上第五个横跨欧、亚、非大陆的帝国消失了。然而,上天并没有给蒙古帝国一个拥抱地中海的机会。加上大寒期的到来,致使蒙古大军无法西进,结果直取气候宜人的山中原大地。此时的地中海是教皇统治下的,各个国家松散的联合体,战争无序,热血沸腾的红十字军还在跃跃欲试。曾经是世界上第四个横跨欧、亚、非大陆的帝国拜占庭帝国(东罗马)早已失去了往日容颜,江河日下。而山中原则欣欣向荣,忽必烈正踌躇满志!

大汗忽必烈非常喜欢年轻有为的马可·波罗,特意请他们进宫讲述沿途的奇闻轶事,并邀他们同返大都(北京),诚恳地挽留他们在元朝任职。如此宽厚的接纳并非只是礼仪之邦的客套之举,这种开明实乃人之气度、国之气象!

马可·波罗像对待母语一样地接受了蒙古语和汉语。因马可·波罗聪明伶俐忠于职守,每每被大汗委以重任。他奉命巡视各地,足迹踏遍了中国的山山水水,为其辽阔、美丽与富饶所震撼。他先后到过新疆、甘肃、蒙古、山西、陕西、四川、云南、山东、江苏、浙江、福建等地,奇怪的是唯独没有提及江西。另外他还出使过越南、缅甸、苏门答腊等国。所到之处地理环境、风土人情尽收眼底,回到大都后津津有味地向忽必烈大汗一一禀报。

闲暇之时,也免不了两人促膝而坐以棋会友。在一次对弈中,马可·波罗指着棋盘说:"陛下,您的棋盘是用乌檀和槭木两种材料镶嵌而成。您的慧眼望着的那两个方格是从早年生长的树干上砍下来的,您看清它的纹理了吗?这儿有个小节疤。早春时那儿有个幼芽冒出来,但夜间的霜冻扼杀了它。"大汗十分惊讶,不由地重新打量一下这位英俊的年轻人。"看,这儿有个大一点的孔。也许那儿曾是一条幼虫的卵。那决不是蛀虫,如果是蛀虫,它会咬个大洞。那是一条毛毛虫,吃树叶的毛毛虫。因为树叶被吃光了,树才被砍下来……这条边上木匠用凿子凿了一个榫眼,可与旁边有榫头的方格对接……在大汗眼花缭乱之时,马可·波罗又在给他讲述乌檀树林、河中顺流而下的木筏、渡口、妇女站在窗口盼望的情景……"(《美国讲稿》)大汗心悦诚服,这是谁给我送来的天才啊!

这段时期正是"青花瓷"在世上第一次绽放的大好时节。

青花瓷以来自于西域的钴兰为颜料,在以高岭土塑成的陶瓷坯体上描绘纹饰,覆以釉面,烧制而成。这手法酷似锦上添花之妙。青花瓷青翠欲滴,精美绝伦,堪称人间瑰宝。

如此的稀世珍品能逃得过马可·波罗那双洞悉一切的眼睛吗?让人动情感触的色泽与质地,马可·波罗能做到无动于衷吗?令人神往的浮梁县(景德镇青花瓷摇篮)湖田窑,马可·波罗能抵制得了这般强烈的诱惑吗?奇怪的是有关这方面的情况历史没有留下任何痕迹。

究其原因,忽必烈所拥有的金银器物无数,但是在他那里唯独找不到的便是令人心醉神迷的青花瓷,而在王公大臣手中却比比皆是,军机处的案头就明晃晃地摆放着。这个细节被细心的马可·波罗留意了。

17 年簌然而过,思乡之情与日俱增。1292 年春天马可·波罗和父亲、叔叔受忽必烈大汗委托,护送阔阔真公主到遥远的伊儿汗国成婚。于是他们向大汗提出回国探亲的请求。大汗应允在完成使命后可以转路回国。

1295 年末,他们三人终于回到了阔别二十余载的亲人身边。消息一经传开,威尼斯顿时热闹非凡。从东方带回的无数奇珍异宝一夜之间使他们成为威尼斯的巨富。东方的神奇简直无以言表!

1298 年,马可·波罗加入了威尼斯与热那亚的战争,同年 9 月 7 日不幸被俘。在狱中他遇到了作家鲁思梯谦。马可·波罗怀着对自己故乡一样的深情,对他讲述东方的故事,鲁思梯谦的笔也怀着同样的感受舞动,一部激发欧洲人几个世纪的东方情缘之力作《东方见闻录》砰然而出。

书的开头是这样介绍的:"皇帝、国王、公爵、侯爵、伯爵、骑士和市民们,以及其他所有的人们,不论是谁,如果你们希望了解人类各种族的不同,了解世界各地区的差异,请读一读或听人念一念这本书吧!你们将发现,在这本书中,正如梅塞·马可·波罗所叙述的那样,我们条理分明地记下了东方各大地区——大亚美尼亚、波斯、鞑靼、印度以及许多其他国家的所有伟大而又奇特的事物……

的确,自上帝用他的手创造了我们的祖先亚当以来,直到今天,从未有过任何人,基督教徒或异教徒,鞑靼人或印度人,以及其他种族的人,像这位海塞·马可那样,知道并经历过世界各地如此众多、如此伟大的奇闻轶事……"

在《东方见闻录》中马可·波罗盛赞中国的繁盛昌明,发达的工商业、繁华热闹的市集、宏伟壮丽的都城、完善方便的驿道交通,以及华美的丝绸锦缎,浓香四溢的茶叶等等,唯独没有提及玲珑的青花瓷,这份敬仰已成为他内心中永远的秘密。然而他将地大物博、文教昌明的中国形象展示在世人面前,早已令人心醉神迷。

在 13 世纪以前,欧洲对中国的认识遥远而模糊,《东方见闻录》起初虽然也被当作荒诞不经的故事,但它极大地丰富了欧洲人的知识,打开了中世纪欧洲的地理和心灵的视野。许多很有价值的地图也是参考了此书绘制而成。这部奇书激起了欧洲人强烈的欲望,给欧洲带来一种无法遏制的冲动。

1321年意大利有个叫阿利盖利·但丁（Dante）的人，再次为地中海推波助澜，一首《神曲》娓娓道来。他将那些把持着教会疯狂敛财之人，以及道貌岸然的教皇统统打入了地狱。令虔诚者陷入反思：对现实的质疑、对个人命运的关注。这一来竟把禁锢人们心灵的欧洲思想弄得分崩离析。地中海失去了束缚，开始波涛汹涌，像是某种神秘的暗示，而但丁则被教会驱逐了。

　　历史就要上演惊人的一幕了：冲动的地中海唤起无数的探险者一路追随马可·波罗的足迹，直达神奇的东方。之后便是人类的东方大迁徙。然而历史到了这里却突然停滞了。

　　1324年马可·波罗去世。在他的有生之年没能再去一次令他无限留恋的东方，深切热爱的中国。他想不到的是24年后，那些曾一起生活在元大都里的人们，在一个万籁俱寂的夜晚，偷偷地打开了城门，见四际无人飞身上马，一溜烟地跑回了芬芳的大草原，原因是明朝大军即将兵临城下。

　　这一切地中海并不知晓，而造成历史停滞的真正原因竟然是人们万万也想不到的两种可恶的动物——老鼠和跳蚤。它们连环搭档导致了一场空前的人间大灾难——黑死病（鼠疫）的暴发，山中原与地中海都未能幸免。黑死病夺去了欧洲三分之一的人口，约2500万人的生命。人类在面对这种无限蔓延的毁灭性灾难时，既一无所知又束手无策，险些在绝望中沉沦。

　　那是10个英俊美丽的年轻人（3男7女），满怀信念，离开了"万户萧疏鬼唱歌"的佛罗伦萨（1348年），到郊外的乡村开启了全新的生活。在那里他们畅谈了十天，过了一段愉快而正直的日子。与此同时，绝境中的人类似乎也弄清了自身的价值，弄清了生命的意义，终归熬过了灾难。幸亏薄伽丘把那珍贵的十天记录下来。谁知却与《神曲》有异曲同工之妙。人类获得了一次彻底的梳理和净化，然而，当痛定思痛的人类重新再回到了现实生活当中，那些不可救药的顽疾同样也跟了回来，所不同的是寻常的岁月里显然充斥着迥异之气。

　　1360年，穆拉德一世继位后，向东欧扩张取得决定性的突破，标志着奥斯曼帝国的真正崛起，开始虎视眈眈地注视着欧洲，并悍然切断了由马可·波罗所开辟的通往东方神话的必经之路，也彻底切断了欧洲的希望。结果迫使人类加速开启了另一个伟大的时代——航海时代。

航海时代(Age of Wind)

§1 一代名将——郑和

大汗忽必烈推翻南宋王朝后,1253年征服大理国,派赛典赤·赡思丁·乌马尔(阿拉伯人)治理云南。他清明勤政,深得民心,死后被元世祖忽必烈封为"咸阳王"。郑和(原名马三保)为其六世后裔。

1381年(洪武十三年)冬,风云突变,明朝大军进攻云南,大理再次被征服。马三保10岁,被掳入明营,阉割成太监,后进入朱棣的燕王府。明太祖朱元璋死后,孙子建文帝即位,为巩固统治开始削藩。坐镇北平的明太祖朱元璋第四子燕王朱棣起兵反抗,以"清君侧、靖国难"为名,挥师南下,史称"靖难之役"。谁知这场山中原的内陆之战却掀起了一股强劲飓风,掠过西太平洋,横穿印度洋直达非洲东海岸。那是因为一代名将郑和的横空出世!

1402年,朱棣攻破明朝京城南京,战乱中建文帝下落不明。在这场改变中国乃至世界命运的大决战中,马三保率两万之众出生入死追随朱棣转战大江南北。这是一位以洞悉战争全局的眼光来捕捉战机之人,总是在关键时刻出其不意地获胜。夺要塞、施袭扰、断后路、劫粮草,其策略对整个战局的发展起着举足轻重的作用,他还多次救朱棣于险境之中。朱棣则更具审时度势之能,毅然放弃了在山东的长期消耗战,以精锐之师直捣防守空虚的都城南京,一路上出奇制胜,进而夺取了整个战争的最后胜利。

三保从此更得朱棣的信赖和赏识,并被赐予郑和之名。然而,他在军事上的赫赫之功、昭昭之绩,在厚重的历史典籍中只是寥寥几笔,隐约其辞。

同年朱棣登基,年号永乐。这是一位在中国历史上屈指可数的既夺位成功又大展宏图的皇帝。朱棣不像他的父亲朱元璋那样不许片板下海,把全体百姓牢牢地束缚在土地上,日出而作,日落而息,而是以前所未有的气魄君临天下。他文治武功,五次亲征蒙古,派郑和七下西洋,修旷世之作《永乐大典》,兴建天阙紫禁城,迁都北京,疏浚大运河。经济繁荣,国力强盛,史称"永乐盛世"。

永乐初年,郑和被赋予了一项石破天惊的使命:打造一支无与伦比的天下水师。这意味着几千年熟透了的陆地文明要驶向波澜壮阔的大海了。

郑和按照明成祖朱棣的安排转向航海事业。他研究和分析航海图,通晓了牵星过洋术,熟知了各式东、西方针路簿,天文地理,海洋船舶,驾驶修理等知识与技能。每每亲自出海乘风破浪获取第一手资料。

励精图治几载,郑和缔造了世界上第一支超规模宏大,水陆两栖,海军多兵种的特混舰队,成为现代海军战略战术的原型(今天的航母编队),也是新条件下军事理论的一次历史性飞跃。

郑和的舰队以宝船为主体核心,配合以相应的协助船只,总兵力达两万七千余人。当时大明朝拥有的全部船舶近3 800艘,超过欧洲全部船只的总和。无论航行在什么地方,郑和率领的大明王朝舰队都是唯一强大、不可挑战的力量。亘古未有的蔚蓝色之梦即将刷新人类的历史颜色。

郑和是如何谋划他的蔚蓝色海洋之梦的呢?"工欲善其事必先利其器"。《明史·兵志》记载大明朝作战编队有五种类型的舰船:

第一种类型叫"宝船"。"宝船高大如楼,底尖上阔,可容千人"。最大的宝船长四十四丈四尺,宽十八丈,载重量八百吨。体式巍然,巨无匹敌。负责编队、指挥。

第二种叫"马船"。马船长三十七丈,宽十五丈,是郑和宝船牵引和推送的护卫拖船。

第三种叫"粮船"。长二十八丈,宽十二丈。装运的粮食够船队在海上生活几个月的消耗。这里藏着鲜为人知的秘密。

其中一个秘密是为供应肉食而饲养了牲畜。另一个是装载了大量豆类。鲜嫩的豆芽是海上的奢侈品,就连伙夫自己也不会想到这一举动无意中给所有人及时补充了身体所需的维生素C,避免了坏血病的厄运。豆类本身不含维生素C,但发芽后则含量丰富,这一稀里糊涂的发明无人留心注意,以至于始终成为后来的航海家们一直无法破解的谜团。

第四种叫"坐船",长二十四丈,宽九丈四尺。它是郑和船队中的大型护航主力战舰,也是分遣护航航队中的指挥船。

第五种叫"战船",长十八丈,宽六丈八尺。它是作战的主力战舰。这种船不仅火力威猛,还深藏着郑和所倡导的新时期的军事战略思想。

郑和的另一项秘密使命就是出海寻找建文帝的下落,据说建文帝逃往海外,因而也一直成为朱棣的心头大患,总是担心他有朝一日卷土重来。

从永乐三年(公元1405年)至宣德八年(公元1433年),郑和的船队千帆阅尽七下西洋。人类向畏途大海挑战的气魄是何等的雄壮!其中满载的丝绸、陶瓷、茶叶更散发着浓郁的华夏气息……

七次航行,规模之大,人数之多,航程之远,影响之深,挑战之严峻,组织之严密,技术之先进,都是人类史无前例的。不仅展示了天朝之威,更充分表达了华夏民族和平共荣的外交理念。

七次航行,沿途经过东南亚、西亚、印度洋等地区,最远到达红海和非洲东海岸的马林迪港。航海足迹遍及亚、非等30多个国家和地区,促进了中国同世界的友好往来与交流。世界从来没有如此这般地崇尚过中国!

七次航行,多次面临大大小小突如其来的战争,这支威武之师攻无不取,战无不胜。充分展现了郑和作为新时期一代名将统帅千军的卓越军事才能。

伐无道、灭海盗、促和平、建秩序、施贸易、传文化。天朝大国的话语权使理想而尚美之德惠及海内外,世界呈现了全新的秩序与气象。

60岁时,郑和毅然率领舰队出使西洋,可这次他再没能回来,病逝在印度的古里,享年62岁。永远地长眠在他所开辟的和平、康庄之路上。他没有找到建文帝朱允炆的任何蛛丝马迹,有关建文帝的传说给后人留下无限的遐想与猜测。

在中国贵州安顺地区关索岭的晒甲山西侧有一块奇特的岩壁,上面分布着20余个非字非图的怪异符号,字迹红艳似火,虬结刚毅,自古以来被称为绝世之谜——"红崖天书"。传说武侯诸葛亮南征时路过此地停息,并晾晒盔甲,修得此书。这就是"晒甲山"的由来。千百年来无人能猜透这位"羽扇纶巾"之人的家国情怀。"红崖天书"被誉为"黔中第一奇迹"。

1997年,一个叫林国恩(上海江南造船集团公司高级工程师)的人,在历史背景、文字结构、图像寓意方面对这部"天书"做了严谨科学的论述,令史学界一片哗然。

这是一道建文帝用心良苦的"伐燕檄文",全文直译为:

"燕反之心,迫朕逊国。叛逆残忍,金川门破。杀戮尸横,罄竹难书,大明日月无光,成囚杀之地。须降伏燕魔,作阶下囚。丙戌(年)甲天下之凤皇(御制)"。

建文帝如何遁入了贵州不得而知,可惜世人没能领会他义愤填膺的疾呼!复国无望的建文帝就这样被淹没在关索岭的那片郁郁葱葱之中,也被淹没在浩瀚的人类历史里。无论建文帝怎样呛天悲地呼号,都无法阻挡一代名将郑和的扬帆起航,因为郑和所开辟的是人类文明史上全新的航程。

极具实用价值的《郑和航海图》《海道针经》是当时世界上最早、最先进的航海导航技术,由明代晚期作者茅元仪收录在《武备志》中。在世界航海史上郑和首次开辟了人类贯通太平洋西部与印度洋的直达航线。

岁月流年,如今繁华的马林迪港依然雄视非洲东海岸,而那颗寂寥的心和历史深处的陶瓷碎片,历经 600 年风雨沧桑,始终守候着一个不变的东方诺言!而位于马来西亚的"三保井"(为海上航行时补充淡水而挖),依然如初,清冽甘甜……

后来大明朝对蔚蓝色的大海逐渐失去了兴趣,开始弃舟登岸,转而像当年秦始皇那样热衷于修筑工程浩大的万里长城,东起山海关,西至嘉峪关。只是用料改为砖和石头。

天朝大国并没有真正觉醒,对土地的眷恋与偏执令其失去了天赐良机,蔚蓝色的隐退为日后埋伏下一个民族衰败的命运!

§2 世界上第六个横跨欧、亚、非大陆的大帝国——奥斯曼

印度盛产香料,其中胡椒备受青睐。就是这种小小的双子叶植物却改变了世界的命运!原因是它不仅味道辛辣香美,而且更具医药价值。繁华的君士坦丁堡为东西方贸易的必经之路,具有极其坚固的城墙,更是战略地位极其重要的港口。谁拥有了它就等于拥有了整个世界。而这条路线运送最多的货物则是诱人的胡椒。

1453 年 4 月 6 日(郑和死后的 20 年),奥斯曼帝国 21 岁的穆罕默德二世继位不到两年,亲率 20 万大军和 300 艘战舰完成了对君士坦丁堡的合围。5 月 29 日拂晓,奥斯曼大军同时从海上、陆上对君士坦丁堡发起总攻。土军的世界第一重炮(炮重 33 吨,长 12 米)发出了地动山摇之力。经数月激战,奥军攻占了君士坦丁堡,并改名为伊斯坦布尔,雄伟的圣索菲亚大教堂变为了世界上最大的清真寺。

东罗马的拜占庭帝国延续了 1 400 年的历史至此终结。奥斯曼帝国从此走向了鼎盛,雄踞欧洲海、陆中心要道,把持着黑海、爱琴海、地中海、红海及印度洋的远航路线及港口,经济蓬勃发展,一跃成为了世界上第六个横跨欧、亚、非大陆的大帝国。

第二年(1454 年),德国的约翰内斯·古腾堡在美因茨采精心地排列了一些金属制成的拉丁字母,结果活字印刷术在世界上第一次得到了正式应用。世界上的第一批图书是最著名的古版《圣经》。活字印刷术的应用加速了科技、

文化与思想的传播,尤其是在欧洲,为世界突变式的发展埋下了伏笔。400年前的毕昇若是"得知"此事,该是既欣慰又遗憾吧。

之后,奥斯曼继续向地中海深处挺进,欧洲的形势一下变得紧张起来,处心积虑的西班牙女王渴求新的出路,最后她把目光锁定在一个叫哥伦布(Christopher Columbus)的人身上,令其纵身于惊涛骇浪中铤而走险,以求打通"东方神话"之路,然而这一次却发生了极其幽默的意外。

§3 克里斯托弗·哥伦布

冒险、刺激是哥伦布与生俱来的天分,一部《东方见闻录》让他百般痴狂,睿智果敢的马可·波罗自然成为他心中当之无愧的英雄。东方的神奇让这位驿动的青年立志要做一名出色的航海家。他坚信"地圆之说",并非出于勇气,而是他的痴狂,中国的东面是一片广阔的大洋,而大洋彼岸,便是欧洲老家……

绕过奥斯曼帝国到达中国或印度并非只有向东一条路,向西同样可以达到理想之地。可是那些愚蠢的国王们(葡萄牙、英国、法国等)各啬得很,不肯出钱资助,想到达美丽的东方,向西航行是一个多么伟大的创举和梦想啊!也难怪,他们不相信"地圆之说",但不该都把我当成骗子。哥伦布在愤愤不平中依然百折不挠,这样的日子坚持了十几年。终于有一位特殊的女人闯入了他的内心!那是个明媚的日子,西班牙马队簇拥着自豪的女王穿城而过,飘逸的女王端坐在马上,她那双傲视一切的眼睛让哥伦布折服而燃起希望。他确信盼望多年要找的那个人一定是她!的确是巧缘,这位目标远大的女王刚刚以世界上最先进火枪(中国的黑火药)的威力赶走了阿拉伯人,收复西班牙,正渴望打通神秘的东方之路并大展宏图呢。这两个人的奇遇触动了人类历史的新拐点。

哥伦布毛遂自荐,正中女王下怀。香料与丝绸对女王来说具有同样的诱惑力。于是女王便派哥伦布出使印度、中国,并带上自己给印度君主和中国皇帝的国书。

1492年8月3日,三艘百十吨的帆船从西班牙巴罗斯港扬帆出海,径直向西而去。哥伦布为舰队司令兼总指挥,坐镇圣玛丽娜号,德拉·科萨为旗舰船长;马丁·平松为平塔号船长;其弟维森特·平松为尼雅号船长。一行人中有翻译、医生、地图绘制员等,其中包括懂希伯来语、阿拉伯语的德·托雷斯,四个西欧人,三个从监狱里提出来的囚犯,以便在危险的时刻去执行关键的任务。

人类历史上真正意义的远海航行开始了。陆地"躲"到了海平面以下,汪洋浩瀚,荡起哥伦布心中的雄壮之情,他正在游走于东、西两个世界之间,仿佛成为了上帝的使者。自信、果断、机智赠与他的是一次次化险为夷。

1492年10月12日凌晨,兴奋的信炮声从"平塔号"传来,哥伦布知道发现了陆地,在大家群情激昂之时,他却命令收帆、下锚、停船,等待天明。

第二天哥伦布一行乘小艇上岸后,随即彬彬有礼地举行了占有仪式。宣布以国王和女王的名义占有该岛,并让随行人员做了"公证"和记录。在这心潮澎湃之际,哥伦布全然不晓得他的角色已从一个勇敢的探险家悄悄地转变成为一个彻头彻尾的强盗!之后,他所到之处皆划为西班牙版图。

哥伦布十分肯定已到达了印度,并将其命名为圣萨尔瓦多,救世主的意思。实际上这是玛雅人世代居住的地方,他称当地的玛雅人为印第安人。

哥伦布在这里既没有发现黄金珠宝,也没有找到文明、富庶的印度、中国的迹象,然而,他们却发现了被季节点燃的红艳艳的辣椒,以及植物黄金——烟草。当时还不晓得这是玛雅人的杰作。另外,他们还发现了由玛雅人培育的一种"墨西哥草"所结出的大棒玉米,还有南美洲安第斯山脉的地下块茎——马铃薯。幸亏这些外来物种都安分守己地开花结果,在世界的各个角落都没有酿成生态灾难,让人类大受其益。此后,西班牙人皆以抽烟为时尚,尼古丁的"快感"使得烟草很快风靡全世界。

后来,一个叫亚美利加的意大利学者经过考察才知道哥伦布到达的地方不是印度,而是欧洲从来不知晓的一片新大陆,并命了名:娅美丽雅哥洲,即后来的美洲新大陆。

地中海发现美洲新大陆的这一年(1492年),山中原(弘治五年)爆发两次大规模动乱。三月壮族首领韦朝威起义,十月苗族起义。虽被平定,但时局动荡。大明朝再也无心顾及印度洋或是大西洋的旖旎风光,为求岁月太平,强行实施禁锢统治,宦官趁机专权兴风作浪。

辣椒和烟草代替不了香料和丝绸。哥伦布却不以为然,心中只有使命。他曾三次向西航行,先后到达巴哈马群岛、古巴、海地、多米尼加、特立尼达等岛。考察了中美洲洪都拉斯到达连湾2 000多千米的海岸线,认识了巴拿马地峡。果然他又发现了一个鲜为人知的秘密:大西洋低纬度吹东风,较高纬度吹西风。这个规律变化让他喜出望外,这是上帝赐给女王的恩惠,日后西班牙定会大有作为!

直到1506年哥伦布逝世,他还一直认为他到达的是印度,并对于不理解他的人始终耿耿于怀……

哥伦布的航海与发现标志着代表人类探索精神的大航海已发生了酶变和糜烂。哥伦布不是作为和平使者来到美洲的,而是作为征服者和殖民者的急先锋而来。他认为:不信奉基督教的一切民族,都是没有天然权利的,可以采取最坚决的手段迫使他们皈依基督教,如果顽固不听,就可以采取最严厉的手段加以处罚,包括酷刑和处死。美洲当时还处在石器时代,一个奇怪的现象是美洲没有马,而持枪荷弹的西班牙马队则可以横冲直撞为所欲为。哥伦布来到海地的第4个年头,海地的土著泰诺人就从30万人锐减到20万人。他们是在被驱赶、逼迫或是屠杀中凄惨而死。印第安人陷入殖民地的苦难深渊和被屠杀的血泊之中,印第安文明遭受灭顶之灾。

哥伦布的航海与发现促进了人类全球化的进程。使得世界海外贸易由地中海转移到大西洋沿岸。其实,那不是贸易,而是从这儿抢到那儿卖的把戏。之后,西班牙以不可阻挡之势迅速崛起,成为世界上第一个"日不落"殖民帝国。"帝国思想"如时醒来,这一回巧妙地打着宗教的旗帜,而且怀着放眼全球的目光。

哥伦布的航海与发现最后还刺激了一根可怕的神经,那根神经是瓦斯科·达·伽马(葡萄牙语:Vasco da Gama)的。

§4 瓦斯科·达·伽马

年轻的瓦斯科·达·伽马在与西班牙交锋的战场上挥尽豪情,战后任职于葡萄牙宫廷,结果每个角落都被他的豪情所渲染。时下那本《东方见闻录》简直让人迷信得东方遍地是黄金、珠宝。葡萄牙国王若奥二世自然垂涎三尺。那些可恶的阿拉伯人却控制着东、西方重要的贸易商路,又没有力量与奥斯曼帝国一争高低,如何扭转这种不利的处境呢?若奥二世为此绞尽脑汁,最终思忖出一条妙计:设法寻找一条通向印度的海上通道,而且要偷偷地做。就在这时哥伦布意外地来到他面前,还带来了让他更意外的"地圆之说",提出向西航行可到达印度,若奥二世没敢相信这种痴狂的想法,随意把哥伦布打发走了。

1486年,若奥二世派著名航海家迪亚士偷偷地做了一次冒险,向南闯一闯那个被希腊人认为是"世界的尽头"的地方。果真迪亚士闯到了非洲的最南端,可是一场致命的风暴把他们羞愧地吹了回来,他们禀报国王说:南边有个"风暴角"。国王认为是好兆头,就叫"好望角"吧,闯过这一关定会到达梦中的印度!谁知不久那个骗子哥伦布竟意外得手,让西班牙大发横财,若奥二世追悔莫及,不能再耽搁了,该是达·伽马拿出豪情的时候了。

1497年7月8日,首都里斯本是个晴朗的日子,达·伽马催促着140名干练的水手乘着四艘较大的帆船离开了人们的视线,踏上浩渺的畏途。在好望角毗邻的圣赫勒章湾他们又遇上了10年前那场大风暴,达·伽马拿出了视死如归的勇气勇闯惊涛骇浪,之后西印度洋的非洲海岸果然一片风平浪静。

圣诞节那天,一条海岸线闯入眼帘,达·伽马信口一叫"纳塔尔"(葡语意为"圣诞节"),结果这个名字给了南非共和国的一个省,一直沿用至今。绕过好望角后,强大的莫桑比克海流迫使他们巡回于宽阔的赞比西河口。

1498年4月14日,东非马林迪港迎来了达·伽马整齐的船队和一个阳光明媚的日子,热情的马林迪酋长视他们为贵宾,并将著名的阿拉伯航海家艾哈迈镕·伊本·马吉德引荐给达·伽马,以助其到达理想之地。10天后,告别了依依不舍的日子,达·伽马再赴使命。乘着印度洋的季风,沿着当初郑和开辟的航线,达·伽马一帆风顺地横渡了辽阔的印度洋。美丽的马林迪港没有想到,这伙人从此便把好运全部带走了。5月20日,疲惫而兴奋的达·伽马终于到达了理想的梦之地——印度。落脚地卡利卡特是印度著名的南部大商港,半个多世纪以前,郑和也曾在此地停泊。

同年8月29日,心满意足的达·伽马带着香料、肉桂和几个印度人率领船队胜利返航,途中再经过马林迪时建立了一座纪念碑,之后马林迪港便成为欧洲至印度航线的中途站。

1499年9月,达·伽马带着剩下的55名船员,回到了里斯本。话题并不轻松,其余人全部死在路上,仅这些所剩之人大多都患上了可怕的坏血病。而成果是:一条秘密航线揭开了葡萄牙对亚洲国家的血腥殖民史。

1502年2月,达·伽马再率领船队开始第二次印度之行,目的是建立葡萄牙在印度洋上的海上霸权。达·伽马开始背信弃义,沿途所有国家都要臣服葡萄牙并向葡萄牙国王进贡。在坎纳诺尔附近的海面上,残忍的达·伽马将捕俘的一艘阿拉伯商船上的几百名乘客,包括妇女和儿童活活烧死。为削弱和打击阿拉伯商人在印度半岛上的利益,达·迦马迫使印度卡利卡特城统治者驱逐一切阿拉伯人。之后,又在附近海域的一次战斗中击溃了阿拉伯船队。

1503年2月,达·迦马乘着印度洋东北季风,率领13艘船只返航。10月再回里斯本。此次航行掠夺来的香料、丝绸、珠宝等,获利竟远远超过航行的总费用。兴高采烈的葡萄牙国王还额外赏赐了达·迦马,达·伽马则沉浸在用血腥和屠杀换来的欢欣与喜悦中。

这一年,曾一度神秘失踪的列奥纳多·迪·皮耶罗·达·芬奇(Leonardo Di SerPiero Da Vinci)悄悄地回到了佛罗伦萨。一种神秘莫测的千古奇韵开始闪现在《蒙娜丽莎》那若有若无的微笑中。赫赫有名的大科学家作起画来,这一下彻底点亮了欧洲。与此同时,激情迸发的米开朗基罗(Michelangelo)将一种伟大的力量注入到《大卫》的躯体与灵魂当中,地中海一时升起了迥异之气。

这一年(1503年12月23日),法国圣雷米镇有一个特殊人物降生了,米歇尔·德·诺特达姆(法语:Michel de Nostredame),就是后来的诺查丹玛斯,犹太后裔。他的出生同样影响着世界。当时尽管欧洲正在极度扩张掠夺,但"黑死病"的阴霾并没有彻底散去,仍就不时暴发鼠疫。米歇尔·德·诺特达姆,后来走上治病救人的从医之道。

这一年(1503年)马丁·路德(Martin Luther)在图林根(今德国)的爱尔福特大学里,正专心致志地借助于"经院哲学"的原理为自己化解内心的疑惑。

这一年(弘治十六年)是山中原的弘治十六年,山中原正在闹"盐荒"。莫名其妙的孝宗皇帝召阁臣刘健等于便殿,论及理财,李东阳极言盐法大坏在于陈乞者太多。孝宗诏令户部核议盐。

1519年达·伽马受封为伯爵。1524年,被任命为印度副王。同年4月以葡属印度总督身份第三次赴印度,9月到达果阿,不久染疾,12月死于柯钦。

印度新航线的成功开辟使得葡萄牙一个人口仅仅150万的蕞尔小邦,竟囊括东大西洋、整个印度洋、西太平洋及其沿岸地区的全部贸易和殖民权利,首都里斯本成为西欧的海外贸易中心。葡萄牙迅速成为世界上第二个"日不落"殖民帝国。西方列强接踵而至,使印度洋以及西太平洋沿岸各国相继坠入殖民地和半殖民地的深渊之中。

达·伽马一路播洒了深重的民族灾难,换来了里斯本的人声鼎沸、流光溢彩,换来了葡萄牙宫廷的金碧辉煌、雍容华贵。一天,喜气洋洋的宫廷外又意外地来了一个陌生人,他便是心怀叵测的斐迪南德·麦哲伦(Fernando de Magallanes)。

§5 斐迪南德·麦哲伦

在葡萄牙宫廷斐迪南德·麦哲伦和当年的哥伦布一样遭遇尴尬,懊丧而去。国王曼努埃尔认为:东方贸易已经得到有效的控制,没有必要再去开辟新航道了。可麦哲伦真正的想法是:做一次亘古未有的环球航行,帝国便可以拥有整个世界。早在参加东南亚殖民战争中,麦哲伦就另外做好了打算。他了解到香料群岛东面仍是一片辽阔的大海,他的朋友占星学家法力罗还计算出香料群岛的位置。他断定大海以东便是哥伦布误打误撞的那片美洲新大陆,不走运的哥伦布出了偏差,到头来落得个贻笑大方。

怎奈自己也不走运,吃了闭门羹的麦哲伦只好游走于西班牙碰碰运气。

结果1517年初麦哲伦到达西班牙时来运转,他不仅如愿以偿,还娶了塞维利亚司令的女儿。这一年,德国的万圣节人声鼎沸。一反常态的马丁·路德拎着锤子在维登堡大教堂的大门上叮叮当当地钉上了一块"告示",那就是著名的《九十五条论纲》。这一下地中海彻底翻了天。巧立名目而敛财的教庭震怒,而那些真正信仰上帝的贫困者却如获新生。一场轰轰烈烈的宗教改革拉开了序幕。马丁·路德声称:没有任何世俗的力量可以强加在个人与上帝之间!那一刻,基督教的新教正式诞生。这场来势凶猛的浪潮自然席卷到西班牙,但丝毫没有削弱麦哲伦的豪情。

他精心地打造了一个色彩斑斓的地球仪,献给了国王查理五世,查理五世满心欢喜。万类竞技,物欲横流,均在于这小小寰球!这是上帝的安排!人类的第一次放眼全球的过程就要在麦哲伦的精心蓄谋中实现了。

1519年8月10日,麦哲伦率领五条大船激昂而出。一路麻烦不断,先是克服隆冬季节的寒气逼人,接着平息内部叛乱,铲除了一切反对派,再就是解决饮食问题。一切妥当之后,正值南半球的阳春八月,乍暖还寒,而麦哲伦率领船队早已荡漾在春意盎然之中。

1520年8月底,船队发现了一个海湾(在南纬52度)。继续南航还是寻找捷径都被当夜的一场风暴裹挟得别无选择,狂风呼啸,巨浪滔天,船只随时都会有撞上悬崖峭壁和沉没的危险。历经两昼夜的殊死抗争,他们终于找到了一条通往"南海"的峡道,即后人所称的麦哲伦海峡。

麦哲伦率领船队沿海峡昼夜兼程。夜里清风徐徐,岸上火光点点,他信口把海峡南岸的陆地命名为"火地",这就是后来智利的火地岛。

经过20多天艰苦迂回的航行,终于到达海峡的西口,眼前呈现出一片浩瀚无际,这就是传说中神秘的"南海"。历经100多天的航行,一直没有遇到大的风浪,麦哲伦的心情从来没有这样轻松过,灵机一动就给"南海"起了个吉祥的名字——"太平洋"。在辽阔的太平洋上,海与天之间第一次飘动着人类的冲动和梦想!100多个日日夜夜,他们饮尽朝霞暮霭,只有饥肠辘辘相伴。

1521年3月,船队穿越马里亚纳群岛,继续西行,直到菲律宾群岛。至此,人类实现了首次横渡太平洋的壮举!证实美洲与亚洲之间存在着一片比大西洋更辽阔的水域,这是地理学和航海史上的大突破。原来地球表面大部分地区不是陆地,而是海洋,海洋不是相互隔离的,而是一个完整水域。

船队继续向西南航行,一天,停泊在棉兰老岛北面的小岛。不久,驶来了两只大船,船上坐满了人,其中有当地的头人。恩里克与来人自由地交谈。这时,麦哲伦恍然大悟,现在又来到了说马来语人的中间了,离"香料群岛"已经不远了,他们就要完成人类历史上首次环球航行了,希望之火在麦哲伦的心中兴奋地跳动!

岛上的头人把船队带到菲律宾中部的宿雾大港口。麦哲伦表示愿意与宿雾岛的首领结好,只要他们承认自己是西班牙国王的属臣,还准备向他们提供军事援助。为了使首领信服西班牙人,麦哲伦在附近岛屿进行了一次别开生面的军事演习,火枪的威力吓得他们目瞪口呆!宿雾岛的首领接受了麦哲伦的建议,不久,整个岛和附近岛上的居民全都接受了基督教洗礼。

麦哲伦成了这些人的拯救者。为了进一步推行西班牙的殖民统治,他插手附近小岛首领之间的内讧。夜间,他带领60多人乘三只小船前往小岛,结果发生了冲突,就在这次冲突中雄心勃勃的麦哲伦被砍死了。

麦哲伦死后,同伴们继续航行。1522年9月6日,"维多利亚"号载着仅剩的18个疲惫不堪之人返抵西班牙,人类历史上首次环球航行结束。他们运回来数量十分可观的香料,大发了横财。

全球已一览无余,西班牙精神大振,掠夺世界的野心开始膨胀。

此时的奥斯曼帝国虽占据欧亚中心要地,但欧洲放弃陆地贸易,另外开辟了海上航线,简直是"一夜暴富",令其万分嫉妒。1529年,奥斯曼帝国苏雷曼大帝围攻维也纳,结果失败,未能实现向欧洲的中心挺进。

1533年,米歇尔(诺查丹玛斯)完成学业,正式成为医生。他流浪于法国乡村市镇之间,悬壶济世,成了当地知名度颇高的好医生。尤其是他对瘟疫流行的有力控制,拯救了大批生命,在人们心中已经把诺查丹玛斯当成救世主一样信奉。

这一年,地中海的罗马城里同样有一个身影疲于奔波,他在到处兜售他的学说,那是一部让教皇感到恐慌的学说——《天体运行论》,即是划时代的"日心说"。这个人就是尼古拉·哥白尼(Nicolaus Copernicus)。然而战战兢兢中,他一直未敢发表这一旋转乾坤之力作,直到他临终前。这一年(嘉靖十二年),山中原的大明朝做出一个荒诞的决定,为防止招致海盗贻害地方,禁大船贩海。兵部亟檄浙江、福建、两广各官督兵防剿,一切违禁大船,尽数烧毁。山中原选择了一条与世隔绝之路。当初,欧洲是怀着真正的梦想去寻找它的,虽然没有找到山中原,但是他们俘获了整个世界!

这个世界真美,美得可以让人想入非非,那些属于别人的财富竟然如此唾手可得,这是欧洲的荣耀! 整个欧洲已经变态,掠夺成为一种光荣和时尚。西班牙成为欧洲最富有的海上帝国。1545~1560年间,西班牙海军从海外运回的黄金达5 500公斤,白银达24.6万公斤。到16世纪末,世界贵重金属开采中的83%为西班牙所得。

贪婪之心仅有真金白银是填不满的,一切新奇的东西,西班牙都表现出极高的欲望。终于,一种美洲热带常绿乔木所结出的暗褐色种子——"可可"被发现,通过烘焙、研磨后可散发出诱人的芳香,能制作可提神的饮料和食品。掠夺成性的西班牙却也不乏浪漫之情,创建了世界上第一个"巧克力工厂",专供王宫贵族享用。

马克思在《资本论》中指出:"美洲金银产地的发现,土著居民的被剿灭、被奴役和被埋藏于矿井,对东印度开始进行的征服和掠夺,非洲变成商业性地猎获黑人的场所:这一切标志着资本主义生产时代的曙光。"

§6 世界的倾斜(一)

1547 年,莫斯科大公伊凡四世加冕沙皇,建造了富丽堂皇的克里姆林宫,凭借东北罗斯政治、经济、文化和宗教中心优势,莫斯科大公国领导其他公国逐渐摆脱了蒙古鞑靼的统治,形成一个全新的独立国家——俄罗斯。

这段时期,那位诺查丹玛斯发生了奇异的变化,他说过的一些荒唐之言在现实中竟然得到了应验,于是他迷恋起占星之术,干脆放弃了神圣而厚德的为医之道,开始预言。以至于法国国王亨利二世曾召他入宫为国家占卜吉凶祸福。1555 年他的一部奇书《百诗集》出版。全书十二卷,每卷一百篇四句诗,每一篇诗都是一个预言。预言未来世界将发生的可怕事情,直至世界末日。这个末日,他没有说清楚到底与 1999 年 7 月有什么关系,但该书却是一部除圣经之外,长达 400 余年而不绝版的书。

诺查丹玛斯恐吓了世界,干扰了许多秩序,引起教会的极度恐慌,他被四处通缉,只能不停地逃亡。人类将永远带着悬念去生息,并会在一种完全不可知的状态中戛然而止。这势必会引发人类对宇宙自然的深层次思考,促使醒世之人的涌现。

1564 年 2 月 15 日,意大利西海岸比萨城降临一位特殊的人物,伽利略·伽利雷(Galieo Galilei),他为建立世界"新秩序"而来。他的一生修正了权威的亚里士多德,坚挺了"孤立"的哥白尼,并为大科学家牛顿扫清了前进道路,出色地引领传统科学走向现代。他颇具匠心地应用了一种抽象的东西——数学,并将其广泛地引入自然科学领域,贯穿到事物发展的始终,代替了模糊的想象和不确定的推测,不仅使科学的理性得以量化,而且得以精确地掌控,更为迷途中的人类指明了方向。

要说其人确也神奇,神奇得让人心惊肉跳。他的望远镜可把星星移到眼前,显微镜则可将苍蝇放大成母鸡一样的大小。至于他是否在比萨斜塔做了自由落体实验,根本不重要。他同样引起教会的极度恐慌,因为他坚挺哥白尼的"日心说"。他受到了迫害,身心备受摧残,罗马天主教会终身监禁了他。伽利略并没有真正丧失意志,他坚信:"字母的排列是交流思想的最好工具",他期待有朝一日能与大跨度时间上的后人进行更有价值的交流。

这种让世界产生突变式的人物出现在地中海并不奇怪。

首先有其历史原因。数学与神学的结合始于毕达格拉斯(公元前 572—公元前 497 年),他坚信依靠数学可使灵魂升华,与上帝融为一体,因为万物都包含数。这种数学方法一直在延续,从柏拉图到欧几里得(公元前 330—公元前

275年);从圣奥古斯丁(354—430年),再到托马斯·阿奎那(1225—1274年),结果,使得欧洲理智化的神学与亚洲更为直截了当的神秘主义区别开来。到了中世纪,"数学"在地中海得到了强有力的爆发。而数学则是人类认识和领会自然科学的唯一通用语言,这一点,人类找不到任何合理的方式来替代,也找不到任何合理的解释来说明。

其次有其现实原因。欧洲的自然科学已基本形成体系,拥有了浓厚的科研氛围。就在那些狂热的航海家们在大海上颠沛流离的时候,欧洲的大学如雨后春笋般建立起来(以神学为主,包含其他科学)。伽利略便是比萨大学的著名教授。神学裹挟着哲学与科学一路走来,并非是伽利略个人在大放异彩,而是2 000年来地中海科学思想的精华终于熬到了熠熠生辉的时刻。这个扭转乾坤的重要拐点标志着现代意义的诞生。

此时的山中原不仅停滞得毫无建树,而且大兴恐怖之风。"东厂"的那些飞扬跋扈的宦官们,为使生杀予夺的权利牢牢地控制在自己手中,大兴冤狱,草菅人命,令人发指,致使人人可危!一片恐怖下,倒是有两位可爱之人,徐光启和利玛窦,一时打得火热,颇有兴致地把欧几里德的《几何原本》翻译给山中原,但已经晚了近2 000年。这2 000年间,山中原的数学唯有寥寥的只言片语。却说利玛窦这位意大利传教士是披着和尚的袈裟,招摇过市才混入山中原的。他以一件精美而精确的钟表让万历皇帝重新领悟了时间概念的新奇,不仅获得了居住权,还讨取了俸禄。他另外一个被接纳的原因是所献上的世界地图让山中原大开眼界,在这幅地图中,他巧妙地将中国安排在世界的中心。更高明的是他让自己透射出一种儒家风范,因为他潜心地钻研了"四书"(《论语》《孟子》《大学》《中庸》)并将这些经典翻译成拉丁文,不失时机地传回了地中海。

有关东、西方社会发展的根本问题,其决定性因素错综复杂,世间一直争论不休。直到500年后,出现一个十分迷恋中国的英国人,李约瑟(1900年—1995年)。他惊讶地发现山中原的文化思想和地中海的文化思想一样复杂,便以全球的视角、时代的眼光历经50年浓缩了一部《中国科学技术史》,把东、西方世界同时唤醒!另一个发现是两千年来,在世界一路领先的中国科技,只是在最后的关键时刻没能搭上现代科技的快班车。主要是由于官僚的儒家过于关注社会领域,而对自然领域的忽视和漠视所造成的,甚至对直接参与生产实践的劳动者的鄙视。他说:"中国科技史上最大的悲剧也许是道家的自然洞见没有能和墨家的逻辑结合起来"。"倘若中国的环境条件有利于自然科学发展的话,墨家或另一学派是否轮到自己也会创立独立的三段论式的静态逻辑,或者近代科学是否有可能从更加辩证的根基上,或者是借助于某种完全不同的另一套体系,而在亚洲发展起来"。

原来,山中原走上了一条畸形的发展之路。这条路"儒家独大",无论道家和墨家何其深奥,自然被削弱和抑制,又怎能造就一个集百家之大成者呢?因而山中原在哲学、逻辑以及科学体系,特别是数学手段上存在着严重脱节,就像没有熬到火候的中药无法释放出强劲的药力。

儒家曾经在中国造就了高度繁荣,但因其自身的缺陷不得不止步于近代科技发展之路。谁晓得"逻辑"对人类社会发展的影响竟然举足轻重!原来逻辑本身挑战与颠覆的对象是经验所无法打破的,它代表着突破与创新的思维模式,标志着人类的思维方式发生了根本的改变!也就是说有了"逻辑"后,人类才真正学会了"思考",以前充其量还只处在一种胡思乱想的阶段。"三段论"从亚里士多德开始,简洁而高效,从前提直接到结果。2 000 年间,如此不计其数的推导,重大成果层出不穷,同样谬论也时常出现,但总之在使科技从传统迈向近代的历程中,完成了充分的积累。当然,社会的发展与进步仅仅依靠"数学"和"逻辑"是远远不够的,要有相应的实质内容,更要配以积极的实践、实验以及总结,进而形成系统化的理论,而有利于科技发展的社会环境更为重要。但是,儒家所提供的社会环境连自己都没想到。"君君臣臣,父父子子"看似一种静态结构,稳固至极,但是权力本身却成为一种不可抗拒的腐蚀剂,皇权之争岂止是明目张胆地霍乱朝纲,即便在顶礼膜拜的缭绕紫烟下,依然是暗流涌动杀机四伏。因而王朝鼎盛之日,便是其衰败之时,更替周而复始。科技很难找到长久发展之机。而科技则是社会发展进步的内动力。当然,把这一切都归罪于儒家又是极其错误的,因为,2 000 年来,儒家只不过是法家的一副面具。如果说儒家还有以人为本的一面,那么法家的法、术、势不仅限制了人的思考与创造,而且赤裸裸地只为帝王一人效命,毫无人性光辉可言。

地中海同样纷争无序,尤其是中世纪对欧洲思想的禁锢,但在历史的"阴差阳错"中,地中海显然抢占了先机,那是因为欧洲理智化的神学这条主线一直没有断,它一路裹挟着哲学与科学。而恢宏巨制《中国科学技术史》出自于西方人之手,又说明了什么问题呢?无论如何 2 500 年后的今天,山中原依然面对着尴尬与严峻……

但有一点是明确的:道家的真谛、儒家的精华、墨家的思辨与求实,这些人类无法超越的大哲思想,从诞生那一刻起就饱受离别之苦,总有一天会走到一起的,到那时依然无往而不胜!那一天将是一个前所未有的超级时代,而此刻,他们依然在分道扬镳中煎熬。

§7 世界的倾斜(二)

1559 年 1 月 15 日,伊丽莎白幸运地加冕为英格兰女王。之后,内忧外患如影随形,却不知这样一个险象环生的残局竟然被这位曲折磨难的女子经营得有声有色,英格兰的统一被机智地捍卫,手工业、造船业和航海技术扶摇直上。然而,万象更新的一切,未能成为令女王动情的诱惑。她把悠悠的心思与渴望的目光深藏在大西洋、印度洋、太平洋的万顷碧波中。西班牙人率先进入美洲;葡萄牙人则深入亚洲;英国两手空空,连开辟海上航线的权力都被剥夺了。女王不肯饮尽这份孤独的沮丧。却说弗朗西斯·德雷克(Francis Drake)原本是一个被人津津乐道的海盗,女王深情地资助了他,德雷克随即心领神会……

1577年初,德雷克乘着"金鹿"号旗舰,冒充西班牙船队直奔美洲沿岸,那一路上连欺带骗,挥尽了打劫之情。狂妄自大的西班牙做梦也不会想到竟会有如此的胆大妄为者。当西班牙海军发起愤怒的追击时,德雷克早已逃之夭夭。气急败坏的西班牙人封锁了唯一通道——麦哲伦海峡,准备守株待兔。德雷克不屑一顾继续南行,绕过火地岛,谁知呈现在眼前的是一片新奇的大海,顿时让他精神倍增:传说中的南方大陆是不存在的! 即使存在,也一定是在南方更寒冷的地方。一时兴起,他便把这一片命名为"德雷克"海峡。后来才晓得此海峡因宽达970千米而成为世界之最。他潇洒地横渡了太平洋,轻松穿越马里亚纳群岛,9月26日回到了阔别已久的普次茅斯港,将数以吨计的黄金、白银敬献女王。德雷克更成为了货真价实的环球航海第一人! 传说,麦哲伦在马里亚纳群岛被砍死后,又被愤怒的当地人吃掉了,这样一来,英雄的德雷克传奇色彩愈发浓重! 这一切着实地气坏了西班牙国王腓力二世,英国的这种卑鄙勾当已严重地威胁了帝国殖民统治的垄断地位,必须向英国宣战,以捍卫西班牙不可侵犯的海上霸权。

1588年8月,西班牙"无敌舰队"整装待发,誓要干净彻底地消灭自不量力的英国海军。一场举世瞩目的,决定人类命运的激烈壮观大海战即将在英吉利海峡爆发。而区区英国海军舰队9 000余人,两军对比,众寡悬殊,西班牙明显占据绝对优势。但是,一场离奇的大雾模糊了作战双方的视线,使得英国先进的火炮占了上风。加之"德雷克"舰队的加入,那是一种海盗特有的诡秘战术,出神入化。本应是一场稳操胜券的大海战,结局彻底翻盘! 拥有130多艘战舰,1 124门火炮,3万之众的西班牙"无敌舰队",丧失殆尽。

此后,西班牙一蹶不振,"海上霸主"地位丧失,被英国取代。随后,英国摇身一变成为了亘古未有的世界上第三个"日不落"殖民帝国。向西垄断了美洲;向南垄断了东非和北非;向东控制了地中海,并打通了与印度等东方国家的贸易。世界上丰富的宝藏无可非议地流向了英格兰! 伊丽莎白以一双柔弱之手把英格兰推上了人类史上的最高巅峰! 当然,这一切伴随着疯狂的掠夺与榨取。

然而,像弗兰西斯·培根(Francis Bacon)这样周身闪耀着理想光辉之人,似乎不该出现在这样的掠夺时代，又似乎最该出现在这样的掠夺年代。他以其独到的"归纳法"，几乎将整个时代的知识填满，满到"知识就是力量"的境界；他把威廉·莎士比亚（William Shakespeare）、弗朗西斯·德雷克等人归纳为朋友；他还归纳出：改善人类处境的关键，在于受过训练而且具备统一性的学习方式。这是一位直接拥抱真实的世界的英雄，但他一点都不明白，有那么多需要改变处境的人们怎么都跑了？其中大多数人是清教徒。

1621年2月15日，美洲自由的科德角漂来了一艘特殊之船——"五月花号"，满载102名不堪忍受英国宗教迫害的清教徒。上岸后，清教徒随即立下了著名的"五月花号"公约。这份公约在人类史上还是第一次，它从民众的角度阐述了国家权力的来源。民主观念、操作规程均体现了理想之尚美。但他们遇到了致命的麻烦，在饥寒交迫之中只活下来50人。是印第安人帮助了他们，将捕获的鱼作为肥料来种植玉米。第二年，他们丰收了，心念上帝之恩。为感谢印第安人的真诚，特邀他们一同庆祝。那一天就是名义上的感恩节。一个不得已而自发形成的区区团体最终却构成了美国的国家雏形。

俄罗斯、美国的建国标志着世界格局发生了根本改变！未来世界的变数已经隐性萌生。而此时世界的主导力量，山中原在自以为是中极速没落，复活的地中海成为世界"发展"的新引擎。

世界在地中海的急剧震荡中开始倾斜，山中原在世界的倾斜中亦不得安宁。白山黑水间崛起的一代枭雄努尔哈赤挥师南下。为抵御后金的入侵，大明朝全力以赴，仿制大量的红夷大炮，1626年（天启六年），袁崇焕以坚固的城墙为依托，以红夷大炮为保障，死守宁远（今辽宁兴城），击退后金之兵，毙敌数百人，后金统帅努尔哈赤中炮负伤，不久抱恨而死。金之后主皇太极愤恨之中巧施离间计，祸从天降的袁崇焕于1630年9月22日被崇祯皇帝残忍地凌迟处死，一代赫赫名将含冤痛苦而终。

1633年（崇祯六年）四月，彷徨中的孔有德、耿仲明二将殚精竭虑，最后痛下决心，决定改旗易帜，从镇江堡（临鸭绿江出海口）降金。降书曰："本帅现有甲兵数万，轻舟百余，大炮、火器俱全。有此武器，更与明汗同心协力，水陆并进，势如破竹，天下又谁敢与汗为敌乎？"

皇太极得此消息，兴奋得出郊十里迎接。他晓得他所迎接的可不是两个败军之将，而是一个新王朝的宏图大运！

1644年（崇祯十七年）3月，闯王李自成率领农民军攻入京师。仓皇而逃的崇祯皇帝，无论如何都不明白，为什么自己的下场是众叛亲离？为什么国家屡遭内忧外患？为什么华丽的紫禁城内总是东窗事发，祸起萧墙？在煤山（今景山）之巅，崇祯皇帝向紫禁城投去最后一瞥，怀着无尽的懊恼与悔恨把自己永远地挂在"梧桐树"上，一起挂上去的还有盛极一时的大明朝万里江山。

1644年4月23日(大顺永昌元年,清顺治元年),李自成与吴三桂军激战于山海关前,双方鏖战至中午,清军(后金)猝然袭击,农民军失利,李自成败退京师。纠结的吴三桂引领清军悠然入关。雄伟的万里长城在无奈中起伏,化作绵长的叹息。此时的山中原新主——皇太极,终于可以高枕无忧了,因为从此四面彻底安全了,"再无威胁"。其实这一刻,大清朝早已落入整个世界的威胁中,国还没有建,其悲惨的命运已经注定,华夏开始了295年的新一轮的文化大融合,每况愈下!

§8　世界的倾斜(三)

然而这场山中原的文化大融合却让整个世界发生了质变,那是因为一群蜂拥而至的传教士,来自于同样水深火热的地中海,但是他们的虔诚在强大的儒家思想面前却一时失效,不知所措,进展甚微。令人想不到的是他们反而把儒家的体系精华源源不断地搬回了地中海,并在这个微妙的过程中不知不觉地成为了儒家弟子。于是,孔子的人道主义价值观、民主观、平等观、自由观、博爱观,在暗无天日的地中海开始积累浓度。一场引发世界深刻性的变革即将开始!

1683年,奥斯曼帝国穆罕默德四世再次围攻维也纳,最终被打败。这次失利标志着奥斯曼帝国在中欧统治的崩溃。也标志着传统帝国思想的衰落。

1687年7月5日,一部空前巨著《自然哲学的数学原理》在欧洲炸响,牛顿定律一统天上人间,世上还从来没有一个人像他那样如此地伟岸。欧洲率先进入了大科学时代。贫富悬殊的欧洲,虽然还掩饰不住灾难深重的囧象,但是新思想、新技术所呈现的一股蒸蒸之气,宛若来自土耳其那浓郁相宜的咖啡般芳香,刺激得贫弱之国却也不遗余力地撑起了脊梁。这般强烈而奇异的诱惑让一位俄罗斯青年怦然心动,毅然置身前往(1689年)。一年的欧洲之旅甚是奇妙,竟把一个驿动的俄罗斯青年悄然地化为了举世瞩目的彼得大帝。

喜欢品味欧洲咖啡的彼得大帝,更喜欢钻研欧洲的科技与思想。1696年5月,彼得大帝带着改革成功的锐气,率军直捣奥斯曼土耳其,攻克了亚速港,迫其求和。之后吞并了爱沙尼亚、拉脱维亚和芬兰附近的重要领土,并在大涅瓦河和小涅瓦河交汇处的三角洲地带建立了一座新城市圣彼得堡作为首都。扬眉吐气的俄罗斯豪迈地踏上了近代发展之路。

帝国思想已经彻底被殖民思潮所替代。掠夺终归是有限的,而榨取则可以做到源源不断,这是一本万利的进步。后来除西班牙、葡萄牙、英国外,法国、德国、荷兰、土耳其、美国、俄罗斯、日本,都相继在世界上建立了自己的殖民地,列强为夺取殖民地引发的战争也持续不断。而无论是征服国还是殖民地,国家最底层民众皆都灾难深重,苟延残喘,唯有少数当权者心花怒放。

追根溯源,一切心花怒放都是神奇的大航海所带来的,因而"崇高"的航海精神始终情绪盎然。

1719年4月25日,又一部强烈地激发了欧洲心灵的《鲁滨孙漂流记》开创了现实主义小说的先河。作者丹尼尔·笛福(Daniel Defoe,英国人)把人类面对苍茫宇宙自然所展现出来的乐观、进取和百折不挠的探索精神与殖民扩张的痴狂妙趣横生地混为一谈,这一下切中了欧洲要害,将本就掠夺成性的欧洲殖民者弄得更加颠三倒四。新一轮的瓜分世界的狂潮又将开始。

这一年,山中原的康熙大帝被彼得大帝亲切地称呼为"伟大的亚洲国家的君主",这位康熙大帝甚是热衷于在狩猎场中肆意驰骋,却不能理解堂堂的太阳王路易十四处心积虑地发明什么高跟鞋,更不晓得"普天之下莫非王土"的帝王梦的标准答案,在牛顿"微积分"的高超求解过程中,已经无限地趋近于零。牛顿哪里料到他的定律已经成反"帝"利器。

这一年,约翰·佛兰斯蒂德(John Flamsteed)永远地改变了星图世界,天文导航得到前所未有的提高,致使推动着殖民思潮的大航海运动再度升温。

1741年维他斯·白令(Vitus Jonassen Bering,俄罗斯海军中的丹麦探险家)再次激昂出海,这次远航白令发现了阿拉斯加和珍贵动物海獭。最后,白令的命运是为此不幸献身,白令海峡、白令海、白令岛和白令地峡相继诞生。海獭的珍贵皮毛给自己带来厄运,几乎被捕捞殆尽。只有阿拉斯加意味深长!这块多余的土地被俄罗斯以每英亩二美分的价格卖给了美国,其实勉强成交,美国朝野上下很不高兴;当然白令更不高兴,那是他用生命换来的;而最不高兴的,还是冰雪覆盖下,阿拉斯加所蕴含的那些丰富的宝藏,它们当然心怀不忿!

此时,儒家思想在暗无天日的地中海已积累了足够的浓度,一直在灼伤着一位巨人的心,这位了不起的巨人就是伏尔泰(Voltaire)。透过孔子他看到了最纯洁的道德,他感慨地说"没有任何立法者曾对世界宣布过比孔夫子宣布的更有用的真理"。而他的洞见与深刻轻易间便可让整个巴黎沸腾,以至于最终席卷了整个欧洲。1789年7月13日,巴黎的教堂响起了急促的钟声,市民从四面八方涌来,向千年来的君主专制发起了猛烈进攻,最后捣毁了它的象征符号——巴士底监狱。地中海同样在剧痛中开始撕裂。横征暴敛的路易十六在被送上断头台时怎么也想不到这是他作茧自缚的结果,更想不到的是他输给了遥远的东方思想。当然圣明的孔子同样也不会晓得,两千年后,他竟然会如此的改变了世界,"东方不亮西方亮"。让地中海获得了一次前所未有的启蒙。那一刻,"己所不欲,勿施于人"被铭刻在法兰西的宪法中。这一下可威胁和挑战了整个欧洲制度,欧洲各国随即形成"反法同盟"来扼杀这一成果。

然而,法国在捍卫这一成果的过程中,一波又一波的后来者,总能找到充分的理由以暴力的手段推翻前任,并将他们送上断头台,越来越恐怖。来自最后的捍卫者是一位矮小而精干之人,他叫拿破仑(Napoléon Bonaparte),面对来自国内外的重重压力,他决心要以征服的方式来传播用鲜血换来的"启蒙思想"。

　　这一时期,钢铁被社会之"烈火"重新锻造和塑造,出现了全新的形状,并且能够有机地组合起来。这种"铁"与"铁"的组合别具匠心,彼此默契,各守其道,相辅相成,本事与日俱增,能力出人意料。完成了结构化重组的"钢铁",仿佛具有了"生命"和"灵魂",重新开始主导人类的走向。后来,人们把这种"铁"与"铁"的奇妙组合称为机器。

工业时代(Industrial Age)

§1 珍妮的心愿

深秋的寒气令诺丁汉街头的人们行色匆匆。珍妮思忖地走着孤寂,踏着陌生,而内心的愤懑无以释怀:父亲没有错,是那些可恶的人不肯放过我们,所以才沦落一方。可惜"珍妮机"也被他们毁掉了,真是让人痛心!一阵阵凉风袭过,恍惚间,珍妮内心的期许一下强烈起来,总有一天"珍妮机"会纺出世上最美的棉纱。人人都能穿得温暖,不再去伤害他人。还有,世上应该再多几个英雄,就像库克船长那样……

珍妮这团纠葛与纷乱的心绪缘何而起呢?

那是 1764 年英国兰开郡的一个普通的日子。要不是詹姆斯·哈格里夫斯一个偶然的疏忽,家中的纺纱机就不会被碰翻,要不是他下意识地弯下腰来急于扶正,就不会看到接下来的生动场面:被弄倒的纺纱机依然悠哉地旋转着,只是原先横着的纱锭,现在变成直立的了。要不是他思绪敏捷,就不会得到如此意外的收获:如果把几个纱锭都竖着排列,用一个纺轮带动,不就可以一下子纺出更多的棉纱吗?要不是一连串的"要不是"接踵而至,哪会有后来的惊天动地?就在哈格里夫斯兴奋地直起腰来的刹那间,这个世界彻底变了模样,他拉开了一个轰轰烈烈的大时代的序幕!

他马上试着干起来,每天夜以继日反复试验,几乎忘记了一切。

1765 年,当一根根棉纱汇集着兴奋在他的纺纱机上开始轻歌曼舞时,效率一下子提高了近八倍。喜出望外之余,哈格里夫斯用宝贝女儿的名字给纺纱机命了名。女儿很是令他骄傲,更有个温馨的名字叫作"珍妮"。珍妮机(Spinning Jenny)便成为真正意义上的机器,使人类直接参加劳动的手得到了一

第 7 章

定程度的解放。这是人类社会生产领域中的一次巨大飞跃，但这台机器还没有真正的动力。

珍妮纺纱机的出现引起了不少手工纺纱者的恐慌，他们不反思自身的笨拙，也不去积极思考接受新事物，却时常冲进哈格里夫斯的家里捣毁机器，以泄私愤。最后，哈格里夫斯一家不得不出走诺丁汉。

纯真的珍妮此时还不晓得在遥远的东方有一个古老的丝绸之乡——山中原。那里的每一个庭院深处，和她一样的良家女子也是只身一人，不辞劳苦地在织布机上演奏着"唧唧复唧唧"的女儿心曲。只是那古旧的织布机虽然悠久奇妙，但并不及"飞梭"高效自如。

她更不能懂得尽管有人捣毁了她的家，但没有人能捣毁得了时代前进的步伐。

新的苗头虽然吐露，但尚未能令整个世界风靡。眼下，尽管时过境迁，可神奇的"大航海"所带来的诱惑与陶醉依然令欧洲久久不能忘怀，一旦寻得时机，冲动依旧无法节制。

却说名噪一时的库克船长到底是谁？他是了不起的英国皇家海军军官。不但作战英勇，而且知多见广，画得一手绝好的秘密地图。这一回，他又冲动了。

1768年8月25日，库克船长率全副武装的"奋进号"远航船从英国起航。他们被"金星凌日"（1769年）的天文奇观所吸引，受英国皇家学会指派进行科学考察。他们走了一条和当年斐迪南德·麦哲伦类似的航线，只是有些偏南（接近南纬40°），结果又发现了一块新大路——澳大利亚，以及美丽富饶的"大宝礁"。袋鼠、浣熊这些奇特的动物让人耳目一新。可惜，早期的大型动物早已被四万年前摸上来的第一批智人彻底吃光。否则将两吨半重的有袋动物双门齿兽及体型比鸵鸟还大两倍的鸡运回伦敦该会是什么效果？不管怎样，随船而行的植物学家班克斯手舞足蹈般地弄到了三万件植物标本，而他们最大的收获是将包括火地岛、新西兰、澳大利亚等新发现的地区全部纳入英国版图。世上又多了些地名:库克海峡,库克群岛。

"是"与"非"，珍妮来不及放在心上，令她高兴的是库克船长的远航果真给珍妮一家带来了好运，珍妮的心愿终于实现了！

这一年（1768年），哈格里夫斯获得专利，他的发明得到了法律的保护，之后，生意变得红红火火，就是这一年世上的布从来没这么多过……

1771年，理查德·阿克莱特与人合伙在曼彻斯特创办了世界上第一座工厂——机器纺纱厂，值得称道的是这里的机器巧妙地以水为动力。具有了真正的动力，"机器"二字才被赋予实至名归的意义。机器的身份开始转变，成为社会中不可缺少的要素，纺纱机一马当先，不同用途的机器相继应运而生。谁会想到铿锵作响的工业时代竟会在一位女儿的思绪中风尘滚滚地展开！阿克莱特本人也成为了世上第一个工业大亨。

随着社会生产活动的进一步深入，动力不足开始显现，并逐渐成为一个越来越棘手的社会问题，开始制约生产。风力、水力、人力、畜力在驱动现有的机器时实在是力不从心，何以寻得强大的动力之源呢？迫切的人们开始坠入了冥思苦想。

此时的珍妮已经不再关注类似的问题了，她有了另外的心事……

§2 瓦特的力量

1776年，英国格拉斯哥一个叫詹姆斯·瓦特（James Watt）的人"别有用心"地造出了一个钢铁怪物。最初现身时着实吓坏了世人，这个狂躁的家伙吼叫着像魔鬼附体一样！但人类还从未见过如此力大无穷之物。这就是人们梦寐以求的"万能的原动机"，即具有实用价值的蒸汽机。瓦特费尽周折，才使一些可欲之人战战兢兢地接受了它。结果使得一座座繁重的人力工厂如释重负。世界再也不能自主了，必须随着它的旋转而旋转。它需要燃烧煤，煤随即被赋予了新的价值，采煤业蓬勃而起。

1781年瓦特制造了从两边推动活塞的双动蒸汽机。四年后，他也因蒸汽机改进的重大贡献被选为英国皇家学会会员。英国皇家的这份特殊"嗜好"无疑为大英帝国日后的发展奠定了高瞻远瞩的基础。

当强劲的蒸汽机在英格兰的宁静小镇轰鸣作响时，田园牧歌的情调从此被赶出了历史。

这一年（1781年），英国实在是不平静！赫歇耳凑巧发现了天王星，他被授予最高的考普雷奖（Copley Medal），并成为英国皇家天文学会的成员；乔治·史蒂芬孙出生在英国泰因河畔，诺森伯兰城西南的一个幸运的小村子里；大洋彼岸维吉尼亚半岛的约克镇，英军统帅康华理率部千余人向华盛顿投降，美国独立战争取得最后胜利，标志着"独立意识"在国家层面上的深刻反映，世界掀起了反殖民运动。美国隆重登上历史舞台，并逐渐成为世界主角。

这一年，山中原依然无动于衷。乾隆皇帝仍陶醉在"五下江南"那青山碧水的美妙回味中，他更期待着亲自组织的中国历史上规模最大的一部《四库全书》的最后收尾。这部书卷帙浩繁，借鉴了《永乐大典》，分为经、史、子、集四部，突出了儒家文献和大清朝的文治武功，但对地中海的先进科技刻意地加以隐瞒，剩下的就只有功德了。他不晓得腐败的王朝已经危机四伏，更不晓得这一年呱呱坠地的关天培（江苏山阳人，鸦片战争中抗英名将，壮烈殉国）对大清朝意味着什么？山中原已是四面楚歌，乾隆还活在梦里。

1819年8月25日瓦特在伯明翰的希斯菲德逝世。在瓦特的讣告中对蒸汽机是这样赞颂的：

"它武装了人类，使虚弱无力的双手变得力大无穷，健全了人类的大脑以处理一切难题。它为机械动力在未来创造奇迹打下了坚实的基础，将有助并报偿后代的劳动。"后来人们把由蒸汽机带来的一切变化称为"工业革命"。

工业革命开辟了人类利用能源的新时代，结束了对畜力、风力和水力由来已久的依赖，实现了从手工劳动向机器化大生产的伟大转变，标志着人类的生产方式发生了根本的改变！世界面貌日新月异。为纪念这位伟大的发明家，人们把功率的单位定为"瓦特"。大机器生产才使人类从繁重的体力和手工劳动中真正地解放出来，社会获得了空前的发展，生产效率提高了几十倍。这是瓦特的力量。

之后，曼彻斯特以巍然矗立的500个浓烟滚滚的大烟筒迅速崛起，成为世界上首屈一指的工业城市。日不落的大英帝国如虎添翼，一跃成为了"世界工厂"，雄踞全球经济霸主地位。而被殖民的落后地区则又沦落为原料产地、商品的倾销地以及廉价劳动力的"狩猎场"。然而，致命的环境破坏和空气污染却令陶醉者始料未及，这个苦果，只能抛给全人类来吞咽，并将持续数百年，愈演愈烈！伦敦因而有了一个"美丽"的名字叫"雾都"。

§3 激流勇进

挣脱了一个美国实属无奈，但英国海外的殖民利益依然多得应接不暇。而当务之急是法国已成为英国最大的威胁。法国以乱治乱巧取天机，欧洲几乎成了拿破仑的天下。英国只好不遗余力地促进"反法联盟"以求保障。却说不可一世的拿破仑常把自己比作亚历山大和恺撒。如果夺取了民殷国富的英格兰，区区的欧洲之地还算什么，法国将主宰整个世界！然而，一道天堑却令这位狂人时时犯怵，那就是狭长的英吉利海峡。他把目光锁定在一个特殊的美国人身上，他叫罗伯特·富尔顿(Robert Fulton)。他相信富尔顿一定有办法让战无不胜的法国大军渡过海峡，直取英格兰。不，现在已改名，叫什么大不列颠及爱尔兰联合王国。

1803年，富尔顿为拿破仑制造了世界上第一艘以蒸汽机作动力的轮船，长21.35米，在法国塞纳河试航成功。不料当晚竟被一阵狂风暴雨所倾覆。帝国之梦破碎，拿破仑为终究未能跨越英吉利海峡而抱憾。

1805年3月，富尔顿得到了瓦特的支持，他获得了新的更大蒸汽机的主体。一系列实验又紧锣密鼓地开始了。

1807年8月18日,长45米的"克莱蒙脱号"明轮推进蒸汽机船在美国纽约州的哈得逊河逆流而上,做历史性的航行,终点是阿尔巴尼城。"明轮"即向前推进船体运动的轮子(相当于原始的桨),装置在船体侧面,大部分在吃水线之上,可以清楚地被看到。这一天清晨,河岸上挤满了好奇的人群。"克莱蒙特号"一鼓作气,把一艘艘帆船轻易地抛在后面。激昂的人群,欢呼雀跃,声音此起彼伏。这也意味着此举揭开了人类船舶发展史上新的一页。

蒸汽机首先安装在船上不能简单地归为应用上的紧迫,从人类心灵的深处更体现着对航海时代的留恋与慰藉。

船已不再任凭风浪的随意摆布,命运自己主宰。船伴随人类近一万年(从独木舟开始),帆伴随人类3 000年(从腓尼基人算起),桅杆的使命宣告结束!从随波逐流(桨),到乘风破浪(帆),再到顶风逆水(发动机),一万年的光阴,船跨过了三步美丽的飞跃。然而岁月不会忘记:金色的帆曾驱动、指引和庇护了人类穿越大西洋、印度洋和太平洋的无比浩瀚,直达梦的彼岸。大河奔腾千帆高挂,道不尽多少王朝兴衰之事!"扬帆起航"已被铸成人类不可磨灭的夙愿!在人类的心灵深处,历史的帆鼓满了一如既往的风,定将永远高扬!

不久,那些木制的帆船摇身一变而成为钢铁巨兽,开始称霸海洋。

1836年,英国造船工程师发明了能淹没在水中的螺旋桨,装在船尾,和蒸汽机连在一起,代替了"明轮"作推进器,推进效率明显提高,因而被称为"暗轮"。装上这种螺旋桨的船可一路劈波斩浪,四海纵横。

沿用到今天的螺旋桨变得越来越出色了,出色得悄无声息,难觅踪迹,这项技术更成为兵家必争的军事战略优势。钢铁巨兽不断繁衍出极具攻击性的凶猛后代:护卫舰、驱逐舰、巡洋舰、航空母舰、潜艇等,它们代表着不同的"主义",海洋内杀机四伏……

§4 勇往直前

1814年,乔治·史蒂芬逊(George Stephens)也同样制造出了一个"痛苦不堪、五脏俱焚"的怪物,若是吼叫着狂奔起来足使人惊恐得魂不附体,没人敢靠近它。这就是世上第一台蒸汽机车,牵引力已达30吨。但这台机车遇到了层出不穷的问题,需要一一解决,尤为突出的是经常脱轨。经过11年的艰辛探索,世界上第一台客货两用蒸汽机车"旅行号"逐渐成形。

1825年9月27日,大不列颠一声长鸣划破了悠长的人类历史。史蒂芬逊驾驶"旅行号"在世界第一条铁路上,挥洒了浓墨重彩的一笔,并一举开创了人类陆上运输的新纪元。这条唯一的铁路叫达林敦铁路,26英里长。有幸乘坐的450人感受并铭刻了这一惊心动魄的过程。

1829年,史蒂芬逊又亲自驾驶"火箭号"新机车参加赛车比赛,一路勇往直前,最终大获全胜。人类的极限速度——每小时36英里,正式定义了现代交通运输的新概念!

从利物浦到曼彻斯特的铁路就要开通了,这是世界上第一条公共铁路。设计师史蒂芬逊也已年近五十。有关"铁路全面普及"的问题,英国展开了一场声势浩大的国家辩论,史蒂芬逊再次胜出,因而也就宣告了铁路爆炸时代的到来。为此史蒂芬逊要举行一场别开生面的庆祝活动。他提前邀请了一些知名人士乘坐这趟列车,以体验风驰电掣般的奇妙感觉。这其中有三位重要人物再一次被推到历史的前台。

第一位是著名的年轻女演员范妮·肯布尔。她在戏剧《罗密欧与朱丽叶》中表演出色,名声大噪。

第二位是英国首相威灵顿公爵。他是历史上唯一获得7国元帅军衔的人。耐人寻味的是人们只知道拿破仑与历史的滑铁卢,很少有人知道威灵顿其人!是他在15年前的滑铁卢打败了不可一世的拿破仑。更无人晓得他还从拿破仑手中抢回一件宝贝——承载着古埃及全部秘密的罗塞塔石碑(现保存在大英博物馆中)。他并不喜欢铁路这个概念,更不认可铁路的未来前景,但他还是来了。

第三位是来自利物浦的重量国会议员威廉·哈斯基逊,他是铁路的热忱拥护者。公爵和哈斯基逊两位保守党人因国会改革政策伤了和气,人们都希望这次铁路开通仪式能使二位重归于好,以挽救公爵每况愈下的政府现状。

汽笛一声长鸣,七节车厢载着近700名贵宾徐徐地踏上了从利物浦到曼彻斯特的非凡旅程。那是1830年9月的一个霪雨霏霏的清晨,40万人守候在泥泞的铁路旁。

肯布尔兴奋而愉悦,她留下一段独到而深切的描述,无形中成为了"火车"的第一位代言人:"比鸟儿飞得还快,我站起来时,帽子飞了出去,在我面前畅饮着空气。风是如此强劲,也许是因为我们在逆风飞驶吧,我完全睁不开眼睛……我闭上眼睛,心中充满了喜悦,以及无以言表的奇妙,在这种奇妙之中,我有一种完全安全的感觉,并没有一丝恐惧。"她还宣布自己简直无可救药地爱上了乔治·史蒂芬逊。

途中,火车因水的问题暂停下来。哈斯基逊和其他一些贵宾走出火车散步。车上的威灵顿公爵向哈斯基逊致意并主动伸出了手来,站在平行轨道上的哈斯基逊同样也伸出手来,两只迥异的手紧紧地握在了一起。但是,这一重要的政治和解还没有来得及升华,另一列火车沿着旁边平行的轨道飞驰而来。散步的人群开始惊慌尖叫,四处逃散。哈斯基逊被这突如其来的场面惊呆了,一时不知所措。庞然大物呼啸而过,瞬间碾碎了他的腿。随即他被送到附近的小镇上抢救。这位满腔热忱的火车支持者本来可以津津有味地体验人类的速度"极限"——每小时 36 英里,并与之一同载入史册,但不幸的是当天夜里,哈斯基逊成为火车事故丧生的第一人。世事虽然难料,可为什么总是以一种痛心的方式来告诫人类合理的诉求呢?

第二年(1831 年 12 月 27 日),胡子还没有长长的达尔文,随英国海军"小猎犬号"进行了环绕世界的科学考察。这次航海没能发现新大陆,但是它改变了世界发展的方向,因为惊世骇俗的《物种起源》《人类的由来》即将炸响。

1851 年,比利时工程师加特林设计了第一挺机枪,世上又多了些枪林弹雨之悲壮的描绘,军事战略条件从此也揭开新篇章。尽管这样的机枪还不能自动装弹,但毫无疑问其所造成的后果要比火车事故严重得多,丧生者将会成批倒下!

时代的列车亦勇往直前,可究竟要把人类载往何处呢?

1869 年 11 月 4 日,英国天文学家约瑟夫·诺尔曼·洛克耶(Joseph Norman loolyer)爵士创办了《自然》杂志,内容涵盖了各个学科领域以及跨学科的研究。一不小心却化为了整个科学界的火车头,一路引领世界勇往直前,直到今天。

恍惚间又似乎明确地回答了我们的困惑。

§5 奔驰大地

蒸汽机以不可阻挡之势刷新并梳理了世界秩序,如日中天,但其体态笨拙、效率低下、污染严重的缺陷也随之突显出来,同时也搅动了新的社会矛盾。1876 年,德国发明家奥托运用罗沙的原理成功造出第一台往复活塞式四冲程内燃机(以煤气为燃料,采用火焰点火的卧式、单缸 3.2 千瓦,转速为每分钟 156.7 转,压缩比为 2.66,热效率达到 14%),运转平稳。被誉为自瓦特以来在动力方面取得的最高成就。这台内燃机无论是功率还是热效率都是最高的,让蒸汽机相形见绌。更让人惊喜的是它拥有一副小巧身躯,仅凭这一点就决定了它广阔的未来前景,这是卡尔·本茨(Ckarl Benz)的信念。

1879 年 12 月 31 日,卡尔·本茨制造出第一台单缸煤气发动机(转速为每分钟 200 转,功率约为 0。7 千瓦)。随之而来的是一番诱人的遐思:如果车的轮子能够自己转动,方向可以随心所欲地选择,那将是怎样一个概念呢?自由驰骋,奔驰大地!因为火车的缺陷是只能沿着轨道走,而轨道很有限,往往伸不到你最想去的地方。就在卡尔·本茨潜心专注于他那斑斑斓斓之梦时,偏偏出现了另一样东西能送任何人去他不想去的地方。

1883年世界上第一种不借助外力,以子弹的发射为动力,能完成自动装弹动作的机枪由英籍美国人马克沁(Hiram Stevense Maxim)研制成功,标志人类灾难时代的到来。好在人类的美好愿望还有机会得以展现。

1886年1月29日,世界上第一辆轮子可以自己旋转,不用马拉的"车"(只有三个轮子)真的出现了,那是卡尔·本茨的杰作!十分巧合,在这个美丽的城市卡尔斯鲁厄还有一位奇人——海因里希·鲁道夫·赫兹(Heinrich Rudolf Hertz),即将完成另一项改变世界的壮举——发现电磁波(1887年)。

当那些奇奇怪怪的东西,在城市的大街小巷,以及乡间小道上自如穿行的时候,聚焦了无数惊奇的目光。这的确是一件令人刮目相看的事情。

1893年,本茨研制成功了性能更为优良的"维克托得亚"牌汽车。不料因其价格昂贵,很少有人问津,一度萧条。第二年,本茨调整思路推出了经济型的汽车,销量一路看好,一年内销出125辆。这是世界上首次批量生产的机动车,滚滚红利纷至沓来。后来,奔驰又对前期备受冷落的"维克托得亚"牌汽车进行了改进,使它摇身一变成为世界上第一辆公共汽车。1899年奔驰的第一辆赛车横空出世,奔驰的美誉实至名归。

至此,人类传统的时空观在飞旋的车轮中悄然地发生着改变。

马车

惊蛰的风,
小满的雨,
披着繁忙的季节。
吱辘辘,碾过星辰之光曦,
殷切切,承满岁月之期待。

汽车

恰似朝霞如歌,
舞弄清风车影,
回眸触惊辽阔,
飞驰千里烟波。

1906年本茨和他的两个儿子在拉登堡成立了奔驰父子公司,一跃荣登世界著名品牌。世界对石油的依赖开始加剧,石油工业开始迅猛发展。

后来,奔驰汽车公司获得汽车制造专利权的日子被确认为汽车的生日。那辆独到的"三轮车"作为汽车的鼻祖现保存在慕尼黑的汽车博物馆。

卡尔·本茨的勇气令人钦佩,他坚信内燃机的未来。信念使他甘心于清苦,埋头发明。他统筹兼顾,有效把握市场,贴近消费者需求,表现出工程师的天赋和企业家的胆识。今天的奔驰汽车公司并不是由本茨先生一人创办的,它是两大汽车巨人的合作,他们是汽车发明的鼻祖卡尔·费利特里奇·本茨(Karl Friedrich Benz)和汽油发动机的发明者戈特利布·戴姆勒(Gottlieb Daimler)。

1926年这两大汽车公司合并为一家形成了戴姆勒·本茨公司,车名改为梅德赛斯·奔驰(奥地利经销商埃米尔·耶里内克女儿的名字,"优雅"之意)。此时戴姆勒早已去世。本茨也已经是82岁高龄。这两位汽车发明巨匠虽然彼此近在咫尺,却未曾谋面,而合作的事业却高歌猛进,成为汽车史上的一大怪事。他们的继承人同样不负众望,使两位先驱者所开创的业绩得以发扬光大。如今,威名赫赫的奔驰公司不断地刷新一流,而奔驰汽车正以卓越的性能,极速地奔驰在人们心中的地平线上……

§6 我心飞翔

莱特兄弟的名字曾在大洋两岸比翼齐飞。哥哥威尔伯·莱特(Wilbur Wright)生于1867年4月16日,弟弟奥维尔·莱特(onville wright)生于1871年8月19日,他们生活在美国俄亥俄州。哥俩儿禀性相投,从小就对拆拆弄弄着迷。威尔伯经常将街上的破铜烂铁搬回家"过瘾"。奥维尔则跑前跑后,呼哧呼哧地帮小哥哥将这些"宝贝"搬回家中后院的小仓库里。他们相信这一切将带来神秘的回报,自己也说不清。即便是他人心爱之物,他们也总是心心念念地想探个究竟。过程总是在偷偷摸摸中进行,小心翼翼地肢解后往往难以复原,结果是两人面面相觑惴惴不安。然而哥俩儿始终痴心不改。一天父亲送给他们一个能向上飞行的玩具,不仅让哥俩兴奋不已而且浮想联翩:要是人能飞到天上去该有多好啊!大地在脚下移动,白云从身边飘过……

对飞翔的迷恋从1896年开始。经过了多次实验,他们得出一个结论:要实现飞行操纵这个悬而未决的问题,必须装上某种能使空气动力学发挥作用的机械装置。按照这一想法,他们在北卡罗莱纳州的基蒂霍克沙丘上空对载人滑翔机进行了几度寒暑的疯狂试验。

1903年12月17日,莱特兄弟制造出第一架依靠自身动力进行载人飞行的飞行器——"飞行者1号"。260米的距离,59秒的空中滞留时间,尽管这些数据看起来寒酸,可这也是人类有史以来向地球引力宣战的第一次伟大胜利,这种奢望依然无人敢想。后来,那一刻被永久地载入史册,这种飞行器被定义成飞机。莱特兄弟把"神话"变为了现实,人类果真"插上"了翅膀,实现了由来已久、梦寐以求的夙愿——翱翔蓝天。

凑巧的是,一个月前(1903 年 11 月 12 日),法国也有一对了不起的兄弟——勒博迪兄弟,他们在"齐柏林"飞艇的基础上制造了世界上第一艘真正实用的飞艇,一次飞行了 61 千米。这个距离是莱特兄弟所望尘莫及的,但为什么世人没有记住这两位兄弟的名字呢?或许飞艇只是漂浮而不是飞翔的缘故,或许由于飞艇自身的弱点最后全部被飞机所"灭绝"的缘故,或许是齐柏林又后来居上的缘故,总之两位不走运的兄弟随着飞艇的消失一起淡去。

1904 年,莱特兄弟制造了"飞行者 2 号",在代顿附近的霍夫曼草原进行试飞,喜出望外的 4.4 千米,5 分钟,又挑战了一个人类极限!

1905 年"飞行者 3 号",由维尔伯亲自驾驶,持续飞行 38 分钟,飞行 38.6 千米。无可非议,苍天在上,千山万水脚下过,飞翔不再是梦想!

这一年,詹天佑正满怀激愤地要为山中原谋划一条世上"最"难修筑的铁路。而远在日本东京的孙中山,同样义愤填膺地在为山中原谋划一条民族、民权、民生的人间正道。

这一年,瑞士伯尔尼专利局的一个小小三级技术员居然宣扬时间膨胀、空间收缩、质能互换,诸如此类语言令人神志紊乱。倒是有一位鼎鼎大名之人满脸狐疑地关注了此事。他叫普朗克,他还留意了那个小技术员的名字:阿尔伯特·爱因斯坦(Albert. Einstein)。后来他执意地帮助了那个"荒唐"之人。

莱特兄弟依旧专心致志,心中只有飞翔。其实他们所做的一切也都是在偷偷摸摸中进行的,美国政府以安全为由曾一度禁止莱特兄弟的实验,而对莱特兄弟的成功更不予理睬。莱特兄弟的经济情况已无力支撑实验所需的高昂费用,飞翔之梦搁浅了。法国政府却动了念头,1908 年首先给了莱特兄弟正确评价,之后莱特兄弟光彩照人地成了巴黎和伦敦的座上宾。从此掀起了席卷世界的航空热潮。

1909 年 8 月,法国兰斯主办了一次盛大的飞行集会,法国飞行员路易·布莱里奥驾驶飞机成功飞越英吉利海峡,得意地降落到大不列颠国土之上。这一事件震惊了世界,英国则瞪大了惊恐的眼睛,他们意识到了有朝一日噩梦可能会从天上飞来。美国这下可慌了手脚,匆匆忙忙授予了莱特兄弟国会荣誉奖。不管怎样,莱特兄弟虽然别有一番滋味,但飞翔之梦还是实现了。同年莱特兄弟创办了"莱特飞机公司",得到美国政府和军方的高度重视与支持,公司就像他们的飞机一样一路腾飞,在世界上首屈一指,资金高达百亿美元。

世界再无阻隔。然而,莱特兄弟没有料到,他们制造的那些会飞的铁甲一旦离开地面,便不再安分守己,它们称霸蓝天,蹂躏大地,肆无忌惮。之后,开始疯狂地争夺"制空权"。"祸兮福之所倚;福兮祸之所伏"!

1914年8月5日,德国使用齐柏林飞艇大规模轰炸法国要塞城市列日,第一次世界大战全面爆发。1915年5月31日,5艘"齐柏林"飞艇横跨英吉利海峡轰炸伦敦,炸死7人,炸伤30多人。这回噩梦真的来了,天空中的庞然大物留给英国的是"齐柏林"大恐慌。同年英国的飞机全面展开了对德国飞艇的歼灭战。飞艇在面对飞机时自然不堪一击。

1917年11月20日著名的康布雷战役爆发了。英军派出了1 000余架飞机掩护地面部队,坦克步兵齐头并进,并轰炸了德军的炮兵阵地和指挥部。经过10个小时的激战,英军突破了德军的防线。11月30日,德军也在1 000余架飞机的支援下实施反击,收复了失地。这次战役,步兵、坦克、大炮、飞机首次协同作战,结果并未分出胜负,以牺牲8.4万人的生命代价打出了一条全新的军事战略理论。

1918年同盟国战败,德国投降,第一次世界大战结束。8 000架飞机卷入这一痛苦漩涡,两千万人付出生命,人类遭受了空前浩劫,世界遭受了无尽灾难!

世事变迁,莱特兄弟的命运如何呢?威尔伯·莱特1912年5月29日逝世。奥维尔·莱特1948年1月3日逝世。实际上没人关注这个时间,人们心中只有莱特兄弟。因为那最初的萌动所代表的是人类至高的飞翔,而不是残害一方。

1929年,"齐柏林"飞艇用20天的时间实现了人类首次环球飞行。飞艇又回来了,披着迷人浪漫的色彩光顾人间,给人以一种理想而尚美之感。这一幕,早在儒勒·凡尔纳(Jules Verne,1828.2.8—1905.3.24)的科幻小说中就已经勾勒出来,他对气球、飞艇有着特殊情愫,可惜他没能亲眼看到这真实情景。这位幻想加理想主义者对这个充满生机的蔚蓝色的星球如此地动情、痴迷。他巧妙地将冒险精神、传奇经历与科学探索结合起来,把人们引向一片圣地,那里没有邪恶、没有战争,清明之处闪耀的是科学与民主的光辉。

百年沧桑,如今飞机的命运如何呢?战斗机、轰炸机、隐形机,无人机屡屡现身,频频亮相,它们依然在跃跃欲试……

2015年3月9日,阿联酋首都阿布扎比,一架特殊飞机腾空而起,它要一路向东,做人类首次环球飞行。这就是牵动亿万人之心的"阳光动力2号"太阳能飞机,它不消耗一滴燃油,动力全部来自太阳。它是向污染和污秽宣战的,欲飞跃人类的自然与精神的双重家园,去追寻太阳。

电气时代 （Electric Age）

第 8 章

电气时代与工业时代几乎同时被孕育,但电气时代发育的慢,成熟的晚。早在蒸汽机出现以前,人们已通过雷电现象发现了铁及其他金属一个新奇的特性——导电。当时的认识是电只能来自天空即雷电。那是天神在作法,而天怒是不容触犯的,让人充满了恐惧与忧虑。却说有一个执拗的美国人偏不信这个邪,早在 1752 年 7 月,费城降下一场大雷雨,他用风筝成功地捕捉到了雷电,并揭示了其真正面目。他就是本杰明·富兰克林（Benjamin Franklin）。后来他发明了神奇的避雷针,将可怕的雷电导入大地,给人们带来安全与庇护。那东西灵验得很,最后连极力攻击富兰克林侵犯神意的教会也不得不装上避雷针以求安宁。静电的揭示与控制消除了长期积聚在人们心头的疑惑和阴霾,让世界增添几分理性。斗转星移,风云变幻,然而富兰克林手中牵动的那只风筝却始终在人们心中娓娓而动。

§1 隐形的能量

但凡取得一定成就的研究人士几乎都有过这样的经历:当实验室的日子被弄得糟糕而无聊时,就去图书馆消磨时光,抑或顿开茅塞之时,旋即再飞奔回实验室。意大利的伏打教授就是这样。

那是 1791 年的一天,匆忙返回实验室的伏打（Volta）反复摧残起自己的舌头来,这是他刚刚在图书馆里看到的,那本 40 年前的实验报告集促使了他这番举动。首先他选择一块薄锡片和一枚新银币,用导线将它们连接起来,夹在舌头上,果然有种麻酥的感觉,他喜出望外!"这是触电的感觉。"伏打对助手振振有词"导线中肯定有电在流动。"当改用相同的金属片时,果真现象消失。"这是什么原因呢?"伏打在思索着答案"可能是口腔中含有稀酸的缘故?"伏打立刻改用稀酸做实验,结果奇迹再现。他欣喜若狂,一种激动人心的想法也随之产生。

1799年,伏打按照自己的设计,把几个盛稀酸的杯子排在一起,在每个杯子中装入一块锌片和一块铜片,随后,将前一个杯子中的铜片和后一个杯子中的锌片用导线连接,全部穿成串。最后,只剩下第一个杯子的锌片和最后一个杯子的铜片,将它们用导线引出。伏打开始用手指捏住这两根导线,他几乎痉挛了。说明这套装置产生了相当高的电压。那一刻,这堆乱七八糟的东西便化为电池,静电时代就这样在伏打的瞬间抽搐中结束了!

1801年伏打被法国皇帝拿破仑召见去巴黎,展示他的精彩发明。想不到这位战争狂人居然对这些新奇的东西格外着迷,一时动情,授予他金质奖章,并封他为伯爵。

这一年,吉塞普·皮亚齐坐镇西西里岛上的巴勒莫天文台,执硕大的天文望远镜发现了第一颗小行星——谷神星;这一年,英格兰、苏格兰、威尔士和爱尔兰合并组成了大不列颠及爱尔兰联合王国,迈向强势,为最终打败拿破仑奠定了基础;还是这一年,焦头烂额的大清皇帝嘉庆,刚刚在全国颁布严禁采矿的无奈之召,以挽救日益枯竭的资源,随即又深陷于"白莲教"之乱,正忙于"坚壁清野"。这位重农抑商的皇帝满脑子里都是江山社稷,苦于勤政,热衷于初春三月行耕藉之礼,而对拿破仑喜欢的那套"雕虫小技"索然寡味。这一切自然无可厚非,但是东方的山中原与西方的地中海之间的差别从此开始加剧,不对等的碰撞注定不可避免,更无法逆转。

影响世界的"滑铁卢之战"终于把一个崇尚军事、科学、艺术的皇帝彻底打败了。"维也纳体系"成为世界格局。奥地利再次统治意大利。伏打仍然地位显赫,春风得意,因为伏打所获得的荣誉并非出自于统治者的馈赠,而是来自科学界的一致认同。电动势、电势差(电压)——电流驱动力的单位,被称为"伏特",就是为了纪念他而命名的。电池是伏打赠给19世纪的宝贵礼物。

伏打发明了电池装置,但他还不能说清楚这其中的道理。后来具有惊世之举的化学家——汉弗莱·戴维(Humphry Davy),阐明了这种装置的奥妙。这位发现大量化学元素之人明确指出了这类电池的电流来自化学作用。伏打的发明毕竟使人类第一次获得了可控的、持续的、稳定的电流,可惜,当时还无法体现这项发明的划时代意义。然而,造化总是不期而遇,指点迷津者往往只在不经意中点化芸芸众生。

1820年春,希腊农民伊奥尔科斯在爱琴海米洛斯岛的山洞中,无意中掘出了一件稀世珍品,这就是后来倾倒世界的维纳斯雕像。在希腊神话中称为阿芙洛狄忒。出土时的维纳斯右臂下垂,手扶衣襟,左臂上举过头,捏着一只苹果。这位象征着爱与美的罗马女神,矜持而质感,庄重而妩媚,圣洁而丰腴,笑容含而不露,让法兰西和英格兰心醉神迷!为争夺这一宝物,英法两国海军大打出手。混战中雕像的双臂被砸断,但最终为法国所迎取,全国一片欢腾。

维纳斯雕像现存巴黎的卢浮宫,被视为镇国之宝。多少年来,人们一直想把这种残缺之美复原,但无人可为,皆有画蛇添足之乱。她近乎使一切艺术都黯然失色,其灵动已达到无可企及的境界,仿佛看到了真实的人类自己。是何方修炼之人有如此鬼斧神工之造诣呢?只有天知道!但它强烈地激发了人类的智慧、灵感和创造力,散发着一种强大的精神力量。

这一年,法国天才语言学家让－弗朗索瓦·商博良(Jean-Francois Champollion),面对着从埃及罗塞塔城附近挖掘出的那块凝重的玄武岩石碑灵感大发,随即揭开了沉睡在尼罗河里一千五百年的古埃及的神秘面纱;德国"数学王子"卡尔·弗里德里希·高斯(C. F. Gauss),提出"光学通信"的神奇设想;沙俄探险家别林斯高晋完成了伟大航程,发现了地球最后一个大陆——南极洲。小小寰球,从此尘埃落定,再无僻壤。奥斯特发现了电流的磁效应(如果电路中有电流通过,它附近的罗盘的磁针就会发生偏移),引起科学界广泛关注。伦敦则涌现了大量的学术团体,各自均有自己的期刊杂志,形成浓郁的学术氛围。

还是这一年,嘉庆皇帝驾崩,道光即位。尽管这位皇帝以身作则,清苦忧劳,立志兴邦,怎奈山中原已是明日黄花,2 000多年的历史迷失最终将在这位新的山中原之主身上开始痛苦地应验。

1821年,英国《哲学年鉴》的主编约请戴维撰写一篇文章来评述自奥斯特现象发现以来,电磁学实验的理论发展概况。此时的戴维已无心专注于那些伟大的发现了,他偷偷地染上了毒瘾——笑气(N_2O)。他把这项重要工作随意地交给了自学成才的法拉第(Michael Faraday)。法拉第并没有想到,这居然是一项令人怦然心动的任务,加速了一个伟大时代的发展。在收集资料的过程中,法拉第对电磁现象产生了浓厚的兴趣,并开始转向电磁学的研究,谁知他的奇思妙想竟然导致了世界上出现了许许多多魔法般的怪事!

1821年,迈克尔·法拉第在奥斯特发现的现象中得到深刻启示,他来个逆向思维,他认为假如磁铁固定,通电线圈就可能会运动。根据这种设想,他成功地发明了一种简单的装置,在装置内只要有电流通过线路,线路就会绕着一块磁铁不停地转动。这是一项史无前例的重大突破。这个简陋的装置彻底搅动了一个纷繁复杂的大世界,成为了电动机的鼻祖。

1831法拉第的逆向思维再次奏效,他发现一块磁铁穿过一个闭合线路时,线路内就会有电流产生。这件事促使了"电磁感应定律"的诞生。他发明的第二套简单装置再次让世界天翻地覆,这套装置因而成为发电机的鼻祖。要知道,现代世界上形形色色的发电机,无论多么堂而皇之,都是从这个简单装置演变而来的。

不仅仅只因两台神奇的机器,电动机和发电机使法拉第载入史册,更因他把磁力线和电力线的重要概念引入物理学,通过强调不是磁铁本身而是它们之间的"场"的作用为物理学进一步发展开拓了道路,其中包括麦克斯韦方程。

他的逆向思维不断升级,法拉第还发现如果有偏振光通过磁场,其偏振作用就会发生变化。这一发现首次表明:光与磁之间存在某种关系。他总是能在平凡中发现不平凡,也许这正是逆向思维所特有的奇效。

今天,当那些异彩纷呈、眼花缭乱的电子产品荣耀登场时,请记住一个响亮的名字:迈克尔·法拉第!

或许会让你感到意外,其实法拉第是一位货真价实的化学家,物理只是他的旁门左道。他更喜欢艺术,尤其崇拜维纳斯,那种精神的力量始终像风铃般在心灵上摇响……

§2 伟人内心世界的挣扎

瑞典首都斯德哥尔摩。

1833年10月21日,一个举足轻重的日子。一个瘦弱的婴儿在一个普通技师家庭诞生了,他就是后来深度影响世界的关键性人物——阿尔弗雷德·伯纳德·诺贝尔(Alfred Bernhard Nobel)。而这种影响是直到永远的,自有人类以来还是头一回。诺贝尔从小体弱多病,但他意志顽强,在父亲的谆谆教导下,走上了光辉灿烂的科学之路,然而他生不逢时,所遇到的竟是一些无奈之事。

在世界屋脊喜马拉雅山脉之南的亚热带平原上(英殖民地),英国东印度公司种植了一种特殊的草本植物——罂粟。强烈的阳光下,火红的罂粟花艳丽绽放,摄人魂魄。它更是提取鸦片的原料,要是沉浸在其青烟袅袅中,多巴胺的过度分泌定会让人兴奋得灵魂出窍!古希腊称之为"忘忧草",但它却让一个国家百年忧思难忘!它给世界同样带来了无尽的灾难。

由于英国向清廷大量走私鸦片,使这个贫穷、落后的国家染疾在身。

1839年钦差大臣林则徐在广东强行销烟,英国借口虎门销烟之事向大清政府挑起战争。那是1840年(道光二十年)的6月,而战争的天平迅速向一侧倾斜。一代英雄关天培率部在虎门与英军激战,壮烈牺牲,虎门失守。大清皇帝道光速派直隶总督琦善与英国议和,签订了中国历史上第一个不平等的《南京条约》。向英国赔款2 100万两白银,商定了不平等关税,割香港岛给英国。

这个自以为四面皆安的山中原,万万想不到危机竟然会从茫茫的大海上来了!那一列列铁甲利炮,携滚滚浓烟,一路上劈波斩浪,然而八旗子弟的铮铮铁骨再也抵挡不过了。横刀问天的血染将士何以领会得了坚船利炮所乘的是强大的阿基米德定律！当年秦始皇无缘识别，2 000年淙淙历史的迷失终成宿命——山河破碎。其实此时的英国同样危机重重，勉强支撑，百万工人掀起了声势浩大的"宪章运动"，集会、游行遍及大不列颠全国各地。

1846年9月23日，海王星被发现了。英国天文学家约翰·柯西·亚当斯（John Couch Adams）与法国天文学家奥本·勒维耶（Urbain Le Verrier）就谁是轨道的最终推测者争执不休，而命名也各不相让。最后草草以海王星趋于认同，荣誉二人平分。因为此时地面上的紧张局势远比天上的更重要。地中海越来越多的工人发起了运动，已波及到西西里岛、法国、德国和意大利，以及奥地利等国家。

1847年2月11日，同样也是一个不同寻常的日子。强劲的暴风雪之夜，乌云笼罩在美国俄亥俄州米兰镇上空，像是某种神秘的预兆。果然，凌晨三点二十四分，一个农民家中传出了婴儿的哭声，一个并不特殊的小男孩儿降生了，后来，他的父亲把他带到街上去炫耀，大家都叫他阿尔。这个阿尔便是另一位深度影响世界的关键性人物——托马斯·阿尔瓦·爱迪生（Thomas Alva Edison）。

第二年，"一个幽灵，共产主义的幽灵，在欧洲游荡"。世界到底出了什么问题？当局者也搞不清，总之，人类社会的性质再次发生了根本的改变！

诺贝尔与爱迪生这两位伟人，始终都不知道彼此间的切切关联。

1850年17岁的诺贝尔赴巴黎学习化学，一年后又到了美国，在埃里克森（铁甲舰"蒙尼陀"号的建造者）的指导下工作。此时诺贝尔并不知道，他所来到这个国家有个叫阿尔的小男孩已经怪事不断了。一次阿尔看到了一只母鸡伏卧在一堆鸡蛋上就问妈妈：母鸡在干什么？妈妈就告诉他母鸡在孵蛋。过了几天，阿尔一直蹲在木料房里，当家人发现阿尔在专心致志地孵蛋时，每个人都捧腹大笑。其实，时局混乱，一家人的日子并不轻松。

1851年伤痛未抚的伦敦举行了第一届"万国工业博览会"，即"世界博览会"前身。这一时期科技推动产品，商品推动社会，社会野蛮攫取，处处险象环生。"流通"在社会生活中是决定性的，更是不可不争的，它波及世界每个角落。原来这个动荡的世界是"商品"在作怪！

紧张的4年实习光景很快过去了，诺贝尔已经是一位很有能力的化学家了。当他离开美国时，阿尔刚好上小学，可是怪事又来了，阿尔只上三个月就退学了，因为妈妈经常被老师叫去说阿尔常常提出一些不该提的问题，老师认为他是一个低能儿，妈妈的心被刺痛了，把孩子领了回来，打算自己来教他，妈妈相信儿子一定是有用之才。后来经妈妈允许，阿尔在地下室里设置一个实验室，从此兴致冲冲的阿尔就在他心爱之物中神神秘秘地忙活个不停。无奈的父母哪里能想到，这一切却决定了世界的未来！

阿尔十二岁了,一个早晨突然对妈妈说:妈妈我想去卖报纸好不好? 妈妈听后吓了一跳,爸爸更是气得走了形,因为时局动荡,吉凶不测。但阿尔施展了密招,总之得逞了。他兴高采烈地跑到铁路公司,获得了在火车上卖报的许可。两个月后,阿尔有了自己的雇员,一个十二岁的报童,不知不觉中已成为少年资本家了。在美国南北战争爆发期间,伶俐的小阿尔抓住了人们急需了解战争进展情况的心理,趁机大发了一笔横财。此时的阿尔天真而幸运,根本不曾晓得《汤姆叔叔的小屋》里那些深重的灾难。

这一时期诺贝尔正在周游欧洲各国。时局依然动荡,许多国家都在急切发展采矿业。他经常看到那些手工开石的矿工们饥寒交迫,在恶劣的环境中挣扎着劳作。人世间的生存竟然如此惨痛! 恻隐之心使他萌生了研制炸药的念头,以减轻他们的劳苦。没有迟疑,说干就干。

1858年(咸丰八年)5月20日,第二次鸦片战争又爆发。英国与法国趁大清朝太平天国运动闹得如火如荼之际,以"亚罗号事件"及"西林教案事件"为借口,联手向大清政府发起进攻。1860年10月18日,英法联军占领北京,在北京城郊烧杀抢掠50天。世界瑰宝——圆明园,遭受残暴洗劫与焚毁。残垣断壁的哀叹,历史的缺失要用现实的残缺来表白! 《天津条约》《北京条约》以及中俄《瑷珲条约》等,让清政府一再蒙羞。对英、法两国赔款各增至800万两白银,再割九龙半岛予英国。战争中沙俄出兵以"调停有功"为由,胁迫清政府割让150多万平方公里的领土,相当于6个英国、近3个法国的面积。心怀叵测的沙俄攫取了最大利益。

法国大作家维克多·雨果曾这样描述:"两个胜利者,一个塞满了腰包,另一个装满了箱箧。他们手挽手,笑嘻嘻地回到欧洲。这就是这两个强盗的故事。我们欧洲人是文明人,中国人在我们眼中是野蛮人。这就是文明对野蛮所干的事情。将受到历史制裁的这两个强盗,一个叫法兰西,另一个叫英吉利。"当诺贝尔得知此事后,内心一片混乱,历史有机会制裁强盗吗?

1862年8月,爱迪生在火车轨道上冒险救出一个即将遇难的男孩。孩子的父亲对此感激不尽,但由于身上一文不名,愿意教他电报技术。爱迪生便与神秘的世界——电,结下了无法割舍之缘,从此踏上了追求科学的道路。之后,一项又一项影响世界的重大发明层出不穷。他除了在留声机、电灯、电报、电影、电话等方面的发明和贡献以外,在采矿业、建筑业、化工业等领域均有诸多不可小觑的真知灼见。爱迪生的社会身份变了,然而细心的人会发现,在他那憧憬未来的目光中却透着忧思。

1863年秋,苦苦探索的诺贝尔还是找到了使硝化甘油爆炸的有效方法,这就是诺贝尔著名的安全炸药。从此名利便纷至沓来,他一跃跻身于商业巨头。在他一生299项发明专利中,有129项发明是关于炸药的,所以诺贝尔被称为炸药大王。以至于有5人在意外的爆炸中丧生，其中包括他的弟弟。代价惨重，他被认为是"科学疯子"。

实际上诺贝尔是一位和平主义者，他希望发明的炸药能为人类解决生产中的困难，用于和平事业，但令他追悔莫及的是他的发明几乎都被狂人用于了残酷的战争，成为杀人的帮凶，让生灵涂炭。每每见到战场上那成堆倒下的尸体血肉模糊，他内心沉重而负疚。这个欲望的世界在追求利益和财富上已经不可节制，为此人们可以不择手段，丧失人性。面对惨淡的现实，他是那样的无能为力，他对人类和国家的看法是失望而悲观，这种感受与日俱增……

这期间爱迪生同诺贝尔一样也成长为一位伟大的企业家，到1892年汤姆·休斯顿公司与爱迪生电力照明公司合并为"通用电气公司"，之后雄踞了整个领域中长达一个世纪的统治地位。

爱迪生十分关心国家大事，可是越关心越让他气愤。因而，爱迪生在事业越是顶峰的时候反倒越发孤独。他的发明不断给人们带来方便和实惠，而那些享受生活的人们，越发见利忘义，特别是那些被马克·吐温骂过的人，反而更多地钻到政府部门里去了，那些人没有良知而且喜欢战争。妻子离世后，他几乎找不到有共同语言的人了，而烦心的事总是不期而至。

1894年（光绪二十年）8月1日，中日甲午战争爆发。这场战争以中国战败、"强大"的北洋舰队全军覆没而告终。清王朝被迫同日本签订了屈辱的《马关条约》。中国"赔偿"日本军费白银两亿两，将辽东半岛、澎湖列岛、台湾岛及所有附属各岛屿割让给日本。令人不解的是此时正是大清王朝"洋务运动"开展得有声有色的绝佳时期，然而历史缺失是不可能一蹴而就去弥补的。

1895年，绝望中的诺贝尔做出了惊人的抉择，临终前立下遗嘱，将其财产的大部分920万美元作为基金，以其年息每年20万美元设立物理、化学、生理或医学、文学特别是和平事业等5项奖金（1969年瑞典国家银行增设经济学奖金），奖励当年在这些领域内为人类做出最大贡献的科学家，不分国籍，不分种族，不分肤色。这是他的最后一项发明，也是光照千秋的发明！

1896年，诺贝尔本人患了严重的心绞痛，医生建议他服用硝化甘油，他觉得这是一种辛辣的讽刺，不予理睬。直到一百多年后（1998年）三位获得诺贝尔医学奖的科学家发现硝化甘油中的一氧化氮是机体产生的一种信号分子，具有舒张血管的功能，可对心血管系统产生益处，这才使百年误会得到了理论上的澄清。

1896年12月10日，诺贝尔在意大利的圣雷莫去世，享年63岁。他终身未娶，一生孤独悲凉。

诺贝尔离去了，但是他追寻的科学精神在发展，他崇尚的科学事业在前进。尽管当时电已得到了广泛的应用，电路里电流来去自由通畅，同时会引起许多奇闻妙事,但当时人们还不晓得魔法般的电流是由什么组成的。

1897年约瑟夫·汤姆逊在研究稀薄气体放电的实验中证明了电子的存在,测定了电子的荷质比,轰动了整个物理学界。在世界豁然开朗中,诺贝尔或许该得到一丝的欣慰吧。不仅如此,1898年5月21日,瑞典国王宣布诺贝尔遗嘱生效,这是对科学英灵的最大告慰。可就在筹备诺贝尔奖评审的过程中,世界又发生了大事,牵扯了许多国家,直接干扰了此事。

1900年(清光绪26年),由英、法、德、美、日、俄、意、奥等八个国家派遣的联合远征军,以镇压中国北方义和团运动为名,入侵中国引发了战争。北京、天津一带清军全面溃败,慈禧太后挟光绪帝逃往陕西西安。最终,大清朝与包括派兵的八国在内共11个国家签订了丧权辱国的《辛丑条约》。清政府向各国共赔款4.5亿两白银,以关税、盐税和常关税作担保,分39年还清,年息4厘,本息共9.8亿两白银;条约规定:在天津周围20里内不得驻扎中国军队,各国可以在北京驻扎防守使馆部队,并在"京榆铁路"沿线,包括山海关在内的12处要地,均可驻扎外国军队。事情总算了结,不知道大清国还有多少白银可榨取,还有多少国土可沦丧!苦命的大清朝哪里知晓这是在为2 000年缺失的历史买单!

1901年6月29日,瑞典国会终于通过了诺贝尔基金会章程。1901年12月10日,即诺贝尔逝世5周年的纪念日首次颁发诺贝尔奖。颁奖时间是诺贝尔逝世时间,下午四点半。

阿尔弗雷德·伯纳德·诺贝尔是一座灯塔,照亮了人类探索科学和真理的航程,他伟大的科学精神激励着一代又一代后人,而作为世界科学技术领域的荣耀——诺贝尔奖,承受着期盼与重托,被科学界视为至高无上。但是,再崇高的东西也无法彻底根除世间与生俱来的贪婪。

接下来一个更荒诞至极的事情发生了。从1904年2月到1905年3月。日俄战争爆发,他们竟然把战场选在中国的东北。清政府憋气窝火,无处呻吟!这个悲哀至极的国家,10年内(1894~1904)连续遭受3次致命的外族入侵。辽东、旅顺、辽阳、奉天之战,日、俄投入总兵力分别是25万和37万,战争以沙皇俄国的失败而告终。沙俄最后开出的条件是:俄国承认日本在朝鲜享有政治军事及经济上的"卓越利益",并且不得阻碍或干涉日本对朝鲜的任何举措。俄国将中国旅顺口、大连湾及其附近领土、领水之租借,以及有关的一切特权,均转让与日本政府。俄国将由长春至旅顺的铁路包括所有支线,以及一切附属煤矿、财产和权利,也均转让与日本政府。仅仅拿出了自己的库页岛南部及其附近一切岛屿永远让与日本。荒诞不经的逻辑成了战后的秩序。中国、朝鲜灾难深重,国将不国!

世界怨声载道,爱迪生比以往更加反常。

1912年出了一件怪事,震动了科学界,诺贝尔奖委员会本想就爱迪生和特斯拉在电力方面的贡献为两人共同授予诺贝尔物理学奖,但是特斯拉和爱迪生都拒绝领奖,理由很简单,就是两人都无法忍受和对方分享同一个奖项,当然还另有真正的原因。于是,当年的诺贝尔物理学奖便授予了发明航标灯自动调节器的尼尔斯·古斯塔夫·达伦。

爱迪生内心的苦闷终于迸发了,和平奖年年颁发,可世界天天打仗!世界到底怎么了?但世界不会因此而改变什么。而无端的"仗"始终不请自来,结果打来打去,有一天"仗"终于打大了……

1914年8月至1918年11月,爆发了人类历史上的"第一次世界大战",这场混乱的战争使人类遭受了空前的浩劫,世界深受其害!几乎所有的发明全都用于了战争,特别是灭绝人性的化学武器被首次投入使用。2 000万人付出了生命,君不见,宁静的月光下比比皆是墓地的凄凉。于此同时,"凡尔赛—华盛顿"体系(1919~1939)成为了世界格局。四年的战争残酷而艰辛,只颁发一次诺贝尔和平奖,1917年授予了"国际红十字会"。也许这是诺贝尔最想看到的,也许是他最感到悲哀的。这期间无人顾及一种光怪陆离的理论"广义相对论"的诞生,索性同样无人留意无条件反对一切战争的爱因斯坦内心同样苦闷孤寂。告别战争,痛定思痛的人们不禁要问:战争还会再来吗?在血与火的惨痛教训中,该怎样理解和珍重和平呢?

1919年5月29日,第一次世界大战余痛未消,举世瞩目的"日全食"已如约而至,科学家们早已全神贯注于这个攸关的时刻!著名的"星光实验"完美地应验了"时空弯曲"之说,爱因斯坦一举成名。"相对论"接替了牛顿定律开启了主宰浩瀚宇宙的新纪元,地球也在不失时机地吐露着复苏的迹象。

1925年,英国约翰·洛奇·贝尔德(John Logie Baird)根据"尼普科夫圆盘"进行了新的研究改进,发明了机械扫描式电视摄像机和接收机,在伦敦一家大商店演示成功。贝尔德这个执拗的苏格兰人为了得到清晰的图像,曾经把电压加大到2 000伏,却不小心触电,差点丧命。

1926年1月27日,一群穿着晚礼服的男女宾客聚集在伦敦市中心一座顶楼的房间里,分享着喜悦。英国皇家学院的科学家们出席并见证了这一刻。这种能够通过无线电来传递活动图像的机器,贝尔德称之为"电视",20世纪最具影响的大众传播媒介就这样诞生了。

1931年9月18日,日本全面侵占中国东北。白山黑水再遭蹂躏。

一个月后(1931年10月18日),在新泽西的西奥兰治镇爱迪生的家中,爱迪生弥留之际,医生和许多亲友都围坐在他的床前,眼看他的呼吸已越来越微弱,心脏停止了跳动。可就在医生要宣布他死亡之际,他却突然又坐了起来,说了一句很奇怪的话:"真是想不到——那边竟是如此的美丽……"讲完之后,伟大的发明家托马斯·阿尔瓦·爱迪生安详地离开了人世。终年84岁。爱迪生解脱了……

和诺贝尔一样,在耀眼的光环之下,他一生也是与孤独寂寞相守。他们真正想要的是内心世界的一份充实与安宁,是人类精神的本质性回归,而这个疯狂的世界却让他们厌倦而无奈。

为了纪念爱迪生,美国政府下令全国停电一分钟。在那黑暗的一分钟里,美国仿佛又回到了石器时代,令人窒息,一分钟过后,美利坚合众国从东海岸到西海岸重新再现灯火阑珊……

爱迪生被誉为"世界发明大王""光明之父""现实中的普罗米修斯"。爱迪生及公司员工一生共有约两千多项发明创造,迄今为止,还没有人能打破他创造的世界纪录。爱迪生就这样走了,他留下的世界又会怎样呢?

1939年4月30日,春寒料峭,美国总统富兰克林·罗斯福(Franklin D. Roosevelt)在纽约市弗拉辛广场上意味深长地发表纽约世博会开幕式演讲。电视机首次出现在世博会,美国全国广播公司NBC对开幕式进行实况转播,罗斯福成为第一个出现在电视屏幕上的美国总统。罗斯福总统深切地表达了对世界和平的渴望:

"这里将展出我们这个世界上所存在的各种事物、观念和力量。我们靠它们才能建设出明天的世界。它们是有趣的,我们将竭尽全力,使它们以一种有趣的方式展现在大家面前。只有更深刻地认识今天,才能更好地迎接未来。"

这位用心良苦的总统万万没有想到他的美好愿望只延续了三个月,美国就被卷入了疯狂的"第二次世界大战"的旋涡之中,起因是一个与"原子"有关的特殊事件。

原子时代（Atomic Age）

§1 山重水复疑无路——原子武器之恐怖

原子、原子核今天虽然耳熟能详，但依然小得无法想象……

世界的大乾坤实际上都被压缩在看不见的渺小中，越小乾坤越大！每种乾坤似乎总是等待着特定的人物来开启。时机一到，人物便从看似平淡的背景中走出来。意大利物理学家恩利克·费米（Enrice Fermi）就是这样的人。这个时刻是有风险的，甚至是毁灭性的。但为了大乾坤人类还是选择了付出一定的牺牲来换取。

1934年，费米得知备受尊敬的约里奥·居里夫妇用 a 粒子轰击原子核而发现人工放射性现象的消息后惊喜万分。这位卓越之人就是善于在司空见惯的事物中建立起特殊的联系。惊喜之余，他的第一个联系立刻闪现：如果用中子代替 a 粒子作"炮弹"，将更有效地引起原子核的人工嬗变。他认为中子不带电，不受原子核上正电荷的排斥，更易于被原子核俘获。结果几个月内，让他和助手们兴奋不已。他们从原子序数最底层的氢开始，用中子一个挨一个地轰过去，轰击了63种元素，得到了37种放射性同位素，即"人造元素"。这可是自开天辟地以来人类对"自然"的一次巨大颠覆。原来这个世界可以这样改变！这是向上帝的挑衅！

在实验中他的第二个联系接踵而至：如果先让中子通过水或石蜡，中子的速度减慢，反而能更有效地激发核反应。因为中子速度越慢，停滞在原子核附近的时间越长，被俘获的机会就越多，实施后果真获得事半功倍之效。

费米因利用慢中子轰击原子核引起有关核反应，以及利用中子辐射发现新的放射性元素的成果获得了1938年诺贝尔

第 9 章

物理学奖。

1939年初,德国化学家哈恩(Otto Hahn)和物理学家斯特拉斯曼发表了铀原子核裂变现象的论文。这一篇精心打造的论文,成功地骗过嗅觉灵敏的党卫军,实际上是给世界的一份告急书,因为世界还蒙在鼓里。几个星期内,许多国家都验证了这一特殊而新颖的发现,并进一步提出可能创造这种裂变反应持续进行的条件。9月初,丹麦物理学家玻尔和他的合作者惠勒,从理论上阐述了核裂变反应过程,还指出了关键性的问题:能引起这一反应的最好元素是同位素铀235。反应方程式为

$$235U + n \rightarrow 236U \rightarrow 135Xe + 95Sr + 2n$$

或

$$235U + n \rightarrow 236U \rightarrow 144Ba + 89Kr + 3n$$

科学家们哪里会料到铀235正纠结着党卫军一个惊天的阴谋,早已化为了人类的噩梦!

1.1 曼哈顿计划

1939年初德国已经开始秘密研制原子弹了,科学家们如梦醒来,不寒而栗! 一旦纳粹掌握了原子弹,对人类来说无疑是一场灭顶之灾! 他们旋即联合起来,呼吁美国要立刻采取行动,力挽狂澜,阻止这场人间灾难。军方高层难以理解这种新生事物,视他们为杞人忧天。形势十万火急,科学家们决定干脆绕开愚蠢的军方,直接进谏总统。

1939年8月,费米、西拉德等科学家一起找到了爱因斯坦,要求借助他的威望上书美国总统罗斯福。因为此时《相对论》已经撼动了整个世界,而爱因斯坦则更是一位地地道道的反纳粹主义者,纳粹曾悬赏十万马克索取他的人头。爱因斯坦毫不迟疑随即给总统罗斯福写了一封秘信:"德国正在研制一种烈性炸弹,在不久的将来,铀(U 235)将转变成一种新型能源,它将导致原子弹的产生,可以在顷刻间毁掉整个一个港口及周围地区"。

此信由萨克斯向罗斯福面呈,他是总统的挚友兼私人顾问。见到罗斯福后,萨克斯表情严肃地朗读了科学家们关于核裂变发现的备忘录。可是这位总统如在云里雾里,根本无法理解那些晦涩的核理论,反应冷淡。最后,罗斯福慢条斯理地对萨克斯说:"这些都很有趣,不过政府若在现阶段干预此事,看来还为时过早。"心急如焚的萨克斯慷慨陈词直至口干舌燥,但无济于事,只好沮丧而退。

为表达歉意罗斯福邀请萨克斯第二天共进早餐。鉴于事态的严重性,萨克斯整夜在公园里踯躅,冥思苦想以求万全之策。

第二天早晨七时,萨克斯如约来到白宫与罗斯福共进早餐。刚在餐桌前坐下,不等他开口,罗斯福先声夺人:"我们今天只吃早餐,不许再谈爱因斯坦的

信,一句也不许谈,明白吗?"。萨克斯始料未及,只好点头答应:"好的,一句也不谈"。心里却在极力地寻找突破口。"不过,我想谈一点历史,当年不可一世的拿破仑横扫欧洲大陆,唯独没有征服英伦三岛,知道为什么吗?"罗斯福不由得双眼注视着萨克斯,示意他说下去。显然,这个话题激起了总统的兴致。萨克斯赢得了主动。他说:"英法战争期间,拿破仑的军队在欧洲大陆所向披靡,无人能挡,在海上却是屡战屡败。有一次,年轻的美国科学家富尔顿见到了这位法国皇帝,建议他将法国的战舰砍断桅杆,撤去风帆,装上蒸汽机,用钢板代替木板,这样可以大大提高海军的战斗力。拿破仑听完后把脸一沉,把富尔顿当成疯子轰了出去。他想:没有帆的船怎么能航行,把木板换成钢板,船岂不是要沉到海里去,这不是天大的笑话吗!"说到这里,萨克斯停顿下来,注意观察一下总统。此时,罗斯福神情凝重,沉默不语。萨克斯趁热打铁,提高声音说:"总统先生,如果当初拿破仑采纳了富尔顿的建议,19 世纪欧洲历史必将重写!"实际上,当时拿破仑接受了富尔顿的建议,只不过实验没有取得最后的成功罢了。萨克斯的这番对历史的精妙篡改,虽添枝加叶,夸张至极,但充分展现了大智慧,反而情真意切,灼灼逼人,使得罗斯福总统眉头紧锁,陷入沉思。几分钟后,他拿出一瓶拿破仑时代的法国白兰地,斟上一杯,递给萨克斯:"你胜利了,我决不做拿破仑第二。"心潮澎湃的萨克斯顿时热泪盈眶。

这场历史性的对话影响了世界格局,改变了人类的走向直到今天。

几天后(9 月 1 日)德国闪电式入侵波兰,第二次世界大战正式爆发。

罗斯福终于认识到事态的严重性,决不能让纳粹把原子弹搞出来,否则世界将坠入邪恶的深渊。要战胜原子弹,就必须首先拥有原子弹!1941 年 12 月 6 日,美国批准了制造原子弹的庞大工程,为保密起见取名为"曼哈顿计划"。实际地点在美国新墨西哥州的洛斯阿拉莫斯。不料第二天清晨,日本偷袭了美国重要海军基地珍珠港。有道是螳螂捕蝉,黄雀在后。太平洋战争爆发,随即美国以正义之师,堂而皇之地加入了第二次世界大战,战争达到了最大规模,从高加索平原到撒哈拉大沙漠,直至太平洋的万顷碧波。

1944 年 6 月随着著名的"诺曼底登陆"成功,美国随即挥师德国,由一个伞兵师、两个装甲师和美国第六集团军配合的大规模军事行动又拉开了战幕。在行动中由二百名特工人员组成的"帕什小组"扮演的才是真正的主角。他们的任务就是要找到在德国军中工作的原子弹总设计师科学家海森堡。

此时戏剧性的故事发生了,有正义感的海森堡深知法西斯统治的反动与黑暗,再不愿为希特勒效力了,正当原子弹就要成功的时刻,他逃之夭夭了。过程很简单,他到戈林元帅那里讨了两条烟,分给了跟随的士兵后,人就没了。纳粹分子也在四处搜寻他的踪影。幸亏精干的"帕什小组"获悉确切的情报:海森堡、哈恩、盖革等科学家在德国西南部黑森林地区的海格尔洛赫。那曾经是

"白雪公主"逃难的地方。最后,他们将海森堡等五名科学家连同绝密的资料及部分原料,一同抢到美国。事后,这次行动的总导演罗斯福说:"在德国将要崩溃的时候,得到海森堡要比俘获十个师的德军有价值得多。"

公元 1945 年 4 月 12 日,这位深度影响世界的总统病发不幸辞世!在他有生之年没能够亲眼看到世界反法西斯战争的最后胜利。美国为这位呕心沥血的总统举行了隆重的国葬。

公元 1945 年 7 月 16 日,在美国新墨西哥州阿拉莫戈多成功地爆炸了世界上第一颗原子弹。威力之大无与伦比,数千万度的高温将 800 米内的沙粒烧成翠绿的玻璃。悲喜交加的原子时代真正的到来了。

1.2 银盘计划

就在"曼哈顿计划"还未转化为耀眼的蘑菇云时,一个可怕的计划又在五角大楼内诞生了——"银盘计划",即原子弹在战争中的使用问题。杜鲁门总统及美国政府想尽快迫使顽固的日本投降,更想以此抑制苏联(现俄罗斯),因为苏联已经攻克柏林,如果再出兵中国东北击溃日军,很可能会挥师东京,使世界的格局变得更为复杂。为此,美国悍然决定准备向日本投放原子弹,秘密组建了特殊的轰炸大队——第 509 空军联队,保罗·蒂贝茨任队长。

1945 年 8 月 6 日蒂贝茨驾驶改装后的 B-29 轰炸机心事忡忡地出发了……

机组一行人员每人怀揣两份东西:一份是秘密使命,一份是剧毒氰化钾。他们是带着"不成功则成仁"的信念上路的。7 时 25 分,他们向广岛投下了第一颗代号为"小男孩"的原子弹(以铀为核原料)。

1945 年 8 月 9 日 11 时,查尔斯·斯威尼少校驾驶"博克小汽车号"B-29 轰炸机又向长崎投下了代号为"胖子"的原子弹(以钚为核原料)。

509 空军联队终于完成可怕的秘密使命,造成了空前的人间悲剧。近 10 万无辜的鲜活生命和神圣人权顷刻间化为焦骨和灰烬。

1945 年 8 月 14 日正午,日本天皇向全国广播了接受波茨坦公告,实行无条件投降的诏书。这是一次令人毛骨悚然的胜利!事后爱因斯坦等正义科学家们对此痛心疾首、抱愧负疚,一个全人类的反核运动,从此拉开了序幕。

第二次世界大战终于画上了句号,人类失去了 7 千万生命才换来侵略者放下屠刀的那一刻。随之"雅尔塔体系"(1945~1991)成为世界格局。

1945 年 10 月 24 日,《联合国宪章》在美国旧金山签订生效,人类最大的组织联合国正式成立。和平与发展、科学与民主这些理想之光,从此让世界有所寄托。

1.3 中国的光芒

小小原子释放的狂飙,撕裂了20世纪的中叶,核的阴霾已挥之不去……

1949年8月29日凌晨4时,哈萨克的塞米巴拉金斯克一声巨响,"铁克瓦"(南瓜)横空出世。苏联打破了美国的核垄断,成为世界上第二个拥有原子弹的国家。这种大规模杀伤性武器迅速演变为全球战略平衡的重量砝码,已突破常规的军事防御。以美国、苏联为首的世界两大政治阵营(雅尔塔体系),针锋相对重新开始布局。世界形势再度紧张而复杂,两大对立阵营的交界处时时剑拔弩张,冲突不断,一旦失控,局部战争的爆发在所难免。

1950年10月的朝鲜半岛集中了世上最猛的火力和最焦灼的目光。美国军队登录朝鲜,越过北纬38度线,将战火烧到鸭绿江边(中朝边界)。二战名将麦克阿瑟将军胸有成竹,要在两个月内荡平朝鲜,以捷报向圣诞节献礼。但那个圣诞节传来的不是喜讯,而是让华盛顿第一次感受到前所未有的悲观——大撤退。原来中国军队秘密入朝。18个国家不同程度地卷入战争,战争持续了三年。同一阵营的苏联统帅斯大林,对拥有核武器的美国持谨慎的态度,苏联没有出兵与中国并肩战斗。中国军队自始至终在孤军深入。这是一场怎样的战争,令史学家们争吵了数十年,但肯定是一场不对等的战争。没有制空权的中国军队等于同样没有补给线。这是一支什么军队?装备简陋陈旧,白天不见踪影,夜里战斗激烈。奇怪的是他们硬是将以美国为首的,拥有先进武器的多国部队,压制在"三八线"之下。多灾多难的朝鲜重新回到人民的手中。志愿军称其军人意志为革命精神,称其壮举为"抗美援朝,保家卫国"。美国军方曾多次要实施"外科手术",把朝鲜变为广岛,为此,一颗恐怖原子弹被悄悄地运抵朝鲜,终因五角大楼实在找不到可投放的位置而被迫放弃了计划。当然,处于多方考虑,美国政府也止步于"冒天下之大不韪"。最后,不得不在历史的板门店签下了特殊的停战书。美国第一次没有赢得战争。正如美国首任参联会主席布莱德利所说:"我们在错误的时间,错误的地点,与错误的对手,打了一场错误的战争!"

然而,18万志愿军的英魂永远留在了异国的土地上,其中有中华人民共和国主席毛泽东的儿子毛岸英。这是怎样的代价!假如中国有空军,有充足的后勤保障,有原子弹,那么结果会是这样吗?

惨烈的战争结束了,部分志愿军在归国途中神秘地消失,这一奇怪现象又引起了世界的广泛猜测——他们又悄悄地进入了罗布泊。

1958年8月4日,北京和莫斯科同时发表《毛泽东和赫鲁晓夫会谈公报》,并举行了声势浩大的群众游行活动以示庆祝。世界震惊了,无人晓得苏共领导人赫鲁晓夫何时到达北京?协商了什么秘密?对世界将会带来怎样的影响?

8月23日17时30分,中国军队战史上最大规模之一的炮击行动拉开帷幕,目标金门(隶属台湾,国民党占据,美军协助)。美国震怒,扬言不排除对中国使用核武器的可能,心理却在揣测苏联背后的真正动机。不料这种威胁却坚定了这个备受欺凌的古老之国的信念,加快了他们的步伐。10月28日,中华人民共和国第二机械工业部第九局正式成立,钱三强、邓稼先、周光召等科学家们挑起了新中国核事业的重任。

三年自然灾害,华夏大地几乎颗粒无收,饥饿降临了,这个国家的最高领导人毛泽东带头减少每天进食的口粮,领导一群处在半饥饿状态的人们共渡难关。奇怪的是危难之时,本为同一阵营的苏联大哥不仅没有雪中送炭,反而进一步令其雪上加霜:单方撕毁合约,撤走其全部专家,给中国剩下的还是一片空白。显然中苏分裂了,原来中共领导人毛泽东与苏共领导人赫鲁晓夫在北京的首次秘密会晤不欢而散,发表公报和举行群众游行是两国为了迷惑世界。中国炮击金门赫鲁晓夫也十分震怒,因为磋商的事宜中没有这一项内容。所涉及到的是"联合舰队""长波电台"及苏联对中国的"核保护伞",但均遭到毛泽东的断然回绝,原因是这一切均涉及到苏联将在中国驻军,损害了中国主权。过程是在中南海的游泳池中进行的,两个人溅起的水花随即化为了世界浪潮。百年的屈辱与阵痛,这个国家已经懂得欲求民族振兴之路唯有国人自强不息。

1961年秋,艰难而饥饿的中国。毛泽东在北京中南海专门招集周恩来、陈毅、贺龙、聂荣臻等人研究关于原子弹上不上的问题。陈毅说:"依我之见,原子弹要上,导弹也要上。就是脱了裤子也要把尖端武器搞上去才行。"与会者均表示赞成。在面临前所未有的内、外高压困境下,这个国家反而增添了骨气和勇气。没有援助就自己干,没有设备因陋就简,没有粮食靠挖野菜及打猎充饥。如此想当然的土气做法让人怀疑到底是不是在搞原子弹?

1963年8月5日,美、苏、英三国签订了禁止在大气层内进行核试验的条约。中国和法国拒绝签字。使得美国总统肯尼迪(Kennedy)大为恼火,11月,他准备赶往德克萨斯州演讲的重点内容是将要对中国进行新的核威胁与核讹诈,试图使这个国家的原子弹胎死腹中,但在这次旅途中肯尼迪意外遇刺身亡。

刚上任的新总统约翰逊(Johson)从白宫秘书手上接过的第一份电文就是美侦察卫星发回的情报:"中国西北罗布泊地区的核试验场已竖起了一百二十米高的原子弹试验塔。"这位总统好像对此不屑一顾,他顺手把电文一扔:"中国人还能再造一个神话吗?"说完,径直就去做他的就职演说去了。

1964年10月16日,从地球的腹心传来一声闷雷般巨响,滚过千年的荒漠,撼动整个寰宇,中国升起了金色的蘑菇云。随之,传递出一种声音:中国决不首先使用核武器,也不会以核武器相威胁,中国将致力于人类和平事业的发展!

比起那些有恃无恐的国家动辄亮出原子弹大放厥词,倒是天壤之别。

1966年1月,法国总统戴高乐视察了法国原子能委员会利梅伊军事科研中心,对佩雷菲特大发脾气:"你们必须认真研究法国未能研制出氢弹的原因,不能老是这么拖下去。你们听清楚,我要在离开爱丽舍宫(法国总统府)以前看到进行第一次氢弹试验!"

这位总统一直耿耿于怀。近乎六年的苦苦探索,法国却始终未能拥有热核武器(氢弹)。他心理非常清楚,拥有这样的一朵核聚变云可以轻易地抹平一座几百万人的城市。如今,法国的原子弹已经过时了,威慑力几乎荡然无存。而美国、苏联和英国都已掌握了氢弹,更不能让他忍受的是中国也开始研制氢弹了。尽管他不相信中国在这方面有什么可能性,但是法国居然沦落到与中国同一境况,这让他感到耻辱!

为了能尽快找到研制氢弹的窍门,法国科技人员使尽了浑身解数……

1967年6月17日,东方的华夏又是一声巨响,耀眼的太阳喷薄而出,照亮了世界。中国氢弹爆炸成功,一下把提前四年起跑的法国远远地扔在后边。惊讶的法国人如梦醒来,面面相觑……以至于青筋暴露的戴高乐总统拍着桌子大发雷霆,可无论如何他也弄不清这其中的奥妙所在。

从原子弹到氢弹,美国用了七年,苏联用了六年,法国用了八年,而单打独斗的中国人只用了两年零八个月。这个百年屈辱的山中原之国似乎换了人间。

1972年2月21日,美利坚合众国总统尼克松终于向这个东方神秘的古国伸出了和平友好之手。2月28日,中美两国发表了指导两国关系的《中美联合公报》,承认台湾是中国不可分割的领土。

古老的中国已作为第三世界的杰出代表,光芒四射地登上了世界的舞台。

1.4 危险与后患

(1) 到底多危险?

1991年末,苏联最后一个冬天。戈尔巴乔夫的新思维将社会主义的苏联引向了穷途末路。世界剧烈震动,全球的地理版图及政治版图因此做出重大更改。继而"多极化"体系演变为世界新格局。圣诞节刚过,叶利钦匆匆从戈尔巴乔夫手中接过一个1.5公斤重的公事包,那不是一般的公事包,里边是前苏联核武库中所有瞄准目标的核按钮。那是威慑权和主动权。

当今世界,每一个笑容可掬、魅力实足的国家元首(有核国家)都有类似的一个精美的公事包,暗藏玄机,相互瞄准。按着常规每一枚核弹只有国家元首、国防部长、导弹司令三个人同时按下核按钮(三者都有同样的公事包),核弹才能发射成功,此三者缺一不可,这是管理上的要求,以防一切单边行为及误操作。但是战争从来不讲常规!这意味着象征着世界末日的核战争,其实一触即发……

（2）到底多恐怖？

第一代核武器：威力巨大的原子弹、氢弹等属于第一代核武器。原子弹是由重核裂变为轻核而放出巨大能量的；氢弹则是由轻核聚变成重核而放出更巨大的能量的，但氢弹只有原子弹才能引爆，也就是说在氢弹的内部一定有一颗小型原子弹。它可以轻易地抹平一座几百万人的城市。截止到目前，美国、俄罗斯（前苏联）、英国、法国、中国、印度、巴基斯坦、朝鲜等国都相继掌握核武器技术。

第二代核武器：截止到公元2012年，美国、俄罗斯、中国、法国、印度亦都拥有了中子弹。中子弹属氢弹的一种，但它以高能中子辐射为主要杀伤力，这种具有侧重面杀伤能力的核武器堪称第二代核武器。中子弹在800米内可以穿透30公分厚的钢板杀死生命！因而是生命的克星。

第三代核武器：美国还拥有γ射线弹。γ射线具有比X射线还要强的穿透能力。杀伤力范围在100万平方公里，已超过了许多国家的面积。比氢弹、中子弹更有威慑力和杀伤力。最致命的要点是："它"不知不觉、悄无声息。时刻令人感到毛骨悚然、不寒而栗！

（3）危在旦夕！

截止作者撰稿时，美国仍拥有5 113枚（官方低调公布）现役核弹头，而当今世界只有224个国家或地区，有的国家只要一枚核弹便可从地球上彻底消失。美俄两国的核武器占世界总量的百分之九十以上。而全球核武库总量，足可使我们居住的星球毁灭几十次。一旦核战争打起来，那么整个星球在已无一人、无一生物的情况下还会有核弹头飞来飞去。

更有冷战期间美国秘密向日本运送了数量惊人的核原料"钚"（制造原子弹材料），以便对抗苏联。冷战结束，美国欲讨回，但遭到日本的拒绝。

2016年3月21日，日本归还美国331千克高浓度核材料钚，但还有已知的48吨低浓度钚，这个数量已远远超出日本民用核能的合理用量范围。日本早已具备核武器的设计和制造能力，只要开动生产，核弹头数量很快就能超过美国。一个曾深深地受到原子弹伤害的国家，已经掌握了毁灭世界的核能力……

核能已走上了歧途！无论有多少清醒的人如何奋力疾呼都无济于事，蠢蠢欲动者层出不穷。核物质的过渡积累，使这个星球时刻处在危在旦夕之中！

（4）触目惊心！

再看一看核废料的处理情况。美国、日本、俄罗斯、新西兰以及几乎所有欧洲国家都曾将一桶桶的核废料直接扔进了无人看管的大海里，没多久这些活生生的污染源便开始源源不断地发酵，那是地狱一般的情境。这个星球到底还能不能支撑住天理？

(5)后患无穷!

核电站——和平的曙光,然而,仍然存在巨大的风险,后患无穷。

1986年4月,苏联最大的核电站切尔诺贝利核电站,按计划对第4机组进行停机检查。由于工作人员违反操作规程,导致反应堆能量增加。26日凌晨,反应堆熔化燃烧,引起爆炸,冲破保护壳,厂房起火,放射性物质源源不断泄出。地点在乌克兰基辅市以北130公里处。

由于苏联应急反应迟缓无力,故意封锁消息,造成了欧洲的大部分地区的灾难性污染。后因在瑞典境内发现放射物质含量超过正常数值的100倍,该事故才被曝光于天下。而此时放射物质已飘过白俄罗斯、乌克兰、土耳其、希腊、摩尔多瓦、罗马尼亚、立陶宛、芬兰、丹麦、挪威、瑞典、奥地利、匈牙利、捷克、斯洛伐克、斯洛文尼亚、波兰、瑞士、德国、意大利、爱尔兰、法国(含科西嘉岛)和英国。一时间,惊恐的欧洲被核污染的魔爪完全笼罩。苏联受到国际社会的广泛批评和强烈谴责。

苏联官方4个月后公布消息:共死亡31人,主要是抢险人员,其中包括一名少将;得放射病的203人;从危险区撤出13.5万人。1992年乌克兰官方公布,已有7 000多人死于核污染事故。这些数字带有保守性,然而有谁又会去考虑那些无辜的逝去者将魂归何处呢?

成千上万的人背井离乡,切尔诺贝利成了荒凉的不毛之地。放射性污染相当于广岛原子弹爆炸的100倍。后果亦将延续100年之久。今天的切尔诺贝利依然在那里噩梦般地呻吟。而现在世界上还有400多个这样的核电站正在各个角落剧烈地反应着,可我们对它们接下来的命运尚一无所知。

游子天涯,基辅老家,永远成为人类历史上不堪回首的记忆!

2011年3月一场大海啸,日本的福岛核电站,遭受了同样的厄运……

光辉的21世纪已经走来,人啊人……

§2 柳暗花明又一村——尽善美求核能

1968年7月1日,《不扩散核武器条约》(Treaty on the Non–Proliferation of Nuclear Weapons)分别在华盛顿、莫斯科、伦敦开放签字,59个国家签约加入。该条约的宗旨是防止核扩散,推动核裁军和促进和平利用核能的国际合作。5年举行一次会议,审议条约的执行情况。

1995年5月11日,在联合国《不扩散核武器条约》的审议和延长大会上,179个缔约国以协商一致的方式决定无限期延长该条约。

1996年7月29日,中华人民共和国发表声明:

"实现无核武器的世界,确保各国共享和平、安全、稳定与繁荣,这是世界各国人民的强烈愿望。我们衷心希望,永远不发生核战争。我们深信,只要全世界一切爱好和平的国家和人民共同努力,核战争是可以防止的。人类既然能在 20 世纪制造出核武器,也完全有能力在 21 世纪彻底消除核武器。中国政府和人民愿同世界各国政府和人民一道,为实现这一崇高目标而努力奋斗!"

1996 年 9 月 10 日,第五十届联大续会以 158 票赞成、3 票反对、5 票弃权的绝对优势,正式通过了《全面禁止核试验条约》(Comprehensive Nuclear Test Ban Treaty,CTBT)。要求缔约国承诺:不进行、导致、鼓励或以任何方式参与进行任何核武器试验爆炸或任何其他核爆炸。组织机构设在维也纳,包括缔约国大会、执行理事会和技术秘书处。

目前有 176 个国家签署,其中 156 个正式批准。未签署该条约的国家有:印度、巴基斯坦、朝鲜。签署但未正式批准的国家有:美国、中国、埃及、伊朗、以色列。

《全面禁止核试验条约》一直在执行,但未真正生效,因为地下核试验尚未被杜绝,时有发生。反倒是《不扩散核武器条约》不管出自何种动机,却频频出彩。两个条约毕竟使人类看到了希望,拥有了寄托,总的说来虽然举步维艰,但人类还是在进步。

1999 年 5 月 10 日,2000 年《不扩散核武器条约》审议大会第三次筹委会会议在联合国举行。中国代表团团长沙祖康发言指出:

"国际社会必须努力建立公正、合理的国际政治和经济新秩序,坚决反对和彻底摒弃霸权主义和强权政治。唯有这样,每个国家才会有安全感,才能保证核裁军和防止核武器扩散取得成功。"

截止到 2016 年,《不扩散核武器条约》的缔约国共有 186 个国家。条约支持提倡核能的和平利用,并明确规定了各国在国际原子能机构监督下的合作方向。

而人们真正关注的是这种和平的利用如何能做到更安全、更环保、更可持续?核能的和平利用到底能走多远?目前这一事态正逐渐呈现其理想的节奏。

第一代核电站

20 世纪 50 年代至 60 年代初,苏联、美国等建造了第一批单机容量在 300MWe 左右的核电站。美国的希平港核电站、英第安角 1 号核电站、法国的舒兹核电站、德国的奥珀利海母核电站、日本的美浜 1 号核电站等。第一代核电站属于原型堆核电站,主要目的是为了通过试验示范形式来验证其核电在工程实施上的可行性。

第二代核电站

20 世纪 70 年代,因石油能源危机促进了核电发展,世界上正在商业运行的 400 多台机组大部分是这段时期建成的,称为第二代核电机组。第二代核电站主要是实现商业化、标准化、系列化、批量化,以提高经济性为主要目标。在安全性和经济性方面都有了不同程度的提高。

第三代核电站

美国核电用户要求文件(URD)和欧洲核电用户要求文件(EUR)提出了第三代核电站的安全和设计技术要求,它包括了改革型的能动(安全系统)核电站和先进型的非能动(安全系统)核电站,并完成了全部工程论证和试验工作以及核电站的初步设计,成为核电站的主力堆型。

美国、欧洲和国际原子能机构都出台了新规定,把预防和缓解严重事故作为设计上的必须要求。

第四代核电站

第四代核能系统概念(有别于核电技术或先进反应堆),最先由美国能源部的核能科学与技术办公室提出,1999 年 11 月美国核学会冬季年会发展第四代核能系统的设想得到进一步明确;2000 年 1 月,美国能源部发起并约请阿根廷、巴西、加拿大、法国、日本、韩国、南非和英国等 9 个国家的政府代表开会,讨论开发新一代核能技术的国际合作问题,取得了广泛共识,发表了"九国联合声明"。这次会议没有邀请中国和俄罗斯参加。第四代核能系统满足安全、经济、可持续发展、极少的废物生成、燃料增殖的风险低、防止核扩散等基本要求。

2012 年中国的"快堆"等一系列技术进入国际先进行列,中国独立自主地开始向第四代核电站全面进军。

我们的宇宙,星汉灿烂,在这个强大的物质世界的背后,有一个伟大的结构在支撑,这个结构中储存了各种层次、各种形式的巨额能量。是为在光辉世纪中行走的人类所提供的,但需要智慧和理智方能获取。"核能"只是一种浅层次的能量,而能量都是桀骜不驯的,科学而正义地驾驭它,定将惠及人类的宏伟蓝图和崇高使命。

更安全、更环保、更高效的和平利用原子能的时代即将到来,这是全人类共同的呼唤!

§3 琼楼玉宇化仙境——情系托卡马克

2016 年人们预测:以当前人类的消耗速度,对于已探明储量的能源物质的开采时间,所剩之日已为时不多了!石油 50 年、天然气 60 年、铀 70 年、煤 200 年。数据权威与否根本不重要,即使可用时间延至百年,那么百年之后人类何以为继?为争夺资源而引发战争的可能性在日益增加。面对吃紧的现实,如何找到替代能源？这是摆在全人类面前的攸关大事。

今天我们对构成这个世界的元素已经了如指掌，我们更晓得多层次的能量就封存在里面。就核能来说，所有元素以铁（Fe）为分界，铁以下的轻元素，聚变时放出能量，铁以上的重元素，裂变时放出能量，而生成铁时，无论是聚变还是裂变，都不放出能量。铁特殊得很，在宇宙演化、生命进化、人类发展的进程中，不可替代。

"裂变能"的核燃料"铀"或"钚"能量虽然巨大，人类也能自如地控制加以利用，但其蕴藏极为有限，更何况"裂变能"不仅会产生强大的辐射，危害人类，而且其放射性核废料的处理也一直让人寝食不安。

"聚变能"无疑是一种绝佳的替代能源，具有资源无限，不污染环境，不产生高放射性核废料等优点。它是人类未来能源的主导形式，最终可以解决人类社会能源问题、环境问题及可持续发展的问题，但要想利用"聚变能"，必须能够做到"可控"！即控制它缓慢地释放，否则就是氢弹。

可控核聚变，即指由小原子核（主要是指氘或氚）在一定条件下（如超高温和高压），按有序的程度，发生原子核互相聚合，生成新的更重的原子，并持续定量地释放能量的一种核反应形式。用"磁"来约束核聚变，控制反应进程，无疑是英明的天才之举。

地处法国的 ITER 计划（International Thermonuclear Experimental Reactor）是非同凡响的国际科研合作项目之一，倡议于 1985 年，并于 1988 年开始实验堆的研究设计工作。ITER 装置是一个可控的、能产生大规模核聚变反应的超导托卡马克，俗称"人造太阳"。ITER 计划集成了国际受控磁约束核聚变研究的主要科学和技术成果。

2006 年 5 月 24 日，中国政府与欧盟、印度、日本、韩国、俄罗斯和美国六方一起，在比利时首都——布鲁塞尔，签订了《国际热核聚变实验堆联合实施协定》。这标志着 ITER 计划进入了正式执行阶段，开始工程建设，也标志着中国实质性地加入了 ITER 计划。依照惯例，国际大型合作组织（高科技范畴）均将中国排除在外，此番世界为什么会吸纳中国呢？

2006 年 9 月 28 日，中国耗时 6 年、耗资 3 亿元人民币自主设计制造的新一代托卡马克磁约束核聚变装置 EAST，首次成功完成放电实验：获得电流 200 千安，时间接近 3 秒的高温等离子体放电。不久便达到 100 秒。使 EAST 成为世界上第一个建成并真正运行的"全超导非圆截面托卡马克"核聚变实验装置。这是世界可控核聚变研究的里程碑式突破，使中国这项技术站在了世界最前沿，并在 ITER 中发挥了核心作用。事出有因，原来如此！这是一项真正能造福人类的宏图伟业，也许梦寐以求的那一天不会太远了！

D（氘）和 T（氚）都是氢的同位素，聚变时也会产生大量的中子，而且携带巨大的能量,中子对于人体和生物是致命的。在聚变反应中中子的真正麻烦之处还在于中子可以跟反应装置的墙壁发生核反应。用一段时间之后就必须更换,造价昂贵,而且换下来的墙壁可能具有放射性,成为核废料。更麻烦的是氚自身就具有放射性,而且氚也可能跟墙壁反应。

解决这一系列难题的巧妙办法是用锂吸收中子,先发生核裂变,产生氚,再与氘发生核聚变,基本上消除了中子,同时还解决了氚的来源。地球上"锂"储备丰富,氘可从海水中提炼。人的伟大之处就是能发现隐藏在事物内部的重要规律。

"第一代可控核聚变"是氘和氚聚变,优点是燃料比较便宜,缺点是仍有大量中子放出,但已经得到完美的解决。

"第二代可控核聚变"是氘和氦-3聚变。这个反应本身不产生中子,但其中既然有氘,氘氘反应也会产生中子,可是总量非常少。如果第一代电站必须远离闹市区,那么第二代可以直接放在城市的中心,作为标志性景观。

"第三代可控核聚变"是氦-3和氦-3聚变。这种聚变完全不会产生中子。这个反应堪称终极核聚变。简直可用圣洁来赞誉!

不竭的动力、绿色的能源,岂不是人类追求的仙境般美妙世界?

独树一帜的现代建筑群落,皆为琼楼玉阁所化,都是高效的太阳能站。风不再狂躁,徐徐而来。智能的街道可以随心所欲地变幻,奇妙地通向远方。每一个交通工具都是一部流动的艺术品,它们只排出纯净的水和负氧离子,具有清新空气和调节气候的作用,因而晴朗的城市上空总是挂着一条绚丽的彩虹。当然,肯定是处处芳草鲜美,花团锦簇。智能城市可以把风、水、太阳所给予的能量全部收集起来利用。城市的燃料为安全、高效、清洁的氢。除了生物呼吸外,再无排碳者。湛蓝的天空到底有多高,有多远?它能把你醉得轻飘飘的。蔚蓝的大海卷起的每一朵浪花都是你清澈而沸腾的生活。没有干旱,没有洪涝,沙漠被牢牢地塑造成壮美的景观。"厄尔尼诺"与"拉尼娜"已成为遥远的记忆。生命的星球进入了最楚楚动人的美妙时期。

巨大的电消耗来自动力实足的氦-3的核反应。由于氦-3在地球上存量很少,但在月球上储量大得惊人,可满足整个人类一万年的需求。却说那往返于地、月之间一行行靓丽的"采运船",各具形态,在灿灿的霓霞中迷幻般穿梭自如。

此乃自然造化之缘,尽享天上人间!

这一梦想实在是太瑰丽了!如此熠熠生辉,怎奈任重而道远。在人类面前横亘着一道真正的难关——遥不可及,但是,别无选择,必须征服!那便是浩瀚的太空。

太空时代 （Age of Space）

第10章

　　震惊世界的"曼哈顿计划"完美至极，但也留下了一个遗憾，那就是忽略了德国用来投放原子弹的运输工具。

　　1940年，一方面德军用飞机撒下了大量传单，巧取于"诺查丹玛斯"的预言诗。告诫世人，希特勒的胜利是必然的，不要以侥幸的心理来抵抗，以摧毁被占国的战斗意志；另一方面，在年末党卫军成立了一个名为"爆破手研究室－13"的秘密机构，专门研究、制造秘密飞行器。他们秘密收罗了第三帝国最杰出的专家、工程师和试飞员等顶尖人才。结果一种最先进的碟形飞行器"别隆采圆盘"诞生了，这就是极富神秘色彩的"飞碟"。它一直影响着半个多世纪的人类心理。

　　有一张著名的照片相当逼真，"飞碟"泛着古铜色光泽静静地悬浮在党卫军少校的头顶，恰似帝国之梦正在冉冉升起，四周万般平静。那场面让人瞠目结舌，但其真实性值得怀疑，如此近距离下的人和物绝不可能安然无恙，就现代技术也不可能实现。然而飞碟取得了真正的成功是毋庸置疑的。"二战"中许多盟军飞行员都是彻头彻尾的目击者。只是当时"飞碟"正处在实验性阶段，还不能携带武器，它是为投放原子弹而设计的。如果，这种来无影、去无踪的神秘怪物投下更神秘的炸弹，造成空前的战略性的大毁灭，这种致命性的颠覆会无限放大"诺查丹玛斯"的预言，无疑可让整个世界精神崩溃！

　　这些发光而快速移动的碟型物体，曾多次飞临空战激烈的战场，时而静静的悬停，时而急速掠过，的确给敌方造成了战术的混乱和心理的恐慌。

　　1943年9月，美国第八集团军以空前规模的700架重型轰炸机，轰炸了德国施瓦因福特的欧洲最大的轴承厂，双方激烈而残酷的空战也同时展开。美国、英国军方多次接到不明飞行物的报告，同样也导致了军方最高层的惴惴不安。谁也不晓得，这种神秘莫测的碟形怪物是否决定战争的走向！之后UFO概念随之诞生，给这个世界增添了一份新的疑惑与茫然,甚至有人把"飞碟"视为天外来物,与外星生物联系起来。

其实"飞碟"是另一项最高使命催生出来的。1938年及1943年,纳粹党卫军头子希姆莱分别组建了两支秘密探险队深入西藏,寻找日耳曼民族的祖先——亚特兰蒂斯神族存在的证据。寻找能改变时间、打造"不死军团"的"地球轴心"。希姆莱想打造的是世上独一无二的"神族部队",希特勒对此事狂热至极,并寄以厚望。

在欧洲长期流传着关于亚特兰蒂斯人是"具有超凡能力神族"的传说,传说最早出现在古希腊哲学家柏拉图的《对话录》中。他写道:"12万年前,地中海西方遥远的大西洋上,有一个令人惊奇的大陆。它被无数黄金与白银装饰着,出产一种闪闪发光的金属——山铜。它有设备完好的港口及船只,还有能够载人飞翔的物体。"在一次大地震后,这块大陆沉入海底。希特勒深信那些逃离的亚特兰蒂斯人最后在中国的西藏和印度落脚了。一些想入非非的纳粹专家更是投其所好,他们宣称:亚特兰蒂斯文明确实存在,并且认为金发碧眼的雅利安人只是因为后来与凡人结合,才失去了祖先的神力。

这些纳粹分子实地拍摄了纪录片《西藏秘密》。他们还从当地人口中得知有一个名叫"沙姆巴拉"的洞穴,据说那里隐藏着蕴含无穷能量的"地球轴心",谁能找到它,谁就可以得到一种生物场的保护,做到刀枪不入,并能够任意控制时间和事件的变化。

可惜世界提前敲响了第三帝国覆灭的丧钟,"神族部队"之梦化为泡影,"神奇飞碟"之愿随风而去。

后来,"飞碟"主体样机及重要资料按照希特勒的命令秘密销毁,研制"飞碟"的工程技术人员被送进了纳粹集中营的毒气室。这种亘古未有的狂想创造力,成为一团迷雾!只在战后缴获的有限德军资料中,隐约提及到关于纳粹的"V7计划"内容,而大部分资料丢失。最后的有关资料及UFO的蛛丝马迹,包括它的神秘性皆为美国所继承,且秘密送往处于纳华达洲的最高机密处——51号地区。那里更加神秘而奇特,方圆几公里内戒备森严,世上所有令人瞠目结舌的飞行技术都藏匿于此,甚至有人相信在那里美国已与外星人取得联系,或许正在出卖地球上的其他国家。尤其是轰动一时的传说:美国总统艾森豪威尔曾三次秘密会晤外星人,美国垄断了人类与外星人的对话权利。殊不知,这一切都是美国释放的迷雾,以掩人耳目,实际上他们同样在秘密研制奇特的飞行器。

天外、太空,悬而未决,强烈地牵动着人类的神经与感觉,令人好奇而不安。就在世界以复杂的心态把目光聚焦在美国时,意想不到的苏联却率先将这一概念捅破,一起捅破的还有美国苦心经营多年的"故弄玄虚"。

1957年10月4日,苏联的大型运载火箭终于将人类的第一颗人造地球卫星送入太空。这是人类跨入太空的第一步,标志着太空时代的真正到来。这一爆炸性新闻致使美国总统艾森豪威尔惊讶得目瞪口呆,终日惶恐不安……

§1　古老的东方有一条龙

这是一个蓝色的星球,它的表面覆盖着百分之七十的蓝色海洋。

这是一个生命的星球,它的表面笼罩着繁盛的生物圈。

这是一个智慧的星球,它的表面矗立着鳞次栉比的智慧城堡。

智慧生物有三种:白、黄、黑。他们热爱自己的颜色,自称"人类"。文明的曙光不倾向任何一种颜色,是地域之别使他们展现多姿。黄种人最早拥有了火药、指南针、造纸术、印刷术,曾一往无前地推动人类的历史进程滚滚向前。

黄种人还造出一种奇怪的生物——龙。把五谷丰登与吉祥寄托在龙的身上,人们全心全意地信奉它。后来,龙被帝王抢走了,变得面目皆非,异常凶猛残忍。之后龙又变成了人,面南背北,坐起江山来,一坐就是几千年。后说是人化为龙才做得江山的,不管怎样坐江山的是龙不是人,龙奴役人成了天经地义。

其实,龙被抢去后,就被压在了万里江山之下了。一压就是几千年。而那个皇位之上,张牙舞爪兴风作浪的不是龙,是衣冠禽兽……

自从来了一群端着洋枪洋炮的恶魔,每一枪每一炮都打在龙的身上。枪管里黑火药味弥散缭绕。在枪炮声中,帝王凝固成"罪恶"的石碑,直挺挺地倒在了千古的灰尘与废墟中。恶魔们开始一口口地吞噬着龙,在淋漓与血腥中欣喜若狂,龙在痛苦中呻吟。恰生死攸关的伟大时刻,巨龙猛然抖起神威,几千年的苦难,化做一声震天长吟,满身的片片沧桑,迸发出力量与神采,扶摇直上,壮志凌云!

这不是神话,也不是故事,神州真的有龙。

1.1　蛟龙出水

鹿角,马头,蛇身,鹰爪。这种前所未有的形象已成为华夏民族精神力量的象征。处处以龙命名,以赋其内在神韵。山川草木,江河湖海,其中也包括人。孔明,诸葛亮被人称作"卧龙",他从茅庐中带出来的锦囊妙计,几乎启迪和充实了一个轰轰烈烈的时代,而他和现代文明的今天却有着出人意料的相关。《三国志·魏明帝纪》"诸葛亮围陈仓"记载:"(亮)起云梯、衡车以攻城,(郝)昭于是以火箭逆射云梯,梯上人皆烧死"。陈仓之战,诸葛亮败中有胜。失败的原因是作为作战武器的"箭"被第一次当作运输工具,它运的是火,火箭由此得名。这只是人类的一种文明的最初萌动,当火药被第一次用做助推作用的材料时,才把火箭赋予了一种新文明的象征意义。后来,火箭真的被地地道道地做成了龙的形象,象征着神力无比。于是,这条龙就从万顷碧波之中腾空而起,所到之处樯橹灰飞烟灭。

1.2 八千里路云和月

中国古代文明曾一路领先世界。之后火药、火箭技术不断向西传播。首先经过印度传给阿拉伯人,又由阿拉伯人将火药和火药武器一道经过西班牙传入欧洲。成吉思汗的铁蹄惊醒了欧洲人悠长的黑梦,他们经受了火药、火箭的震撼洗礼,导致军事战略条件的改变,欧洲封建城堡日趋没落,剧烈的社会变革强劲地推动了欧洲文明进程。

从15世纪中叶开始,东方文明古国的大门关闭了。当中国还在亚细亚生产方式的乡间小道上踽踽而行时,西方各国已完成了由传统迈向现代的充分积累,一跃成为世界文明的中心,世界开始倾斜。仅仅400年的时间,西方各国就把拥有数千年悠久历史的中国,远远地扔在了时代的后边。英国是最后一个接受中国火药、火箭技术的国家,却最早用火箭大炮轰开了中国锈迹斑斑的大门(1840年),暴虐地把耻辱二字写在了中国的近代史上。

就在毛泽东领导一群挨饿的农民高举"秋收起义"的火炬,欲以星星之火燎原的时候,西方德国已针对传统的火箭开始革命,研制了第二代液体燃料火箭。

1941年,地对空导弹在纳粹德国已初具雏形。且美其名曰:"莱茵女儿""蝴蝶""瀑布"等,然而,还没等这些迷人的爱物为法西斯的战争鞠躬尽瘁时,苏联红军的坦克已隆隆地撵到柏林街头,于是这种绝密的地对空火箭技术就进入了苏联人、美国人的保险柜。

第二次世界大战的战火刚刚熄灭,在华夏大地旋即上演了一场"中原逐鹿"的历史大戏。这是两个政党的生死决战,历时三年,最后红色政权赢得华夏,国民党退守台湾。随即,台海地区成为世界两大对立阵营的争夺焦点。

到20世纪50年代,苏联,美国,英国都相继掌握了这种导弹技术,而这种相对的军事优势对于古老而年轻中国来说依然是个空白。这个伤痛未抚的国家,百年来一直为缺失的历史所折磨,几乎被所有的列强都踩躏过,毫无喘息的机会。

就在台海地区的局势让整个世界都异常紧张的时候,一个黑色幽灵从神秘的51号地区飞出。那是当时世界最先进的高空侦察机——U-2,飞行高度2万米以上,而中国大陆最先进的战斗机只能达到1万8千米,只能在其两千米以下望敌兴叹。美国则将这黑色的幽灵欣然交付台湾。U-2深入大陆,盗走重要的军事情报和经济情报,悠闲得像逛花园似的。在此期间,大陆空军曾起飞上百架飞机拦截,但都奈它不得。奇耻大辱!剧痛在撕裂着共和国卫士的心!

1959年10月1日,中华人民共和国的第十个生日,一个盛大的庆祝活动将在北京举行,八十多个国家的贵宾参加,七十万群众游行,各社会主义国家首脑莅临天安门。社会主义世界的全阵容!U-2自然是挥不去的幽灵。无论是军事轰炸还是政治轰炸,都是社会主义世界的不幸,而中国的威严和地位更将损失惨重,时间咄咄逼人,日子扣人心弦……

10月1日终于平安而顺利地度过了,共和国的阳光依旧灿烂,世界依然平静。然而紧绷的琴弦一直没有松开,直到1962年9月9日,世界一片哗然。

《新华社9日讯》:

"美制'蒋匪帮'U-2型高空侦察机一架,于九日上午窜扰至华东地区上空,被我中国人民解放军空军部队击落。"

《香港新生晚报》:

"中共的公报,显然带有吹嘘性质,'新华社'强调:这架U-2机系被中共空军部队击落。事实上,即使是苏联也无法至60 000英尺以上的高空拦截这种间谍飞机,更何况中共?"

《合众国际台北11日电》:

"专门研究共产党中国问题的郑学稼教授说:'情况消息表明:俄国在撤走大部分军事顾问以后,今天在中国内地上仍然驻有许多战斗单位。除非这架高空侦察机的引擎发生故障而下降到常规高射炮射程以内,否则,它一定是被俄国人操纵的地对空导弹击落的。'"

《尼黎战斗报》:

"中国空军对不速之客的有效干涉,证明目前北京已拥有高度准确的'空空'或'地空'火箭。它的出现和使用,虽不能说全面地改变了远东的力量平衡,但是它改变了那里的战斗条件。"

毛泽东则以绝妙的幽默和气概对世界说:"U-2飞机是我们用竹竿捅下来的!"

世界都在猜测,人们众说纷纭,这个问号越来越大。

四十年过去了,谜底终于揭晓,1956年初刚从美国归来的科学家钱学森向中共的最高层呈上一份报告:《建立国防工业意见书》。时任国务院总理的周恩来极为欣赏这种高瞻远瞩的战略眼光。中共中央做出决定:开创和发展中国的导弹事业。

1957年9月,中方派聂荣臻、陈庚、宋任穷等率领的代表团去莫斯科,同以别尔乌辛为首的苏联代表团谈判。10月15日秘密达成协议,其中包括援助中国地对空火箭一项(北约称之为萨姆-2),并派一个营的官兵来训练中国一个营的官兵。1958年12月30日,神秘的543部队成立了。之后,他们驰骋中华大地,四处击落敌机。

1960年在中国的大地上刮起了一股黑色的旋风——饥荒灾难,一刮就是三年。中国的许多优秀儿女倒下了。危难之际,那个苏联"大哥",给中国来了个釜底抽薪,单方撕毁合同,撤走全部专家。天灾人祸接踵而至。

从1958年引进的5套萨姆-2兵器,62枚导弹,打一发,少一发。没有零部件,万一出现老化现象,则整个设备将处于瘫痪状态,形势十万火急!谁知一个中国人怒吼起来,"就是脱了裤子,也要把尖端武器搞上去!",他就是当年要"旌旗十万斩阎罗"的陈毅元帅。

1967年9月17日中国自己研制的地对空导弹"红旗二号"击落了美国入侵的无人驾驶侦察机,中国有了自己的导弹。

"红二""红二",不妨仔细辨认一下,它的呼吸,它的脉搏,那种拳拳与切切,那不是出走的龙吗?回来了,故乡!龙终于蜿蜒地爬出了悠悠的历史隧道。历史赋予它磨难与机会,就是为了一展锦绣乾坤。

1.3 龙的"新生代"

在东方的黄土地上,有一群黄皮肤的人,曾用沾满泥巴的黄脚杆,走过举世无双的二万五千里长征。在人类的陆地文明史上写下了光辉的一页。美国记者索尔兹伯里曾说:"长征已给中国留下不可磨灭的印迹,它极大地影响了中国的知识。使这个国家出现了许多世纪以来所缺乏的精诚与团结"。那是1935年发生在中国的事情,之后,雪山草地里走出一支疲惫的队伍,他们吃野菜、穿草鞋,却背负着一个坚定的信念,他们的头人便是毛泽东,这支队伍改变了极贫极弱的中国命运。还有一位将军也在其中,他叫张爱萍,是他以自身的感受和哲学的深刻将中国火箭命名为"长征火箭"。

自从那群迟钝的黄皮肤人接受了叫作马克思主义的学说后,真就变得不可思议了。先是推翻了"三座大山",接着又把一个卧病的民族,耸立起来。在那个年代,阴沉的国际环境没有给他们提供一个对外开放的可能,相反倒逼着他们拾起一个法宝"独立自主,自力更生",艰难而无奈的选择。历史走过了风风雨雨。那些人,一跃跨过了几个时代,使中国成为火箭大国,领先世界。这一点龙的本能表现得淋漓尽致!

1970年4月24日,"长征一号"运载火箭在酒泉卫星发射中心将中国第一颗人造地球卫星("东方红一号")送入太空,这是黄土地上腾起的第一条巨龙。清脆悦耳的"东方红"乐曲响彻寰宇,那是来自历史深处编钟的激昂鸣响。

1975年11月26日,中国成为世界上除美苏之后,第三个掌握卫星回收技术的国家并创造和保持了回收率最高的世界纪录。

1980年5月18日到21日，由中国"长征二号"运载火箭向南太平洋定点发射成功。1982年10月12日中国完成了尖端的"巨浪一号"水下固体燃料导弹发射任务。

1984年4月7日"长征三号"运载火箭将中国的一颗实验通讯卫星"东方红二号"送入太空，使中国成为继美国、苏联、欧空局、日本之后，第五个具有发射地球静止轨道卫星能力的国家。

1988年9月7日，由"长征四号"运载火箭在太原卫星发射中心成功发射"风云一号"太阳同步轨道气象卫星。它标志着中国的航天事业跨入一个新时代。

1990年4月7日，西昌发射中心，"长征三号"运载火箭又将美国休斯公司制造的"亚洲一号"通信卫星送入轨道。这是中国发射的第一颗西方卫星，这一空前壮举震惊了世界。

1990年7月16日中国大推力运载火箭"长征二号捆绑式"（CZ-2E）在西昌发射中心发射成功。它是继中国"长征一、二、三、四号"后的又一杰作，是当时中国运载能力最大的火箭。它的成功为中国航天技术保持世界领先地位打下牢固基础。

1999年11月20日，长征系列新型运载火箭在酒泉卫星发射中心成功发射"神舟"号实验飞船，使中国成为世界上继苏（俄）、美之后第三个能发射宇宙飞船的国家。11月21日在内蒙古飞船顺利回收，中国载人航天技术实现重大突破。

2003年10月15日，"神舟五号"载人飞船由"长征二号F"运载火箭在酒泉卫星中心发射成功，中华民族几千年的飞天梦想终成现实。10月16日6时23分，"神舟五号"载人飞船在内蒙古主着陆场成功着陆。杨利伟成为炎黄第一人。

2007年10月24日18时05分，中国西昌卫星发射中心用"长征三号甲"运载火箭将"嫦娥一号"卫星成功送入太空。"嫦娥一号"是中国自主研制的第一颗月球探测卫星，它的成功，标志着中国航天深空探测实现了零的突破，使中国成为世界上继美、俄、苏、欧、日之后，第5个发射月球探测器的国家。

2011年11月3日1时43分，中国自行研制的"神舟八号"飞船与"天宫一号"目标飞行器，在距地球343公里的轨道实现自动对接，2012年6月29日顺利实现人工对接。这一对接使中国成为世界上第三个掌握空间飞行器交会对接能力的航天大国，形成世界载人航天中、美、俄三足鼎立的局面。之后，"长征五号""长征七号"运载火箭相继承载着中国梦一路高歌。

然而，在中国不平凡的航天历程中，最扬眉吐气的却是并不先进的"长征三号"所嘹亮的一曲龙的赞美诗，无论何时回看，都是绝唱的一笔！

1.4　敢问路在何方

《法国世界报》消息：

"1990年2月23日,欧洲空间局的'阿里安-4'型火箭在法属圭亚那库鲁发射场升空后不到两分钟爆炸,使它所载的价值四点三亿美元的两颗日本通信卫星毁于一旦。"

《苏联塔斯社》消息:

"1990年2月,美国'亚特兰蒂斯号'航天飞机,释放的一颗侦察卫星,在空中解体,卫星解体后分成四块在空中飞行,彼此相距数百公里。"

中东《金字塔》消息:

"1990年3月14日由美国'大力神-3'型火箭,发射的'国际通信卫星-6'升空后未能按预定时间与第二节火箭分离。当卫星脱离火箭时,却把一个应将卫星送入高轨道上的发动机留在了火箭上,因而使卫星处在一个不稳定的低轨道上。"

这是一个不祥的航天之年……

北京《新华社》消息:

"1990年4月4日,中国西昌卫星发射中心,测控系统部有关人士透露:中国将用"长征三号"火箭将"亚洲-1号"通信卫星送入轨道。这将是中国用自己的火箭发射的第一颗西方通信卫星。"

法国人失败了,美国人也失败了,领先时代的航天飞机更是无地自容,竟把好端端的卫星一下变成了太空垃圾。中国人偏要在这个时候铤而走险,"长征三号"行吗?

火箭是民族力量的象征,也体现了民族尊严,这次在龙的故乡腾飞,其意义之深远或许会超出意料,可要是失败了呢?

西昌——洛杉矶,全部的神经绷紧了。

当时,能掌握像"长征三号"运载火箭技术的最先进的低温燃料发动机——氢氧发动机的国家,除美国、法国外便是中国。而能解决氢氧发动机在高空失重的情况下,进行二次点火技术的全世界只有美国和中国。美国人失败了,厄运会不会罩在中国人的头上?

1990年4月7日,还有一小时火箭就要起飞了。

西昌,金灯高挂,如同白昼。发射架在风雨中巍然矗立。头顶"亚星"的"长征三号"如同一条昂首欲飞的神龙,面对茫茫的夜空,壮怀激烈……

夜静静的,充满了神秘、诱惑和危险。

9点30分,一串火光浓烟,巨龙腾空而起,"长征三号"演绎了神奇,竟然从稍纵即逝的云洞中钻了出去,直奔太空,挥洒了万般惊险。之后,喜庆的雨一直欢快地下个不停。龙啊龙!你终于写出了七千年文明史上最璀璨的一页。

事后有消息透露,中国在争取这一发射机会时真是几经周折。美国总统布什态度明确,当有人问他为什么如此赞成此事时,他风趣地说:"我不想得罪十亿中国人"。这话竟从一心想成为世界领袖的人物口中说出,要知道这十亿人的祖辈曾是任人宰割的"东亚病夫"!

一个时代结束了,一个时代又开始了。

1.5 走向永恒

在东方的黄土地上,龙的传人走成一条长长的队伍,万众一心。不知什么时候,已是东起山海关,西至嘉峪关了,绵延万里,横亘神州。在黄土地的周围,还有色彩斑斓的红土地,绿土地……

那分明是条龙!这不是神话,也不是故事,是美国"阿波罗"飞船登月途中,宇航员柯林斯所见到的太空景色,是真的。它是宇宙中能见到的地球上唯一一个标志着人类生存的迹象——长城。

在浩瀚的宇宙中,人类正以地球的思维,面对着无穷和深邃。点点滴滴的星光,穿透几千光年、几万光年的黑暗,直到永远。而一个崭新的天体时空正在走向永恒。谁来破译这其中的奥妙!是宇宙的思维?还是自然精神?讲述地球的故事,一个真理,一种存在:"古老的东方有一条龙"。

§2 "阿波罗"疑云

众所周知,1969 年 7 月 20 日美"阿波罗 11 号"宇宙飞船,载着三名勇敢的宇航员,进行了人类史诗般的冒险。阿姆斯特朗在月球上踩出了人类的第一个足迹,成为上世纪轰动世界的特大新闻。他在月球上说出的那句感人至深的话,至今还在人们心中回荡:"这是我个人的一小步,但却是人类的一大步"。

"土星五号"是当时世界上最大的三级液体燃料火箭,它是由冯·布劳恩(Wernher von Braun)研制的,正是它把人类送上了月球,有人说那是冯·布劳恩的脚印,也不无道理。

哥伦布是创世纪的人物,但一提哈泼·威尔逊(Harper Wilson)人们却是那样的陌生。在美国新罕布尔洲的一个普通小镇上,住着一位性格孤僻的老人,和许多人一样,无声无息地活着,没有人认识他。然而,他才是为人类做出巨大贡献的历史名人。"阿波罗计划"的登月队长——哈泼·威尔逊。

这究竟是怎么回事呢?还得从头说起。

1957 年 10 月 4 日,苏联的火箭将人类的第一颗人造地球卫星送入太空。

1959 年苏联发射的"月球 2 号"探测器在月球着陆,这是人类的航天器第一次到达地球以外的天体。

1961 年 4 月 12 日,苏联载人宇宙飞船"东方号"绕地球飞行一周,安全返回地面。加加林成了世界上第一名宇航员。

这个节奏没有留给世界一个喘息的机会。

1960年,自从民主党人肯尼迪入主白宫以来,他狂热地支持太空军事行动,于是,五角大楼便提出了"登月计划"。军方认为:如果美国不迅速登月,那么苏联人可能会捷足先登。1961年5月25日,肯尼迪在国会向世界宣布:"美国将在十年之内致力于将人送上月球,并使其安全返回地球。"威尔逊有幸被任命为登月队长,于是他成了轰动一时的名人。

"1966年,美国的双足正深陷在亚热带丛林的沼泽和硝烟里,大量的年青生命毫无意义地扔在了越南战场上,一时间,美国掀起了反对军事化运动,而对太空计划更是产生了质疑。"威尔逊再次成为焦点人物。他说:"我昨天还是大家争先签名的英雄,而今天人们却要质问我:为什么要毁灭世界?我不明白,我怎么会毁灭世界呢!"后有绝密情报表明:一旦登上月球,美国将在月球上建立核武器基地。从此,冰清玉洁的月亮不再迷人传情,它将因邪恶而被万人诅咒,世界要坠入黑暗的日子。可怕!威尔逊忧郁而麻木了。

1968年圣诞节之夜,电视里正播放哥伦布号探月飞船绕月球飞行时的情景。"蔚蓝色的地球,从月球的地平线上冉冉升起。"壮丽的瞬间猛然使威尔逊获得心灵定位:"从月球上瞭望地球,看到的不仅仅只是美国,而是整个星球,美国不是宇宙的中心,不代表地球的一切,为什么要独自拥有月球呢?"正义和神圣在他心中激荡!

升空前,他被授予了登上月球时对全世界的宣言书,内容是:"我哈泼·威尔逊郑重宣布:美利坚合众国拥有对月球的领土主权。美国人迈出的每一步,都是美国领土的扩展!"

"阿波罗11号"载着三名宇航员,系着全人类的目光飞向太空,经三天的遨游于1969年7月20日顺利到达月球。他们是哈泼·威尔逊、内尔和柯林斯。柯林斯留守于月球外围空间轨道上,威尔逊和内尔登上了几千年来人类的梦想。电视机、摄像机转播了这历史性的一幕,上亿人观看了实况转播,上亿人的心在急跳⋯⋯

威尔逊走完了最后一步,脚踩着灰蒙蒙的月球表面,开口说话了:"我哈泼·威尔逊,以全人类的名义宣布:月球不属于哪一个国家,而是全人类的共同财富,我们为人类的和平而来!"人类的美好声音从另一个星球传来,传给地球上的人类⋯⋯

实况转播中断了。美方说是卫星出了故障。实际上美方在与威尔逊秘密通话。四分半钟后,他被撤职,由其副手内尔代之。一周后,威尔逊一返回地球便消失了,之后的事再也无人知晓了。

威尔逊的话全世界都听到了。当登月船一回到地面,联合国立刻做出决定：月球归全人类共同拥有。多少年过去了，通向月球的每一个计划都满载着和平与希望。而带来这一切的威尔逊被迫隐居在那个小镇中，最后他终于打破沉默讲出了真相。当有人问他为什么要讲出这一切时，他说："历史将登月机会给了我，我只要补上那丢失的四分半历史而已。"

公元 20 世纪，在地球的地平线上升起了一轮皎皎的明月，以正直无畏的光辉永远普照大地和人类，那就是哈泼·威尔逊。

这篇文章内容多摘自"补上四分半的历史"一文（2000 年《科学与文化》第 5 期）。动人的情节、合理的逻辑、澎湃的激情、华美的词藻，深深地打动着每一位读者。笔者未能联系到原作者，但读其文章时，热血沸腾崇拜至极，只是有些存在疑问的地方：

首先，哈泼·威尔逊在美国航天界查无此人，而阿姆斯特朗（Neil Alden Armstrong）在登月前的所有活动一清二楚。

文章中提到的哥伦布号探月飞船是不存在的。如果人和物都是化名的话，说明原作者一定承受不小的压力。

其次，文章提到登月船返回到地面后（1969 年），联合国才做出月球的相关决定，这与史实不符：

《外层空间条约》（Outer Space Treaty）1966 年 12 月 19 日在联合国大会通过，1967 年 1 月 27 日开放签署，1967 年 10 月 10 日生效，无限期有效。其主要内容有：各国皆有探索和利用外层空间的自由；各国不得将外层空间占为己有；不得在绕地球的轨道上、天体（星球）、外层空间放置大规模毁灭性武器；禁止在天体上建立军事基地和进行军事演习；利用外层空间应避免对地球环境产生不利影响等。这个条约明确指出适用范围包括月球在内。

而阿姆斯特朗同样也有理不清的事。

他在回答那"神秘的四分半钟"时，解释为在与总统通话，显然那四分半的事实并非是空穴来风。让人不得不怀疑美国背后到底怀有怎样不可告人的动机和目的！而事实上，实况转播中断远不仅仅只是四分半而已。

当时，报道登月过程的记者都集中在休斯顿载人宇航中心的一个大房间里。那时没有电脑和手机，每个记者只有一张工作台和一部电话，并用打字机写稿。记者可以通过耳机听到宇航员传回到地面的声音，但如果控制中心希望保密的话，他们会暂时切断记者的信号。

事实上，记者根本就没有听到任何所谓的登月宣言，其中包括那句广为流传的"这是我个人的一小步，但却是人类的一大步"的动人之说。随后美国向世界播放的视频是经过技术处理后的录像的回放。

之后，阿姆斯特朗果然淡出人们的视线，成为一名默默无闻的教授。而对人们的质疑则表现为沉默和坦然。然而，几十年来关于"登月骗局"的说法一直沸沸扬扬。一些人甚至认为整个登月过程是在好莱坞摄影棚里拍摄的。

2012年8月25日,阿姆斯特朗的家人发表声明,证实阿姆斯特朗因罹患心血管并发症而逝世,享年82岁。声明还说,阿姆斯特朗为能服务于国家而感到自豪,但没有说明阿姆斯特朗去世的时间和地点。家人态度低调,像阿姆斯特朗的一贯作风,他为人谦逊。媒体只是如实报导,未加评论。

2012年9月14日,美国航天局宣布:美国海军为上月逝世的登月第一人阿姆斯特朗举行了隆重的海葬。

菲律宾号巡洋舰当天降半旗驶出佛罗里达州梅波特港后,在牧师祈祷下伴着3声礼炮,阿姆斯特朗的骨灰以及一段非同寻常的历史一同被撒入了浩瀚的大西洋。奥巴马总统当天称赞他是"美国最伟大的英雄之一"。世界各地民众也陆续通过各种方式缅怀这位登月先驱。

尼尔·奥尔登·阿姆斯特朗留给人们太多的谜团,其内心更留有太多的委屈和无奈,但有一点是肯定的:这位令人敬佩的英雄,生前作出了巨大贡献,也承受了太多的是非压力!他所展现出来的是人类真正的勇气和信念,我们知道他是伟大的英雄就够了。英雄上路,阿姆斯特朗一路走好!

§3 航天飞机计划

公元20世纪:60年代,白宫制定了"阿波罗计划";70年代,美国制定了"航天飞机计划";80年代,里根制定了"星球大战计划";90年代,这位"山姆大叔"又托出"火星计划"。

"阿波罗计划"迷雾重重终归实现;"星球大战计划"得不偿失被迫搁浅;"火星计划"紧锣密鼓持续推进;一波三折的当属"航天飞机计划"。

3.1 出乎意料

航天飞机看起来有种温情脉脉的感觉,但其战略地位却令洲际导弹及战略轰炸机望尘莫及。它的出现既是一种进步又是一种挑战。

1981年4月12日,美航天飞机"哥伦比亚号"绕地球三十六周,完成首航任务,宇航员翰·杨和克里平开创了人类航天史上的新纪元。

1985年1月24日,美航天飞机"发现号"第四次上天,飞行了三天,五名宇航员全部是军人,执行了一项秘密军事任务,代号"人在太空"。

1986年1月28日,美航天飞机"挑战者号"第十次飞行,航天第25次,结果遭到不幸,升空后一分钟爆炸,七名宇航员全部遇难(其中一名为女性),震惊了世界,美国不得不推迟航天计划三年。有一张著名的照片在人类史上已成为一种永远的痛！它记录了那个不堪回首的瞬间,然而有谁知道在那个瞬间中现场的一个小男孩,撑起了惊恐而绝望的眼睛,因为他的父亲就在这架航天飞机上……

3.2 别有洞天

1988年10月3日,"发现号"航天飞机别有一番滋味地上了天,使得美国航天计划走出了低谷,而掀开的却是另一番天地。

1988年11月15日清晨,前苏联哈萨克草原上笼罩着初冬的寒气,拜库诺尔宇宙中心戒备森严。莫斯科时间6时整,一串火光浓烟,苏联的第一驾航天飞机"暴风雪号"腾空而起,它向全世界宣告:航天飞机不再为美国所独占。7时30分,中央电视台(前苏联)又播出了具有历史意义的一幕:"暴风雪号"绕地球两周后,按预定时间返回地球顺利着陆。"暴风雪号"号价值一百亿美元,性能大大超过美国,并且用于军事力量上易如反掌。

随之而来的是美、苏愈演愈烈的太空角逐,冷战持续升级。

3.3 道高一尺,魔高一丈

带有神秘色彩的B-2隐形轰炸机,刚刚在美国加利福尼亚州宗涧谷面世,美国航天飞机"亚特兰蒂斯号"又完成了一项五角大楼的秘密军事使命,将一颗新型间谍卫星送入太空,代号"长曲棍球"。它可以对前苏联的80%的领土进行扫描分析,即使在漆黑的夜晚或浓云密布的情况下,也可以及时地捕捉到地面上人一样大小的目标。它另外一个任务就是充当B-2的"千里眼",为其提供情报,指示其轰炸目标。

B-2研制了十年,它是20世纪末伟大的高科技成果,也是飞机制造史上的一次革命性产品。它的结构和材料都不同于其他飞机,它能吸收电磁波,雷达及红外线跟踪器都无法发现它的踪迹。它主要任务是用来摧毁前苏联的核子战略武器主力:SS-24导弹、SS-25导弹,同时肩负秘密使命。换句话说,战争一起B-2的主要轰炸目标就是戈尔巴乔夫本人(前苏联总书记)。

B-2的情报来源于间谍卫星,战时抢先要毁掉的就是那些间谍卫星,这一点苏联人清醒得很。于是在偏远的高加索山脉上出现了许多激光战争站,随时将击毁那些别有用心的飞行物。

当我们留心航天飞机时,发现它是垂直起飞水平降落的,20世纪人类的梦想是有一种想飞就飞,想落就落,来去自由的航天器,那便是空天飞机——可以水平起降又可重复使用的航天器。

空天飞机在大气层中飞行时与航空飞机一样使用航空发动机,只消耗燃料不消耗氧化剂,在大气层外飞行时才使用火箭发动机,消耗氧化剂。它同时兼有普通飞机和宇宙飞船的性能。美国1997年的X-30计划便是空天飞机的研制。它第一次将航空发动机引向航天领域,这将导致一场航空航天技术的革命,以至于啧啧称道者翘首以盼!

3.4 争奇斗艳

太空时代的到来,给我们带来了浩瀚与悠远。更牵动了人类的感觉与愿望。就在美国航天文明蒸蒸日上时,大洋彼岸的航天文明则一路揭竿而起。

欧洲已形成一个跨国的超级技术集团——欧洲空间局。"阿里安-5"型火箭,"赫尔墨斯"航天飞机,"哥伦布号"空间站将成为现实。一个独立的、团结的、强大的欧洲,即将对美、苏(俄)航天霸主地位发出严峻挑战。

日本同样不甘示弱,将以其雄厚的经济实力和技术实力与航天大国争一高低,"H-2"重型火箭、"霍普"航天飞机、"自由号"空间站的日本实验仓,以及极轨平台,曾预计在20世纪90年代进入太空。

肯尼迪航天中心、拜库诺尔宇宙中心、西昌卫星发射中心、法属圭亚那的库鲁发射场、种子岛宇宙中心等等,它们猛然间承载起人类强大的太空雄心。

1990年4月25日,美国"发现号"航天飞机将备受瞩目的哈勃空间望远镜(HST)送入太空。这一下改写了天文教科书,纠正了人类对宇宙传统认识的许多偏见。

1993年12月2日,美国"奋进号"航天飞机完成了航天史上雄心勃勃的使命,修复了曾一度出现故障的哈勃望远镜。

1998年6月3日,北京时间6时10分,这一时刻注定要载入航天史册。美国航天飞机"发现号"搭载着阿尔法磁谱议(AMS)发射成功。实现了将人类独一无二的永磁体(中国制造)送入太空的梦想,以寻找和探索宇宙中的暗物质和反物质。这是继哈勃望远镜之后,送入太空的又一只人类之眼。

斗转星移,日月如梭,21世纪大气磅礴。然而,奇怪的是不仅那些异想天开的航天飞机没有惊世现身,更因2003年2月1日美国"哥伦比亚号"航天飞机在返回大气层时遭到空中解体(7名宇航员全部遇难),使航天飞机彻底遭到质疑,以至于美国不得不宣布到2010年航天飞机全部退役。

2011年7月21日,北京时间17时57分,有惊无险的"亚特兰蒂斯号"航天飞机在肯尼迪航天中心着陆,完成美国航天飞机项目第135次,也是最后一次飞行,美国无可奈何地宣告:持续了30年轰轰烈烈的航天飞机计划就此终结。

别了!航天飞机,记忆中挥不去你的雄姿,岁月里留不住你的身影,三十载你让人悲喜交加!归根到底,航天飞机实际上是一次历史的误会!

3.5 "皮"之不存,空天飞机焉在

2004年,美国宇航局研制的X-43A极速飞机试飞成功,创造了速度近9.8马赫的新纪录,但只持续了几分钟时间。马赫是表示速度的量词,一马赫即一倍音速。

"X-51A乘波者"极速飞机由波音公司研发,欲达到20马赫,结果没有成功。

这一系列的极速飞机尽管只有靠火箭才能送入高空,但它们还不属于空天飞机的范畴,因为它们不能在外太空执行任务。它们要突破的是两项硬性技术指标:高超音速(5倍声速以上)和极限高度(大气层的边缘)。由于美军的王牌隐形战机技术已被识破,因此将来战略制高点要靠速度和高度来决胜。

理论上,这种高超音速飞机可在1小时内打击地球任何角落的目标。它采用冲压式发动机,可以在极其稀薄的大气层边缘获取氧气,被认为是继螺旋桨和喷气推进之后的"第三次动力革命"。由于这种战机飞得太快,所以常规导弹没有能力将它击落。

高超音速技术将使美国空军彻底脱胎换骨,成为一支"太空"部队。

2010年4月22日19点52分(美国东部时间),一架真正的空天飞机美国X-37B在佛罗里达州卡纳维拉尔角空军基地发射升空。"阿特拉斯5号"火箭执行了此次发射任务。当然,这架空天飞机还不能水平起飞,人类要实现这一夙愿还有很长的路要走。

X-37项目最初由美国航空航天局NASA发起,归空军快速能力办公室负责。X-37B有能力对敌国的航天器采取军事行动,包括控制、捕获及摧毁,也能对敌国进行军事侦察及打击。它既能在外太空巡航,又能进入大气层直接执行打击任务,它最终将演变为一架太空战机,将使美国真正建成一个全球一小时打击圈。

有关X-37B空天飞机的情况被确立为美国最高机密。美军方刻意强调:X-37B飞行三次,没在太空做"坏事"。恐吓憨态而柔美,却令全球倍增忧思!

2016年8月1日,中国航天科技集团消息:中国正在研制的"组合动力飞行器"将会让普通人轻松实现遨游太空的梦想,而且费用大大降低。"组合动力飞行器"集涡轮发动机、冲压发动机、火箭发动机于一体,属于人类期盼中的那种来去自由的理想航天器。

将来,卫星的释放与回收、太空基地(工厂、实验室、观光点)的人员投送与货物转运,这些高难度的复杂工作,都只不过是一程穿越时空与心灵之旅的举手之劳,收获大境界的那一天指日可待!让太空多一分浪漫,少一些威胁,多一分珍重,少一些敌视,多一分合作,少一些对抗,需要地球人共同觉醒!

§4 "衰"与"荣"——前苏联与航天

4.1 人造卫星 挑战时代

1957年10月4日,苏联的大型运载火箭将人类的第一颗人造地球卫星送入轨道。这是人类成功向太空迈出的第一步。这也是继核武器之后,高科技对世界的又一震撼,它标志着太空时代的到来。这一爆炸性新闻使美国总统艾森豪威尔惊讶得目瞪口呆,终日惶恐不安。

1960年9月20日到10月24日,第十五届联合国大会在纽约召开。傲气十足的赫鲁晓夫(前苏共领导人)想在联合国大会上给华盛顿点颜色看看,执意要向世界展示共产主义理想。于是命令其火箭司令米特罗凡·伊万诺维奇·涅杰林元帅说:"当我登上联合国大会主席台发言时,给我发射一颗人造卫星!"然而,当兴致冲冲的赫鲁晓夫登上联合国大会主席台时,伴随他的不是卫星上天,而是火箭爆炸。会场大乱,懊恼的赫鲁晓夫居然脱下皮鞋敲桌子。当然,那不是他自己的皮鞋,而是旁边一位睡着的阿拉伯人脚上穿的皮鞋。原来在发射时,火箭出了故障,涅杰林元帅深知大事不妙,亲自带领七十多位专家及相应的工作人员登台抢修,但就在这些人登上发射架时,第二节火箭意外地启动,一下将他们葬送在几千度的高温里。这是世界航天史上第一大不幸,事后火箭司令的死以"飞机失事"公布于众。1995年后该事件的真相公布于世。实际上,这一消息当时早已不胫而走,到1982年像笔者这样的普通人都已获悉此事。

4.2 宇宙飞船 领先世界

1961年4月12日,苏联再次鳌里夺尊,载人宇宙飞船"东方号"绕地球飞行一周,并安全地返回地面。加加林成了世界上第一名宇航员。

1964年11月1日,苏联三人宇宙飞船"上升号"在拜库诺尔宇宙中心发射成功。在升空前,赫鲁晓夫与宇航员通话:等返航归来,将为他们举行一个盛大的欢迎仪式。然而,当"上升号"用七天时间完成绕地球十七圈的任务胜利返航归来时,宇航员们发现迎接他们的不是赫鲁晓夫。这次引起全世界瞩目的缺席表明:赫鲁晓夫已不再是苏联最高领导人了。

4.3 空间站首开先河

1971年4月19日,前苏联成功地发射了"礼炮1号",这座世界最早的宇宙空间站作为"联盟号"宇宙飞船上的宇航员在绕地球轨道进行科学实验和生活起居的基地,通过与飞船对接使用。从此载人太空飞行进入一个新的阶段。然而不幸的是空间站首航的宇航员在返回途中全部遇难。于是前苏联政府在莫斯科红场上为这三名宇航员举行了隆重的葬礼。

4.4　交会对接　标新立异

　　1975年7月15日,苏联"联盟号"飞船从拜科努尔航天中心发射升空,7个半小时后,美国"阿波罗－18号"进入太空,这是一场精心策划的行动,最终成功实现了"阿波罗－联盟"太空对接飞行。两种制度在地面上不共戴天,到了天上却情同手足。奇妙的一吻消除了阶级性,实际上丝毫没有改变地上的一切。不过那一刻,所有的人似乎对地球人这个概念都领悟到一种更深的认识。

4.5　航天飞机　当仁不让

　　1988年11月15日清晨,苏联哈萨克草原笼罩着初冬的寒气,拜库诺尔宇宙中心戒备森严。莫斯科时间六点整,一串火光浓烟,苏联的第一架航天飞机"暴风雪号"腾空而起,它向全世界宣告,航天飞机不再为一国所独有。"暴风雪号"耗资一百亿美元,性能大大超过美国的航天飞机,而用于军事力量易如反掌。

4.6　茫茫太空,最后的苏联人

　　1991年5月18日,苏联宇航员克里卡廖夫进入"和平号"宇宙空间站,开始为期三个月的科学实验活动,预计8月30日返回地面。当他一丝不苟地完成了一系列科学实验后,正准备将最新的结果带回地面时,苏联8.19事件爆发了,于是他的归期一拖再拖,直到第二年3月15日,他才以一种难言的复杂的心态降落到地球上。到那时,他已经在远离人间的太空漂泊了310天之久。茫茫的太空星光点点,孤独和寂寞给予他的是一种难以克服的思念亲人之情,只能靠信念支撑着,最难捱的时候他就遥望着地球,想象着远方的春夏秋冬,因为在太空中是没有这种概念的。他没有想到,在他的思念中苏联已进入了最后的一个冬天。就在那个冬天里,一个地球上最大的社会主义国家消失了,全球的政治版图和地理版图因此做出重大的更改。拥有世界最大领土面积的前苏联,曾叱咤风云一时,最终无可奈何地走上了穷途末路。

　　有道是"沉舟侧畔千帆过,病树前头万木春。"关注的人们在遗憾与惊讶的同时,该做出怎样严肃的思考呢?

　　然而,事情并没有完全结束,2002年5月12日,用以存放"暴风雪号"航天飞机的机库,因年久失修轰然倒塌,顷刻间"暴风雪号"航天飞机成为瓦砾下的残骸……

§5　千古豪情　九天揽月

月亮的婉约与传神我们已在本书第1篇第3章"最独特的天体系统"中详尽描绘过了,这里我们要身临其境地去触摸一下这个距离我们地球最近的天体。38万公里之处,只能是人类太空探险的第一站。这一点在公元前440年阿那克萨哥拉已经明晰,但在之后的2 400年里,人类只能把这一美好的夙愿搁置在神话里去向往,直到……

5.1　第一次探月高潮

1959年,苏联一鼓作气向月球连续发起了三次冲锋,目的就是要狠狠地撩拨一下美国,向世界展示一番实力,代表着伟大人类的实力。

1月2日"月球1号"探测器在苏联的拜科努尔航天中心顺利升空,随即离开地球轨道。激昂的"月球1号"强劲地奏响了人类的千古心曲。1月4日从5 995千米外掠过月球。瞬间的亲密还是让人类获得了一种满足,人类第一次近距离地凝视了这个与我们朝夕相伴、一往情深的星球。之后"月球1号"彻底摆脱了地球引力,得意地成为了世界上第一个人造行星。它将永远地围绕太阳公转,周期为450天。

9月12日,苏联发射的"月球2号"探测器9月14日在月球表面硬着陆,这是人类的航天器第一次到达地球以外的天体。它准确击中月球的同时,也击垮了美国脆弱的心理防线,美国着实受到了强烈的刺激。

10月3日,前苏联发射的"月球3号"探测器飞越月球并发回珍贵的照片,使人类首次看到了神秘的月球背面。美丽的环形山密集分布,纵横交错,重叠相连,有的绵延数百千米,令人叹为观止。月球背面同样分布着许多撞击坑,那是当年替地球挡了"子弹"的结果。苏联天文学家随后对月球背面的地貌进行了命名。最后"月球3号"无怨无悔成为一颗普通的人造地球卫星。

月球上的山川命名遵循了古代天文学家的原则:月球上的山借用地球上的山名;月球上的环形山用著名的科学家或思想家的名字来命名。如哥白尼环形山、阿基米德环形山、牛顿环形山、伊巴谷环形山、卡西尼环形山等等。国际天文学联合会分别以500多个科学家的名字为月球的环形山命名。其中有5座环形山是以中国人的名字命名的,他们分别是石申、张衡、祖冲之、郭守敬和万户。前4位是中国历史上著名的天文学家,万户则是明朝的一位官员,他是世界上第一个以身尝试用火箭飞行而献身的人。后来,又增添了三个撞击坑:蔡伦、毕昇、张钰哲。张钰哲是中国近代天文学的奠基人。

不料,遭受到刺激的美国知耻而后勇。从1961年到1967年间用9个"徘徊者"探测器,7个"勘探者"探测器以及5个月球轨道器,先后对月球进行考察,为登上月球做准备。紧接着,"土星5号"运载火箭先后向月球发射了17艘"阿波罗飞船"。其中,"阿波罗"1~3号是试验用的飞船,4~6号是无人飞船,7号飞船载人绕地球飞行,8~10号载人绕月飞行,11号至17号是载人登月飞行。

1969年7月16日,美国"阿波罗11号"飞船载着阿姆斯特朗、奥尔德林和柯林斯三人,史诗般的完成了人类的首次登月,顺利返回地球。我们今天还不敢说完全了解这一史无前例的登月内情。美国6次成功的登月有12名宇航员踏上月球,宇航员们总共在月球上停留了约300个小时,并向地面带回440千克的月岩样品。

1970年9月12日,苏联发射了"月球16号"探测器,9月21日成功实现了无人月壤取样并自动返回,送回地球100克月球土壤。

在举世瞩目下,第一次探月高潮到1972年落幕了。美、苏两国争先恐后,虽然各有千秋,但相比之下,美国还是以绝对的优势抢了风头。

5.2 第二次探月高潮

时隔18年后,月球探测波澜再起。

1990年1月24日,日本发射了"飞天号"月球探测器(原称"缪斯"),成为世界上第三个成功探月的国家。1993年4月10日,"飞天"撞击月球后结束了历史使命。

1994年,美国发射了"克莱门汀号"无人驾驶飞船,对月球进行了新的地貌测绘,准备将来建立月球基地和天文台。

1998年1月6日美国发射升空了"月球勘探者",1999年它撞击月球找水,最终发现在月球两极的盆地底部存在水。

2003年9月27日,欧洲第一个月球探测器"smart-1号"顺利升空,借助太阳能离子推进器于2004年11月抵达月球上空的近月轨道,欧洲坐上了探月壮举的第四把交椅。2006年9月3日,"smart-1号"同样以一种悲壮的方式,准确撞向月球"卓越湖"火山平原,结束了长达3年的探月之旅。撞击产生了美丽而强烈的闪光,在月球上留下了惨烈而不朽的造型,成为一座丰碑。

2007年9月14日10时31分(东京时间),日本"月亮女神"绕月探测卫星搭乘H2A-13火箭,从日本南部种子岛宇宙中心顺利升空,开始了为期一年的探月之旅。"月亮女神"由一颗主卫星和两颗子卫星组成。2007年10月5日,它进入距月球表面100公里的绕月轨道,进行精确探测。

2007年10月24日18时5分（北京时间），中国在西昌卫星发射中心用"长征三号甲"运载火箭将"嫦娥一号"月球探测器成功送入轨道，中国成为世界上第五个具有探测月球能力的国家。

中国坚持和平利用太空、造福人类的宗旨，本着"平等互利、和平利用、共同发展"的原则。"嫦娥"的故乡在中国，但"嫦娥"属于全世界，"嫦娥一号"所获数据全面公开，供世界科学界分享。

之后，中国"嫦娥二号、三号"不断刷新成绩。

第二次探月高潮到来时，所有具备条件的国家蜂拥而上。还是那轮亘古的月亮，18年来，阴晴圆缺一如既往，为什么一下便点燃了人类的全部激情呢？

原来，探月工程所能实现的价值远远超过工程本身。人类社会已步入了这一循环增值的关键时期，并且雄厚的经济实力已能支撑这项庞大的系统工程。

首先，探月工程是一架科学与技术的绝佳孵化器，卓有成效地推动着空间科学、天文科学、生命科学和材料科学等基础科学的创新与发展。

其次，月球没有大气，不存在对光的干扰，它是探测天体和宇宙空间的理想平台，同等条件下，月球远比地球能更清晰、更准确地对天体进行观测。月球表面的无菌环境是生产特殊产品的理想之所，未来的高端产品必将是"月球制造"。月球还将成为人类深空探测的中转站。航天器从月球出发飞向深空，不但可以大大节省成本，还能完成在地球上根本无法实现的特殊举措。

再次，月球独特的资源是地球的重要补充和储备，对人类社会的可持续发展有着深远影响。月壤中特有的氦-3是宇宙中的稀缺物质，更是未来人类可长期使用的清洁、高效、安全的新型核聚变燃料。它将改变人类社会的能源结构，丰厚的储量可满足人类上万年的需求，这种超级诱惑让地球欲罢不能。

实际上，月亮能给予我们的远比我们想象的更多。它会让我们喜出望外！但是，月球的开发和利用，必须要在有着强大约束力的"国际公约"下进行，否则，月球上的混乱与争端，同样会殃及我们的地球家园！

人类何尝不希望自己所拥有的这轮明月，恪守本色，绵绵久远，揉碎诗人的心、情人的意，温润一片碧莹莹的美妙之夜……

§6 冲出地球

千百年来，人类一直梦想飞向天外，探索宇宙的本质，寻求生命的本真。自从牛顿被"贬"到人间打理琐事后，天上之事均由爱因斯坦定夺。水星轨道进动之谜的破解，爱因斯坦让我们真正了解到天体纷繁复杂的运动规律，这样一来，才使得星际间的访问成为可能。

然而到目前为止,在光辉世纪中行走的人类仅仅只登上了月球,这份遗憾不大不小,时时让人反省而自勉。人类下一个里程碑——登陆火星,之后在深空中雄视星汉灿烂,锁定新的秀丽家园。

1923年,德国火箭专家赫尔曼·奥伯特出版了经典著作《飞往星际空间的火箭》。1924年俄国科学家康斯坦丁·齐奥尔科夫斯基又出版了论述多级火箭的专著。火箭靠自身燃料燃烧喷出气体的反作用力飞行,实际上这依然是牛顿在发威。目前,人类要进行星际探索,只能借助于火箭,其他奇妙的想法依然停留在幻想中。

如果速度达到7.9千米/秒,就可以围绕地球运行而不至坠落,这时,它的向心力等于地球的引力,这就是第一宇宙速度。如果速度达到11.2千米/秒,可以摆脱地球引力束缚围绕太阳运行,这是第二宇宙速度。当速度大于16.7千米/秒时,就可以飞出太阳系,围绕银河系的中心运行了,这是第三宇宙速度。要飞出银河系也许需要第四宇宙速度、第五宇宙速度,但现在的人类航天器才刚刚冲出地球,唯有4个佼佼者(美国的"先驱者10号、11号""旅行者1号、2号")跨出了太阳系。纵使浩瀚的宇宙风光无限,也要踏踏实实地走好眼下的路,否则欲速则不达。

6.1 奔向距太阳最近的地方——水星

1973年11月3日,美国航空航天局发射了"水手10号"探测器,其在考察了金星之后,曾3次飞过水星(1974年3月29日、1974年9月21日、1975年3月6日),且都是从同一地区上空飞过。由于"水手10号"飞行速度太快,无法进入水星轨道。因此"水手10号"只是做了顺手牵羊之事,所拍的照片只能显示水星表面45%的地貌。发现了水星的磁场和磁层,探测了水星大气的主要成分是氦,自转如此慢的水星所产生的磁场居然能"抓"住部分大气。另外照片还揭示了水星有大量的陨石坑和盆地。最后"水手10号"与地球失去联系。

2004年,美国东部时间8月3日凌晨2时16分,"信使号"水星探测器从美国佛罗里达州卡纳维拉尔角肯尼迪航天中心升空,历经79亿公里的太空遨游,于2011年3月18日12时45分进入环水星轨道,展开为期一年的科学探测。"信使号"由波音公司的"德尔塔2"型火箭成功送入太空。这是"水手10号"之后近30年来,人类首次对水星进行近距离的探索。

地球距水星约9 100万公里,"信使号"直接飞到水星只要3个月左右。但如果这样做,飞船为了减速进入环水星轨道需要消耗更多燃料,这意味着需要更大的火箭、更复杂的设计和更高的成本。为此,科学家们拿出了一套更为科学的方案:让"信使号"在太阳系内运行6年后,自动减速,再进入环水星轨道,一系列的难题便迎刃而解。飞船绕太阳飞行15圈,期间一次飞经地球,两次飞经金星,2008年和2009年三次飞经水星。这个过程中巧妙地利用行星的引力场为飞船减速。"信使号"完成了79亿公里的孤独之旅后,添补了水星无卫星的空白。水星的外表类似月球,但昼夜温差近590℃,恶劣的环境宣告了该星球必然与生命无缘。

探索这样一个乏味的星球意义何在呢？因为太阳系的玄机和秘密深藏在每一个星球当中,只有全面深入,才可攫取到最后的真谛。那么探索工作就不仅仅只限于一个水星了,而是太阳系内所有的星球。

既是幸运又是巧合,当作者正沐浴在地球的和煦时光中,欣然命笔时,难能可贵的"信使号",一边探索发现,一边在同高温战斗！2015年5月1日（北京时间凌晨3点26分）,"信使号"以撞击水星的方式,结束了使命。这是它钟情一生的地方,也将成为它最后长眠的地方。这里离太阳最近,其生命的历程宛如"夸父逐日"之悲壮！

6.2 追寻美丽的传说———金星

金星,在希腊神话中被尊为阿佛洛狄忒,在罗马神话中被尊为维纳斯,其寓意都是象征着"爱"与"美"的女神。在中国道教中称之太白金星神,是一位穿着黄色裙子,戴着鸡冠,演奏琵琶的女神,明朝以后金星形象才变为一位童颜鹤发的老者。金星起初占尽了女性的万般柔美,但当我们真切地去拥抱她时,却像是在演义中国式的传说。

1962年8月27日,美国发射了"水手2号"探测器,1962年12月14日从距金星35 000千米处飞过。"水手2号"是世界上第一个成功的星际探测器,首次实现了航天器飞越行星的壮举。同时发现了金星是个炽热的星体,表面温度高达500℃,堪称炼狱,且被浓厚的二氧化碳大气覆盖,上面飘浮着硫酸云。这种种特征显然与女神的灵秀大相径庭……

最后"水手2号"同样运行于太阳轨道中,也成为了一颗人造行星。

美国的举动同样深深地刺痛了苏联。于是从1967年至1981年,苏联"金星4号"至"金星14号"探测器隆重上演了苏联航天史上靓丽的一幕。先后在金星表面着陆成功,执行多项考察任务,包括拍摄金星表面照片,了解大气的成分、温度、表面气压等情况。金星的大气压是地球上的90倍。这些勇闯炼狱者,经受住了极其严酷的考验。"金星12号"在距离金星表面10公里处,探测到闪电,着陆后又多次记录到闪电。而地球上的有机小分子就是在电闪雷鸣中诞生的。当然,生命在这样的环境中生存的几率只能为零。

1978年5月20日和8月8日,美国分别发射的"先驱者"-金星1号、2号探测器,经过长途跋涉,均到达金星并进入环绕轨道,用雷达探测金星。"先驱者"-金星2号到达金星后放出4个探测器,在落向金星的过程中,了解大气、云层、磁场等数据。得出结论:金星几乎没有磁场。也许是自转速度太慢的缘故。没有磁场,金星居然也能抓住如此浓厚的大气,看样子,40亿年来,强劲的太阳风面对这团顽固之气,却也无可奈何!

"金星探测"像是"月球探测"的一个翻版,只是各怀心事的美、苏两国互换角色,苏联后来居上,尽获殊荣。太空竞赛虽让人不安,倒是将人类探索宇宙的步伐大大向前推进。之后,金星探测的节奏开始放缓。

1989年5月5日,"麦哲伦号"金星探测器在美国肯尼迪航天中心由"亚特兰蒂斯号"航天飞机携带升空。在飞越太平洋上空时,"麦哲伦号"从航天飞机货舱内被释放出来,约1小时后,推力达近4万公斤的两级"惯性顶级"火箭将"麦哲伦号"送上前往金星的轨道。"麦哲伦号"是从航天飞机上发射的第一个担负星际考察的探测器。1990年9月15日"麦哲伦号"探测器首次获得完整的金星地图。"麦哲伦号"发现:金星上没有板块运动,酷似月球的表面,地质运动迹象停止,偶有尚未熄灭的火山,岩浆还在懒洋洋地涌动。

十分遗憾,这个号称地球的双胞胎之星,在太阳系的洪荒演化过程中,阴差阳错,最终没能赢得同地球一样的蔚蓝色命运,只剩下美丽的传说,依然楚楚动人……

6.3 相约火星人

火星橙红色的星球。当人类的宇宙意识开始觉醒时,火星就一直是一个悬而未决的迷。在希腊神话中,火星代表战神;在罗马神话中火星作为帝国的神圣保护神;中国则称之为"荧惑"。无论东方还是西方都把火星作为战争、灾难及死亡的象征。火星的每一个反常举动都会直接触及人类诚惶诚恐的内心。

1894年美国亚利桑那州的沙漠中,一座醒目的天文台落成,帕西瓦尔·罗威尔(Percival Lawrence Lowell)以自己的名字命了名,这是他的私有财产。这位爱写书的天文学家,从此可以专心致志地完成他的心愿——探究火星。他废寝忘食十五年,拍摄了几千张火星照片。他常把不同年间拍摄的照片拿来反复对比,比来比去问题就显露出来。因为种种迹象表明,火星的表面特征正在改变。就说那些"河道"吧,每隔一段时间就会明显地延伸或改变宽度。冥思苦索中他猛然意识到:多年来他潜心观测的那些火星上的河流竟然不是天然的,而是"运河"!那是人为所致!他不顾一切地奔向望远镜要进一步确认。当他再转过身来时,一向目光如炬的罗威尔,因惊恐而忧郁霎时神情呆滞,他不敢再想下去了……

毋庸置疑,非人类文明早已存在,他们是火星人!

罗威尔是有影响的人物,出过很多书,他的新观点彻底搅乱了人类的内心,震惊的人类一时不知所措!随之而来的是一连串的忧虑:火星上到底是怎样的社会形式？火星的文明究竟发展到什么程度？"他们"也同样地在凝视着我们吗？他们可曾有非分之想？人类肯定是还没有能力造访火星,那么他们会不会有朝一日从天而降？这都是让人心跳加快的问题。除了晓得"他"的存在外,其他情况一无所知,这种状态更可怕！

昔日的神话已演变为活生生的现实！火星人与地球人的"遭遇"只是迟早的事。倘若火星人落后于地球人的话,那自然是地球的造化了。可是,人类应该仅凭着侥幸的心理去生存吗？倘若火星文明远远优于地球文明呢？如果他们代表的不是和平使者,恐怕人类只剩下灭顶之灾了！

地球形势吃紧,但不管你是忧是恐,火星与地球却总是如影随形……

68年过去了,火星、地球彼此安然无恙。人类幸运地赢得了发展的机会,已经做好了准备,要向这千百年来一直悬而未决的谜问个究竟了。

火星远征——第一次火星探测高潮。

1962年11月1日,前苏联"火星1号"探测器在进入太阳系轨道后失去联系。尝试虽然失败,但却意味着人类远征火星的伟大开始。

1964年11月28日,美国"水手4号"星际探测器升空,1965年7月14日从离火星约1万千米的高空掠过,拍摄了21张照片,这是历史上的第一次。其中一些照片从根本上否定了帕西瓦尔·罗威尔在60多年前所提出的火星上存在运河的说法,也就是说火星上根本不存在另外一种文明。"水手4号"如释重负,一路兴奋狂奔,在遭受了83次有记录的微陨石撞击后,仍然坚持带伤工作。然而"水手4号"还不能同时否定火星上存在低级生命的可能,要想彻底弄清这个问题,只有登上火星才行,而此时的"水手4号"还没有这个本事,1967年12月21日"水手4号"与地球失去了联系。

1971年,苏联、美国同时发飙,结果有人欢喜有人愁。

5月28日,苏联的"火星2号""火星3号"姐妹登陆器一起发射升空,"她们"将代表人类第一次踏上红色行星的地面,彻底揭开火星的奥秘。两天后(30日),美国"水手9号"火星探测器单枪匹马奔向火星,"他"没有登上红色星球的奢望,只求与其相绕相随。两天内地球上三个探测器飞向火星还是历史上第一次。尽管苏联的"俩姐妹"登陆器在长途旅行中一直状态良好,可是着陆时却遇上了火星表面大规模尘暴,结果,"火星2号"一头栽进火星表面。11月14日"水手9号"到达火星,准确入轨,成为了世界上第一颗"火星人造卫星"。12月2日"火星3号"也按时赶到,虽然成功降落火星表面,可是刚刚照相扫描20秒钟便与地球失去了联系。总之,苏联"俩姐妹"全部牺牲。而美国"水手9号"则发回7 329张照片,依据这些照片,美国首次为火星上的火山、峡谷、高地和洼地命名。例如,太阳系中最大的死火山——奥林匹斯;以及帕西瓦尔·罗威尔曾误以为是"运河"的那个超过4 000公里长的大峡谷——水手谷。

1975年美国再次奏响了火星狂想曲,"海盗"兄弟不负众望。

1975年8月美国发射了两个勇敢的登陆器,"海盗1号"和"海盗2号",他们分别于1976年7月20日和9月3日,成功着陆在火星表面的克利斯(Chryse)平原与乌托邦平原,用于探索火星上有无生物的实验。"海盗1号"和"海盗2号"分别在火星表面上工作了六年和三年,"哥俩"对火星进行了大量考察,共发回5万多幅火星照片。

在四次探测有无生命存在的实验中,没有发现任何高级生命、低级生命、包括微生物的痕迹,从而彻底消除了人们疑云多年的火星人的最后幻想。明确了地球人才是太阳系唯一的真正主人。

在第一次火星探测高潮的角逐中,依然还是美、苏争霸,但苏联实在不着边际,而美国则独占鳌头。

人类读懂了火星,火星赢得了青睐。尤其是它拥有一片迷人的橙红色天空,另外,火星与地球的自然条件高度接近,火星赤道白天温度可以达到20℃,四季分明。在太阳系内火星是唯一一个可以让人类登陆的行星,而其他行星皆对人类充满敌意。水星、金星的温度远远地超过了水的沸点;木星、土星、天王星、海王星都是液态或气态的巨行星,寸土不生,就表面的重力也足可以将人压扁。人类登上火星,或许与三亿七千万年前第一批两栖动物登上陆地的壮举一样伟大。当然,人类登上火星不可能瞬间就产生生理机制的巨变,但将会前所未有地推动科技的发展,而科技的发展则是人类进化的延伸和继续。

火星远征——第二次火星探测高潮

1996年,美国火星狂想曲激情再现跌宕起伏的"火星生命计划"。

11月7日,美国发射了造价1.54亿美元的"火星全球探勘者"飞船,12月4日,美国宇航局(NASA)又发射了"探路者号"飞船。有意思的是"探路者号"飞船于1997年7月4日率先到达火星,而提前一个月出发的"火星全球探勘者"飞船却迟到两个月,于1997年9月进入火星轨道。

"探路者号"飞船直接进入火星大气层,打开降落伞,以每小时88.5公里的速度坠向火星表面的阿瑞斯平原。在着陆前数秒钟,打开了九个巨大的保护气囊。17时7分(格林威治时间)火星"探路者号"在密封气囊的保护下,经过一番弹跳翻滚之后,在火星表面停了下来。飞船打开外侧的三个电池板,重量10千克的6轮"旅居者号"火星车,缓缓驶离飞船,落到火星地表,荣耀地成为了火星的第三个开拓者。它是世上第一个没有绕行星运行而直接登上行星的航天器。

两个月后,"火星全球探勘者"姗姗而至,原计划5年的探测使命却被它惊人地延长了一倍,它不断向地球发回重要数据,直至2006年11月2日,它走到了生命的最后一刻。"火星全球探勘者"共向地球发回24万张火星照片,从而让科学家对红色星球有了前所未有的了解。最重要的是"旅居者号"揭示了火星曾经拥有一个大磁场,但突然消失了。它还揭示了,火星的山谷、平原曾多次暴发过大洪水,但水似乎全部蒸发了。一个巨大的疑问是亿万年前火星到底发生了什么?

1998年7月3日,日本发射了第一个火星探测器"希望号",原计划在1999年10月到达火星,不幸途中遇到太阳风暴,无奈地在太空中随意游荡了4年后失去耐心,弃火星而去。这一损失的结果是没能使日本成为世界上第三个成功探测火星的国家。

2001年4月7日美国宇航局(NASA)"奥德赛"火星探测器发射升空,当年10月23日进入火星轨道。火星上的水都去哪了?一直让人疑惑不解。"奥德赛"执意要揭开这个秘密,它的使命是在火星上找水。它所携带的俄罗斯制造的高能中子探测器,可以详细探测火星的近地表层,以确定火星地表下两米以内的含水区域,并绘制出这些区域的地图。结果发现了大量氢和极地被冰覆盖的迹象。

具有浓郁神话色彩的《荷马史诗》,包括《伊里亚特》和《奥德赛》两部分,希腊半岛一些部落联合进攻特洛伊。奥德修斯刚得贵子,便离开妻子远征。战争进入第十年,奥德修斯用木马藏兵,希腊军队里应外合,攻陷敌城,赢得了著名的特洛伊战争。借此愿望,人类想赢得火星。

2003年,欧洲、美国同时发飙6月,"火星生命计划"再次升温。

6月3日凌晨,欧洲宇航局第一个火星探测器"火星快车"由俄罗斯航天部队在哈萨克斯坦的拜科努尔宇宙中心发射成功,满载着人类寻找地外生命的梦想飞往火星。其发射所采用的是"联盟"中型运载火箭。

6月10日,美国成功发射"勇气号"火星探测器;6月25日,美国发射"机遇号"火星探测器。一个月内地球上三个探测器飞向火星,这是历史上的第二次,上一次是1971年。不同的是,当时的苏联已变为如今的俄罗斯。

"火星快车"于2003年12月进入火星轨道,欧洲荣获第三名成功探索火星者。"火星快车"携带的"小猎犬2号"着陆器的名字有着特殊意义。1831年12月27日,达尔文搭乘英国海军的"小猎犬号"帆船进行环球考察,这次考察为他提出进化论奠定了坚实的基础。然而2003年圣诞节,英国制造的"小猎犬2号"正带着欧洲的希望穿过火星大气层向火星地表降落时突然失踪,十分遗憾,"小猎犬2号"没能成为第四位亲身踏上火星表面的成功开拓者。2005年7月,"火星快车号"上的高清晰度立体照相机(HRSC)已经证实,火星上曾经有河流存在。但不是当年帕西瓦尔·罗威尔所观测指出的"河流"。

"勇气号"火星漫游者于2004年1月4日降落在宽广的古谢夫陨石坑内,开始进行探测工作。它克服了一系列老化问题,并从一连串火星全球性尘暴的袭击中奇迹般死里逃生。直到 2010 年 11 月 17 日,在火星冬季的刺骨寒气中它陷入了干流沙,慢慢地死去。原定只有 90 天的探测任务,"勇气号"惊人地延续长达 6 年时光,在巨大的古谢夫陨石坑中巡游,分析岩石和土壤,不仅难以想象,更让人敬佩。

"机遇号"于 2004 年 1 月 25 日成功着陆在平坦的梅里迪亚尼平原上的维多利亚坑里。刚好在古谢夫陨石坑相反的一面。这个漫游车在附近的岩层中也发现过去这里曾经有水,而且发现了一块特殊的陨石,从而揭开了火星曾经有过很厚的大气层的证据。

如今,火星表面的水和大气都被剥离了,这与火星的磁场突然消失有关,失去磁场的保护,锋利的太阳风连剥带削,加之火星束缚大气的能力本身就弱,将火星表面的水和大气弄得所剩无几,致使生命的存在失去了条件。是什么原因导致火星的地下之火的熄灭,造成大磁场的突然消失呢?奥林匹斯,这个太阳系中最大的死火山,正在默默地向我们诉说着缘由,但我们还未能领会。在火星与地球所展开的这场伟大的生命竞赛中,火星汗颜败下阵来!

2005 年 8 月 12 日 19 时 43 分,美国宇航局的"火星勘测轨道飞行器"在卡纳维拉尔角航天发射场由"阿特拉斯-5"号运载火箭顺利发射升空。"火星勘测轨道飞行器"是美国当时研制的最大、最先进的火星探测器,其探测能力超过当时火星在轨飞行器的总和,其主任务是寻水和通讯。

2007 年 8 月 4 日 17 点 26 分,"凤凰号"火星着陆器肩负着在另一个世界寻找水的样本的使命,由"德尔塔 2 型"运载火箭,从美国佛罗里达州卡纳维拉尔角发射升空,开始了前往火星的征程。

为盛迎"凤驻鸾巢",三个围绕火星飞行的探测器,早就做好了充分准备,期盼已久。"他们"是美国宇航局的"奥德赛号"探测器、"火星勘测轨道飞行器"以及欧洲航天局的"火星快车"探测器,它们将通力合作帮助"凤凰号"在火星上准确安全地降落。火星地表的"勇气号"和"机遇号"火星车也在为同胞姐妹的到来欢欣鼓舞。日出日落,悠悠岁月,陪伴它们的是荒凉、寒冷的砾石与沙漠,沙暴的狂飙不断地扫荡着千沟万壑。然而,每到夜的深处,在它们心中就会燃起一盏明亮的灯,那是来自地球的光辉。如今,蔚蓝色的星球五彩云端一只金灿灿的"凤凰"姗然而至,它们怎能不雀跃快哉!

30 年前"海盗"兄弟俩人也曾荣耀地光顾这颗星球,他们彼此相距遥远,却并肩战斗。如今,"海盗"兄弟已长眠在这个星球的 Chryse 平原和乌托邦平原的斜坡上!"海盗 1 号"着陆器已被命名为 Thomas A. Mutch 纪念站,用来纪念着陆器成相研究小组已故的领导人。直至一支人类远征军与它会师,这里还躺着寿终正寝的"旅居者"。不管怎样,能够站在这个星球上,便是英雄!

"凤凰号"在恐怖的 7 分钟下降过程中,化为名副其实的"火凤凰",热挡板经受了严峻的考验,当时速减至大约 1 200 公里/时,超声波降落伞顺利打开,接着脱去烧焦的盔甲——热挡板,着陆器伸出"腿"来,到达距离火星表面 1 公里的高度时,降落伞切断,12 个小型脉冲式发动机准时点火,利用反冲火箭使下降速度减至到 2 米/秒的安全着陆速度,触地前缓冲发动机及时巧妙地关闭,待尘埃落定,着陆器一个漂亮的凤凰展翅——打开了太阳能板,这一优美的雄姿宣告了这场惊心动魄的软着陆完美结束。

与利用安全气囊反弹到降落地点的"勇气号"和"机遇号"不同,"凤凰号"着陆器更加准确地降落在北纬 68 度,东经 234 度的火星北极地区的瓦斯蒂塔斯-伯里利斯平原上。这种着陆方式代表人类探索未来宇宙的理想的方向。

随后,"凤凰号"进入工作状态,将挖出来的土壤放入到所载的科学实验室的微型烤箱中加热。科学家可以对加热散发的蒸气进行分析,以寻找水和有机化合物。"凤凰号"可以检测出有机物的存在,但不能分辨出里面是否存在 DNA 或蛋白质,更缺乏探测外星生命迹象的能力。不过,它将研究冰是否融化过,寻找北极永冻土中有机化合物的踪迹,以确定生命是否曾经出现过。

绝大多数成功的探测器都发现了火星上曾经有水存在的迹象,但都没能找到水。不管怎样这个星球没有抓住水,包括大气也没有抓住多少,或许在两极水以冰的形式还保存着,冰很可能会硬得出奇。

按计划,"凤凰号"将在火星实施为期 90 天的探测任务,实际上却工作了 5 个月之久,在初冬时节仍看到了它的身影。11 月 2 日,"凤凰号"发回了最后一次数据后沉默了。

火星北极的冬天和地球上的一样有半年时间,太阳会在地平线以下,"凤凰号"上的太阳能电池板接受不到阳光,不能产生足够多的能量使其安然度过火星的冬天。完成使命的"凤凰号",三只脚深深嵌入了地下,上面沾满干冰,在酷寒咆哮的北极风中慢慢地死去!下一个春天,人们没有看到奇迹的出现"凤凰号"证明了火星上确实存在冰。

2011 年 11 月 26 日,美国"好奇号"火星探测器发射成功,顺利进入飞往火星的轨道。2012 年 8 月 6 日成功降落在火星表面,展开为期两年的火星探测任务,使命是探寻火星上的生命元素。"好奇号"是美国第七个成功踏上火星表面的开拓者,也是第一辆采用核动力驱动的火星车。"好奇号"火星车进入这颗红色行星的大气层后,以一种新颖方式降落。借助一个被称作"天空起重机"的设备。这个起重机利用缆绳把"好奇号"放在火星表面,然后独自飞走,最后坠毁。"好奇号"发现了火星曾存在过湖泊,这又是个新奇的现象,因为静态水是生命存在的有利条件。

2014 年 9 月 22 日,美国"火星大气与挥发演化"探测器成功抵达火星轨道。它要深度揭示火星上的水都去哪了?

2014年9月24日,印度火星探测器"曼加里安号"准确进入火星轨道,印度跻身于世界第四个成功探索火星的国家。

火星的绝佳发射"窗口"在地球上每26个月才会出现一次,这个机会难得,所以都倍加珍惜。如果把人送上火星并且安全返回,整个行程大约需要三年时间。

火星是地球空间的拓展和延伸。人类总有一天会怡然漫步在改造完美的橙红色星球上,去体验另一个世界的生存情趣,并将自己塑造成高品位的"火星人"热情地生活。让我们相约那一天!届时,请不要忘记,那些曾经为此艰苦奠基可敬可爱的火星开拓者们!

当然,徜徉于火星,只是一段橙红色的浪漫之旅,而人类的根只属于蔚蓝色的星球。

6.4 追随伽利略之科学精神——木星

木星,行星之中的庞然大物——太阳系中最大的一颗行星。

1973年12月4日,美国"先驱者10号"探测器从木星附近飞过,传回了木星及其卫星的照片,为揭开木星的奥秘立了头功。在木星巨大的引力加速下,"先驱者10号"径直向太阳系边缘飞去。1983年越过海王星轨道,1989年5月24日飞越过冥王星轨道,带着给外星人的礼品——"地球名片",向银河系漫游而去,成为飞出太阳系的第一个人造天体。

"先驱者10号"探测器依惯性驶向了距离地球68光年的毕宿五恒星,到达那里大约还需要200万年。由于经费的问题,无法对其正常跟踪,美国被迫于1997年3月31日终止了计划。但"先驱者10号"仍在继续前进。毕宿五恒星直径看起来是太阳的38倍,但它正在化作膨胀的红巨星并且正在吞噬与它相伴的行星。毕宿五恒星应该是与太阳处在同一级别的恒星,不知它的行星是否孕育过宝贵的生命,如果有,那些宇宙的精灵是否有能力逃离正在毁灭的家园?茫茫宇宙可否找到栖身之处?40亿年后我们的太阳系将面临同样的命运!人类终归要离开太阳系的,40亿年人类有能力为自己找到新的未来,庆幸的是时间偏爱了地球!

1973年4月6日,美国的"先驱者11号"在佛罗里达州的卡纳维尔角发射成功。"先驱者11号"不仅拜访了木星,它还借用木星的强大引力改变了它的轨道飞向土星。靠近土星后,1989年就顺着它的逃离轨道离开了太阳系。它已向天鹰座前进,并将在400万年后抵达那里。同样怀揣"地球名片"。

1977年8月20日,美国国家航空航天局发射了"旅行者2号"无人星际太空船(早于1号),1979年7月9日飞越了木星和木卫。"旅行者2号"循一个较慢的飞行轨迹,使它能够保持在黄道(即太阳系众行星的轨道水平面)之中。

在旅行者飞船拍摄的木星黑夜半球的图像上,可以看到极光。有趣的是在木卫一(艾奥)上发现了正在喷发的火山,岩浆喷发的高度达到30千米,速度是每秒几百米到1千米,是目前太阳系内最强烈的火山喷发。

1977年9月5日,"旅行者1号"升空,于1979年3月5日飞越木星。("旅行者1号"最初计划属于水手计划里的"水手12号"太空船)

木星虽然遥远,但却是我们太阳系家族成员,对它的倾心不仅仅是因为它能帮助我们揭开太阳系的奥妙,更因为它寄托着一种精神,一种可以标榜人类的崇高的科学精神。

1989年10月18日,由"亚特兰蒂斯号"航天飞机送入轨道的"伽利略号"木星探测器是美国航天局第一个直接专用探测木星的航天器。(5个月前"亚特兰蒂斯号"航天飞机刚刚将"麦哲伦号"金星探测器送入轨道)1995年12月7日,"伽利略号"进入绕木星飞行的轨道,开始对木星和木星的四颗大卫星进行科学研究。

当年,正是伽利略用望远镜发现了这四颗木星的卫星,木卫一、木卫二、木卫三、木卫四,并分别以希腊神话中诸神艾奥、欧罗巴、盖尼迷德、卡里斯托等命名。"伽利略号"探测器的命名就是为了纪念伽利略这一发现。

当年伽利略为确立"日心说"呕心沥血,造出一件具有魔力般的东西,将人类有限的视距奇妙地延长了,一直伸到了天外,这一下触怒了上帝,那是1609年的事。那件神秘的东西便是望远镜,用来观测天体。1610年1月7日,伽利略发现了木星的四颗卫星,为哥白尼学说找到确凿的证据,标志着"日心说"开始走向胜利,然而伽利略却遭到教会的迫害。

1981年梵蒂冈山耶稣会组织的宇宙学会议上,大主教宣布为伽利略平反,并承认:地球确实围着太阳运动,上帝是仁慈的。但在会议的尾声,他又告诉科学家们:大爆炸之后的宇宙是可以研究的,但是不该过问大爆炸本身,因为那是创生时刻,因而是上帝的事情。总之,伽利略没有白白寄希望于那些排列的字母,370年后终归实现了他的夙愿!

在美国东部时间2003年9月21日,"伽利略号"纵身"跳"入木星大气层,以身殉职,为长达14年的太空之旅画上了句号。"伽利略号"探测器观测结果显示:木卫二和木卫四表面之下存在液态水海洋,而木卫二最有可能存在生命,因为地球上仅有的几处极端恶劣的环境中,例如深海的火山口旁的近400度的高温水中,细菌以硫化氢为食物,繁茂地生长;冰川深处的洞穴中,细菌有足够的防御力来抵抗固态水而存在。这样的环境在太阳系的特殊星球上(尤其是木卫二)的特定区域内是可以找到的。

如果那一天果真成为现实的话,生命的分布就不只局限于地球,生命现象则是宇宙的普遍规律。但有一点是肯定的,这些生命只能属于厌氧型,因为在太阳系内,除地球以外,任何星球都不存在氧气。至少我们晓得,这40多亿年地球的发展史,厌氧型生物前景黯淡。

6.5 闭月羞花之少女———土星

　　土星——橘褐色的气体星球,彩云飘飘,明暗相间。赤道面上轻薄的土星环奇丽平展,光泽奇妙柔和,远远望去真像戴着大檐遮阳帽的少女。目前能够目睹这一尊容的只有四个重量级的人类探测器,它们分别是:1979年9月1日,"先驱者11号"从距土星3 400公里的地方掠过;1980年11月13日,"旅行者1号"飞越土星;1981年08月25日,"旅行者2号"最接近土星。

　　1997年10月15日,美国肯尼迪航天中心发射了人类最大的"卡西尼-惠更斯号"太空船,对土星进行空间科学探测。这项计划是美国宇航局、欧洲空间局和意大利航天局三方合作的经典成果。卡西尼土星探测器由美国航天局负责建造,以意大利出生的法国天文学家卡西尼的名字命名。惠更斯探测器由欧洲空间局负责制造,以荷兰天文学家惠更斯的名字命名。这一发射壮举规模之大、复杂程度之高创历史之最,总耗资33亿美元,造就了人类有史以来最昂贵的旅行。

　　"卡西尼-惠更斯号"太空船于1998年4月在距金星284千米处掠过,利用金星引力获得加速。之后,绕太阳一圈,于1999年6月再次在距金星600千米处飞掠,获得金星引力的第二次加速。同年8月,在距地球1 171千米处飞过,被地球引力再次加速。"卡西尼号"第二次离开地球后才飞往太阳系的外层。2000年12月,它在距木星约1 000万千米处飞驰而过,获得了木星引力的加速。这时,它的速度超过了每秒30千米,然后直奔土星飞去。飞行的时间并没有因此增加,燃料却大大节省。"卡西尼号"在远离土星1.61亿公里处收到由土星闪电发出的无线电波而地球闪电的无线电波到9万公里的远方,便会消失殆尽,足见土星上闪电的强度。

　　经历了7年35亿公里的航程,在2004年7月1日10时30分,"卡西尼号"进入土星轨道,成为土星的第一颗人造卫星。"卡西尼号"随即听到了土星的"歌声",那是土星自转时经受太阳风的敲击,并与土星磁场发生作用后而产生的声音,那是真正的"天籁之音"。之后,人类有史以来对土星及其31颗已知卫星最详尽的探测开始了。

　　2004年12月25日,"惠更斯号"成功脱离了位于环土星轨道的母船——"卡西尼号",飞向土卫六以完成它的使命。在这段时间里,"惠更斯号"一直处于"休眠"的状态,直至抵达土卫六前几小时才被唤醒。

　　2005年1月14日中午,独自航行了22天的"惠更斯号"探测器进入"土卫六"上空1 000公里的大气层。"卡西尼号"飞船几分钟后,掉转船头面向地球,并传回分离过程的有关数据。由于飞船与地球相距 16 亿公里,相关数据在 1 小时 24 分钟后才到达地球。

"惠更斯号"在距地面 160 公里的高空展开导伞,并在其带动下于 2.5 秒后拉开后盖,在距地面 120 公里处使主伞展开,同时抛出一个 3 米长的锥形降落伞。随后,探测器抛弃前防护盾,并打开前进气口收集大气物质,所有的仪器设备开始工作,分析土卫六的大气成分和研究土卫六表面,这些数据都将被直接传输到"卡西尼号"飞船上,然后再传回地球。整个着陆过程持续约 140 分钟,最后,"惠更斯号"探测器以 6 米/秒的速度着陆于土卫六南半球表面,并带来了一个 340 年的深切问候。正是荷兰天文学家赫里斯蒂安·惠更斯于 1665 年发现了土星环和土卫六。惠更斯是一个介于伽利略与牛顿之间的重量级人物。"惠更斯号"创下了当时人类出征的登陆器的最远记录,比起登陆火星来说,意义显得更为宏大而艰巨。

"卡西尼号"还把我们的视线第一次引向了土卫二。发现本应死寂的星球却存在着强烈"地质"活动的迹象,在土卫二的南半球,冰"火山"不断地喷出冰晶,高达数千公里,喷发物构成了土星环的 E 环。这是土星强大的引力作用的结果。再一个发现就是土星环只有几米的厚度,不是像传统认识的那样由岩石和金属组成,其成分几乎 100% 都是冰,因而才炫目得闭月羞花。卡西尼探测器数据还显示:这个江河湖海都具备的卫星土卫六的地下也可能存在一个液态水层,又一个可能的生命之源。

在太阳系内,即使有外星生物,也只能以屈居于微生物的形式存在,这一点已经定论,但对于地球和人类来说是福是祸还不明朗。一旦发现,决不可轻易引入地球,哪怕只有一粒,都有可能彻底断送地球恢宏的命运!

6.6 威廉·赫歇尔爵士的邂逅———天王星

天王星是太阳系里第三大的行星,它于距离太阳约 28 亿公里(17 亿英里)的距离围绕太阳公转。威廉·赫歇尔爵士于 1781 年 3 月 13 日宣布了他偶然发现了天王星。当时他还不是爵士(1816 年册封),这个爱调琴弄谱的音乐人,由于厌恶战争而逃离军队,之后热衷于磨制镜片。到 1776 年,他磨制的镜片已经可以巡天遥看了。这下可了得,他发现并首次确认了银河系为扁平状圆盘结构,彻底把"天"捅漏了!至于天王星的发现只是一个不经意的小收获。当然,由于他的偏差与狭隘,又把太阳作为了银河系的中心。所以哥白尼、赫歇尔、哈勃是递进式的层次人物。哈勃发现了银河系以外的星系。

天王星还有暗淡的行星环系统,所以 1977 年才发现奇异巨大的天王星环有 27 颗卫星隐没其中。

1986 年 1 月 24 日,"旅行者 2 号"(目前唯一的)最接近天王星并旋即发现了10个前所未知的天然卫星。

6.7 海的情怀——海王星

海王星在1843年由英国天文学家约翰·柯西·亚当斯算出轨道。1846年法国天文学家奥本·勒维耶用天王星轨道的摄动也推测出海王星的存在与可能的位置。两人都当仁不让打得很厉害,最后二人皆以海的包容平分荣誉,所以命名为海王星。在太阳系内,海王星是唯一的一颗用数学预测而非有计划观测发现的行星。威廉·拉塞尔于1846年9月23日发现海王星,17天之后便发现海卫一。

1989年8月25日,"旅行者2号"最接近海王星并发现海卫一的地质活动,冰火山喷发液氮喷泉。

目前在太阳系内发现有明显的地质活动的天体只有4个,它们是:

地球:火山时而猛烈喷发出岩浆;

木卫一(艾奥):火山喷发岩浆、硫或二氧化硫。可攀升至30千米高,木星强大引力的拉伸,使它成为太阳系内最热"星体";

土卫二:冰火山喷发冰晶,有数千千米高,构成了土星的E环;

海卫一:冰火山喷发液氮喷泉,有8千米高,不是潮汐作用而是季节所致。

火星的火山已经死亡,金星的"火焰"正在熄灭。

天王星、海王星由于距离的遥远,探测器很少光顾,但太阳系的奥秘多藏于此,人类仍需远征。太阳系的四大巨行星(木星、土星、天王星、海王星)中土星最奇特,土星环最为引人注目,实际上它们都有巨大的环型系统,只不过比效黯淡,所以炫目的土星环才脱颖而出。

6.8 勇闯黑暗帝国——冥王星

帕西瓦尔·罗威尔在预测火星人的存在时出了偏差,把世界搞得很紧张,但在预测冥王星的存在时却准确无误。不过黑暗中他并没能找到这颗星,在他死后十四年,克莱德·汤博(Clyde William Tombaugh)找到了。这颗新行星取名为冥王星,凑巧的是,冥王星(Pluto)开头的两字母也是帕西瓦尔·罗威尔(Percival Lowell)名字的首字母缩写。冥王星起初被定义为大行星,但后来发现在太阳系中有七颗出色的卫星(月球、木卫一、木卫二、木卫三、木卫四、土卫六和海卫一)都比冥王星大。2006年08月24日,国际天文学联合会重新定义后,冥王星被降级为一颗矮行星。

1989年,"旅行者2号"掠过冥王星。外层行星每189年呈一弹弓形,"旅行者2号"充分利用了这一优势,使得太阳系中知名的行星都至少被人造探测器探访过一次,探访任务结束后"旅行者2号"开始离开太阳系。

2006年1月19日，美国东部时间下午2时，美国宇航局"新视野号"冥王星探测器在佛罗里达州卡纳维拉尔角发射升空。冥王星的发射窗口200年才会出现一次，所以机会难得。此次发射将探测冥王星及其卫星卡戎以及柯伊伯带的冰冻天体，探索太阳系形成早期剩余的"胎盘"物质，以加深对太阳系形成的理解。它甚至可能窥视到太阳系形成最初的"妊娠"时代。"新视野号"实际上是在"追赶"50亿年前的时光，并将一去不复返。

2014年12月7日，美国"新视野号"从休眠中被唤醒，50亿千米意味着该探测器发送的信号要"走"上4小时26分钟才能到达地球。兴奋的笔者也和大家一样翘首在2015之际，切切期待那来自天外的杳杳之音……

6.9 问鼎彗星

彗星——来自柯伊伯带的冰冻天体。太阳系形成之初，冰冻天体在无序的碰撞中改变了原来轨道，冲向太阳系内部成为了彗星。那是彗星横行的年代，不计其数的彗星拖着长长的尾巴直奔太阳系中心，几乎所有的行星都被袭击过，地球也不例外，地球上的部分水就受惠于彗星。没有击中目标的彗星，至今还在太阳系的中心与边缘间来回穿梭。没有人再希望与彗星相遇了，因为这种天象奇观是毁灭性的。1994年7月17日，"苏梅克-列维9号"彗星撞向木星，撞击坑要比地球大得多。如果是地球的话，地球将被撞成碎片。不管是偶然还是必然，这是地球对宇宙的又一次胜利！

彗星不可慢待！地球警觉的目光在聚焦，目前所观测到的彗星尚未对地球构成威胁。然而彗星的威胁与魅力同在，其中含有太阳系形成早期剩余的"胎盘"物质，这些物质是揭开太阳系奥秘的关键。这种诱惑又不断地驱使着人类去不懈地探索。公元2000年的世纪之交，人类发起了四次颇具影响的彗星大探测。其中美国、欧洲非凡的表现一浪高过一浪，均取得喜出望外的成功。

（1）1998年10月24日，欧洲空间局发射的"深空1号"飞船DS1，首次采用了离子发动机作为主发动机，尾部喷射出蓝色离子"火焰"。1999年7月"深空1号"飞越小行星3352号McAuliffe，对其进行了几个月的远距离观察，于2001年1月飞往"威尔逊-哈林顿"彗星，并于2001年9月22日以约15公里/秒的速度距彗核约500公里处飞过，对彗发、彗核进行观测。"深空1号"穿过气体、尘埃云以及彗星碎片来收集彗星中心周围彗发的数据，使人类更多地了解了彗星以及它们在太阳系中的地位。"深空1号"2001年12月18日结束了试验和探测任务。

（2）1999年2月9日，美国发射了"星尘号"宇宙飞船，飞向"怀尔德-2"彗星，经过46亿公里（29亿英里）的旅行，2006年1月15日返回舱成功降落在美国犹他州的沙漠中。美国宇航局历时7年，首次带回珍贵的彗星尘埃样品。

这也是人类取回的最远的外星物质。分析这些太阳系的远古尘埃,科学家们尚无经验可谈,也许需要几十年的时间,结果未能公布,不知里面是否存有危险的外星微生物!

（3）2004年3月2日,欧洲空间局用"阿里安-5"型运载火箭将"罗塞塔-菲莱号"探测器从库鲁航天中心发射升空。它将用10年的时间去追赶"楚留莫夫-格拉西门克"彗星(67P/Churyumov-Gerasimenko)。"罗塞塔-菲莱号"由两部分组成：罗塞塔探测器以及菲莱登陆器。罗塞塔探测器将在彗星的上空停留,成为这颗彗星的人造卫星；菲莱登陆器最终将登陆彗星,这将是人类有史以来的首次彗星软着陆。其目的是求证当年彗星是否为地球"提供"生命诞生时所必需的水分和有机物质,并希望能帮助人类解开太阳系的起源之谜。探测器以罗塞塔石碑命名,登陆器以尼罗河中小岛的名字菲莱命名,有一块方尖碑在那里被发现且协助解读了罗塞塔石碑。

1799年,罗塞塔石碑(Rosetta Stone)在埃及罗塞塔港被挖战壕的拿破仑士兵发现。拿破仑失败后,威灵顿将这传世的宝贝抢到英国。这块重约762公斤的黑色玄武岩石碑上,镌刻了三段分别用古埃及象形文字、通俗体文字和希腊文字书写的内容。由于文字的意义完全相同,1820年法国学者尚-佛罕索瓦·商博良终于破译出了古埃及的象形文字,打开了通向古埃及历史文明的大门。这一次"罗塞塔号"将打开通向太阳系起源的神秘之门,前景值得期待。

2011年6月8日,欧洲航天局向"罗塞塔号"彗星探测器发出"休眠"指令,使这颗等待"追星"的探测器,在接下来两年半时间内进入"深度睡眠",直到接近目标时被唤醒。

2014年12月13日,北京时间凌晨,经过10年不懈的追赶,太空飞行超过64亿公里,"菲莱号"着陆器在"丘留莫瓦-格拉西梅"彗星表面着陆成功。这是人类出征最远的登陆器(超过"惠更斯号"的35亿公里的航行)。登陆彗星后,"菲莱号"项目组宣布在彗星上发现有机分子,更惊人的发现有待日后宣布。之后"菲莱号"将乘着彗星一起归来！美国《科学》杂志评选的2014年度十大科学突破排行榜中,"菲莱号"任务位列榜首。

就在欧洲"罗塞塔-菲莱号"探测器带着宏伟的使命,奔向彗星漫长而危险的旅途期间,美国抢先制造了一个"惊天动地"。

（4）2005年1月12日,价值3.3亿美元"深度撞击号"宇宙飞船在美国佛罗里达州卡纳维拉尔角空军基地发射成功,经4.31亿公里的太空飞行后,2005年7月3日晚,向目标"坦普尔1号"彗星发射了撞击舱,"深度撞击"大获成功。

撞击器轰击彗星表面时,最初只产生了较小的物质喷发,紧接其后产生了强烈的物质喷发,冲天而起的蘑菇云使彗星的亮度一下子增强了5倍。情况表明:"坦普尔1号"彗星的表面是一层很松散的物质,而其内部还有一层较坚硬物质的彗核,与科学家们最初的设想正好吻合。也就是说彗核内部很可能是"未经触动"的含有太阳系初生时的原始物质。第二次物质喷发高达数千千米,使"坦普尔1号"的彗核笼罩在一片尘埃和冰屑之中,壮观景象要延续几周的时间。这是人类史无前例的轰击彗星的太空实验。1994年"彗木相撞"是一次自然的悲壮奇观,这次人类的主动出击体现了人类的力量、智慧和精神。

  在撞击过程中,撞击舱携带照相机冲向彗核,拍下一张张精彩照片,直至"以身殉职"的前2秒钟,它已将图像和数据发回宇宙飞船。宇宙飞船自身也带有高分辨率的相机和红外分光计等精密观测设备,在离彗星500公里的安全距离近距拍摄记录撞击坑的大小、深度、形状和内部结构,分析从彗核内部喷射物质的成分,并将观测到的宝贵图像和数据传回地球。曾在2004年1月获取到"怀尔德2号"彗星尘埃样品的"星尘号"宇宙飞船也有幸赶上了这一盛况。

  "坦普尔1号"彗星于1867年4月3日由德国天文学家恩斯特·威廉·勒伯莱希特·坦普尔发现,绕太阳运行一圈需5.5年。人类对它已有130多年的了解,该彗星正处于中年时期,具有代表性。该撞击计划是1996年美国3位科学家德拉美尔、白勒顿和赫恩向美国宇航局提出的,以揭开彗星内部的秘密。

  由于彗星含有太阳系最原始的物质,这些图像和数据在帮助人类首次揭开彗星内部秘密的同时,也会帮助揭开地球乃至整个太阳系的起源和宇宙生命起源之谜。另外,为将来地球在遭遇小天体撞击时"转守为攻"积累数据。

  当然,这种守护地球的方式终归有限。倘若是遇到小天体来袭,人类尚有能力或将其彻底击毁或改变其轨道使其远离地球。这一艰巨而神圣的使命非核武器莫属。它要求,首先核武器要有足够的爆炸当量,其次要在的预判时间内准确无误地登录来袭天体,还要钻入坚硬天体的核心内部,将"噩梦"炸碎;倘若是遇到大天体来袭,人类唯有祈盼地球绝处逢生了!不过也无需担忧,今天出现这种灾难的几率实在渺茫得很,因为一切尽在人类的监控之下。那是未来的地球保卫战,而防患于未然则是人类的先见之明。

  "人造天象"别具一格且美妙至极,观赏性自然难求。闻名遐迩的哈勃太空望远镜、钱德拉X射线太空望远镜、斯皮策红外太空望远镜,哪肯坐失良机,"他们"看得目不暇接,欣喜若狂。"他们"都是执着的守望者!

6.10 执着的守望者——大名鼎鼎的太空望远镜

(1)哈勃太空望远镜(HST:Hubble Space Telescope)

  1990年4月25日,美国"发现号"航天飞机将哈勃空间望远镜(HST)送入太空。这个以光学观测为主的大型设备,曾为人类探索宇宙立下汗马功劳。但已超期服役,经五次大修,依然恪尽职守。尽管人们仍对它恋恋不舍,但它所剩时日已经不多。

2009年5月11日,美国"亚特兰蒂斯号"航天飞机从佛罗里达州肯尼迪航天中心发射升空。在此次太空之旅中,机上的7名宇航员通过5次太空行走,对哈勃太空望远镜进行了最后一次维护,为其更换了大量设备和辅助仪器。欲将哈勃望远镜的寿命延长至2013年后。届时将发射的詹姆斯·韦伯空间望远镜,来接续哈勃空间望远镜的天文任务。2011年11月8日,借助哈勃空间望远镜,天文学家们首次拍摄到围绕遥远黑洞存在的盘状构造。这个盘状结构由气体和尘埃构成,而且正处于不断下降进入黑洞被消耗的过程中。当这些物质落入黑洞的一瞬间,它们释放了巨大的能量,形成一种宇宙射电信号源,称为"类星体"。哈勃空间望远镜对宇宙学的贡献是空前的、决定性的、无可比拟的。

(2)钱德拉X射线太空望远镜(CXO:Chandra X-ray Observatory)

1999年7月23日,美国"哥伦比亚号"航天飞机执意地把钱德拉X射线太空望远镜送入了太空。此时欧洲空间局的"深空1号"飞船DS1,正心事重重地吐着蓝色火焰,与小行星3352号McAuliffe默然相会,之后偏要去约见一个不祥之物——彗星。这个时间段正是诺查丹玛斯大预言的时空极限,整个世界都在空明中轰轰作响,像是世纪挽歌。而钱德拉天文望远镜所搜寻的恰恰又是更为恐怖的目标:时间的"终点"——黑洞以及暗物质。人类在探索宇宙的过程中所表现出的勇气和精神,甚是坚毅而悲壮。

地面上的情况也不明朗:北约违反了《联合国宪章》,在没有得到联合国安理会授权的情况下,悍然发动了科索沃战争。从最高机密的美国51号地区飞出来的"夜鹰"——F117隐身攻击机,神话般地被击落,各国迅速做出了军事上的反应,第三次世界大战爆发在即!那必将是末日性的核战争!

这是现代版的杞人忧天录,这是巧合的意外插曲。但这场战争美军共投放了3.1万枚贫铀弹,这些贫铀弹的核辐射严重污染破坏了整个巴尔干地区的生态环境。包括防护严密的美军士兵同样遭受辐射,大量患病。

战争归战争,与诺查丹玛斯无关,与钱德拉望远镜也无关。

钱德拉太空望远镜以印裔美籍天体物理学家苏布拉马尼扬·钱德拉塞卡(Chandrasekhar)的名字来命名。钱德拉塞卡20世纪30年代移居美国,1983年因对恒星结构与演化的研究成果而获诺贝尔奖,1995年去世。钱德拉望远镜的造价高达15.5亿美元之多,加上航天飞机发射和在轨运行费用,项目总成本高达28亿美元。它是当时人类建造的最为先进、也最为复杂的太空望远镜。它灵敏度高,所获得的高能X射线数据将弥补哈勃的不足之处。

(3)斯皮策红外太空望远镜(SST:Spitzer Space Telescope)

2003年8月25日最先进的红外太空望远镜斯皮策发射升空。它的轨道也非常独特,它躲在地球的后面,并与地球保持同样的角速度绕太阳旋转。这个轨道可使望远镜免受太阳的直接照射,等于给望远镜提供了一个天然的保护伞。斯皮策以观测天体红外波段为主,探测灵敏度极高,波长在 3 微米至 180 微米之间的红外辐射都能尽收"眼"底。这个频率的光是人眼看不到的,但这个世界同样绚丽多彩。斯皮策红外太空望远镜同样强有力地弥补了哈勃太空望远镜的不足,并且屡建奇功,其造价 22 亿美元。

它根据已故普林斯顿大学天体物理学家莱曼·斯皮策(Lyman Spitzer)的姓氏命名。斯皮策被认为是 20 世纪最有影响力的科学家之一。他在 20 世纪 40 年代首先提出把望远镜放入太空以消除地球大气层遮蔽效应的建议。2012 年 7 月 18 日美国航天局宣布,斯皮策太空望远镜发现一颗大小只有地球三分之二大小的太阳系外行星。这颗行星名为 UCF1.01,距地球约 33 光年,它是距我们最近的天外行星。如果这颗行星上有文明存在,"他们"应该能收到地球 1979 年以前的电视节目。这期间美国大片风靡世界,它们是《大西洋底来的人》和《加里森敢死队》。

(4)詹姆斯·韦伯太空望远镜(JWST:James Webb Space Telescope)

詹姆斯·韦伯太空望远镜是计划中的红外线太空望远镜,原本要作为 2010 年哈勃望远镜的接续,去漫游太空,探测深邃的宇宙洪荒,计划于 2011 年发射升空。但因对哈勃太空望远镜及时而冒险的修补,延续了其寿命,故发射期改为 2018 年。它是欧洲空间局(ESA)和美国宇航局(NASA)和加拿大太空局共同运作的计划,放置于太阳—地球的第二拉格朗日点。它不像哈勃空间望远镜那样围绕地球上空旋转,而是飘荡在从太阳到地球的背面的 150 万公里的空间,围绕太阳旋转。这个距离太遥远了,以至于宇航员无法到达进行维修保养。

在这期间,这个第二拉格朗日点正被中国的"嫦娥二号"探测器所占据。这个"嫦娥二号"精力之旺盛实在是世上罕见。2011 年 6 月 9 日 16 时 50 分 5 秒,在探月任务结束后,"嫦娥二号"余兴未消,经过 77 天的飞行,于北京时间 8 月 25 日 23 时 27 分,精确到达第 2 拉格朗日点。在世界上首次实现从月球轨道出发,受控准确,进入距离地球约 150 万公里的太阳与地球引力平衡点——拉格朗日 L2 点的环绕轨道。中国成为世界上继美国和欧空局之后,第三个造访该点的国家。

2012 年 12 月 13 日下午,"嫦娥二号"卫星,在飞离日地拉格朗日 L2 点 195 天后,兴致正浓,成功飞抵距地球约 700 万公里的深空,以 10.73 公里/秒的速度飞向国际编号为 4179 的图塔蒂斯小行星。在最近距离 3.2 公里与其擦肩而过,首次实现在国际上对该小行星的近距离探测。之后,热情再度高涨的"嫦娥二号"又向 5 000 万公里的深空乘兴而去……

拉格朗日点是两个天体的引力与向心力,在拉格朗日点平衡,使得第三个物体与前两个物体处于相对静止状态。符合这样条件的点共有五个,它们是由法国数学家拉格朗日于1772年推导证明的。

詹姆斯·韦伯拥有一个大型反射镜,直径达到6.5米(21.3英尺),完全展开后大小是哈勃的几倍。价值80亿美元,以美国宇航局第二任局长詹姆斯·韦伯的名字命名。或许它能捕捉到宇宙大爆炸的第一缕光线,重新塑造我们的认识结构。

6.11　风萧萧兮易水寒,壮士一去兮不复还
——再歌一曲"旅行者"

到目前为止,除美国的"先驱者10号""先驱者11号"向着太阳系以外的空间冲击外,再就是美国的两位"旅行者"了。地球与前两位"先驱者"已经失去了联系,尽管如此,它们仍在坚守使命,赶往另外一个时空!

"先驱者10号""先驱者11号"携带了相同的"地球名片"——镀金铝板,上面有一男一女的裸像,以及太阳与九大行星(当时把冥王星算在内了)位置的图像,同时表明它是从太阳系中第三颗行星上飞出去的。"旅行者1号"和"旅行者2号"探测器,各自带有一套"地球之声"的唱片。唱片上有照片,其中包括中国长城和中国人家宴的照片;60种语言的问候语,其中包括粤语、厦门话和客家话;35种各类声音和音乐,其中包括中国的"高山流水"名曲。记载在金属光盘中的数据可保存十亿年之久。人类希望有朝一日它们能被地外"智慧生命"接纳。

"旅行者1号"探测器于1977年9月5日发射成功,2012年8月已经跨越太阳系边缘,这里的鲜明标志是宇宙空间的太阳风已经停止。"旅行者1号"在沿双曲线轨道运行,它的一生中曾受惠于几次大的引力加速,早已经达到了第三宇宙速度,它更是飞行速度最快的航天器,轨道再也不能引导它返回太阳系了。它已成为一艘真正的星际太空船,距离太阳远远超过110亿英里,约为180亿公里。

"旅行者2号"探测器于1977年8月20日发射升空(比"旅行者1号"早),它与"旅行者1号"走的是不同轨道,它的速度永远都不会超过"旅行者1号",但"旅行者2号"却是执行人类任务时间最长的探测器,两者航行的距离接近。2012年8月20日,"旅行者2号"迎来了它35岁的生日,这位来自地球的使者收到的是一份何其厚重的礼物呢? 浩瀚的银河系! 这是人类的伟大,作者之情实在无法表达,于是畅饮了一杯清澈的地球之水……

我们对两位"旅行者"寄予厚望,人类企盼有朝一日能从天外传回让人激动不已的信息。今天我们尤感迫切,那遥远的信息对于人类是多么重要!

信息时代（Information Age）

第11章

信息作为事物存在和变化的客观反映是一种超级资源，比物质与能量更有威力，所以弥足珍贵。现实世界中信息无所不在，政治信息、经济信息、军事信息、科技信息、自然信息。不管是战争年代还是和平期间，有价值的信息总是决定着许多事物的成败，甚至关系到人类的前途命运和生死存亡。而浩瀚的宇宙信息远远不是银河气象的磅礴所能揭示得了的。

信息的产生是一个复杂的过程，包括相同时间段或不同时间段都有不同的表现形式，其可作用于万物并能引起相应的客观反映，但只有生命体才能主动应变，只有智慧体方可灵动地应用。信息的传播、转化、储存更为复杂，又有主观、客观之分。而对信息的分析、处理及应用，则非人类莫属。

然而，将信息神化为一种"自然精神"，时间被禁锢为一种"宿命"，任其调遣，实乃一种本末倒置的认识上的错位。所谓维度之外的东西，只是时间的提前发酵，时间可以改变长度（相对论），但时间不可逆，时间才是一切！是谁在不失时机地暗示着"山雨欲来风满楼"的预感？让我们产生"人无远虑，必有近忧"的先知先觉？这只不过是揭示信息在不同事物间的某种客观性在人的意识中的反映。信息可以以另一种形式提前释放出来，可被心有灵犀的意识所捕获，但那决不是已发生过的"未来"。

§1 从蹒跚起步到风驰电掣

1946年2月15日，世界上第一台计算机在美国宾西法尼亚大学诞生，电子数字积分计算机（Electronic Numerical Integrator And Computer），简称 ENIAC。其采用电子管作为基本电子元件。用了18 800个电子管，而每个电子管如同玻璃杯大小！体积庞大，重达30吨，耗电140千瓦。需要多人操作才能完成每秒 5 000 次加法运算,全部为数字信号。虽然这是有史以来脱胎换骨式的进步,然而它还不能诠释信息时代的实质性内涵,但这最初的萌动是极其重要且不可缺少的。

1948 年 10 月,有一个叫克劳德·艾尔伍德·香农(Claude Elwood Shannon,1916—2001 年)的人,在《贝尔系统技术学报》上发表的论文《通信的数学理论》(A Mathematical Theory of Communication),使信息论开始发端。信息论是一门研究信息的产生、获取、变换、传输、存储、处理、显示、识别和利用的一般规律的科学,包括自然、生命、社会、思维等所有的领域。多年以后,香农被称为是"信息论之父"。香农让我们有幸窥视了一个信息无所不在、无所不能的新秩序天地。

1966 年,华裔物理学家高锟发表了一篇题为《光频率介质纤维表面波导》的论文,开创性地提出光导纤维在通信上应用的基本原理,从而使高效传输信息成为可能,世界掀起了一场光纤通信的革命,这一革命俨然在为大时代推波助澜。

1969 年,美国国防部高级研究计划局建立了一个军用网,叫作"阿帕网"(ARPAnet)。当时仅连接了 4 台计算机,这就是因特网(Internet)的前身。但此时因特网传输的信息只是二进制代码,只有专业人士才能通晓,普通人尚无法尽享其乐。大时代降生的条件已基本具备。

1981 年,随着第一个光纤系统成功问世,高锟"光纤之父"之美誉传遍世界。为此 2009 年,高锟与威拉德·博伊尔(Willard Boyle)和乔治·埃尔伍德·史密斯(George E. Smith)共享诺贝尔物理学奖。

初见端倪之后,信息技术获得了一往无前惊人的发展。太平洋东海岸的旧金山开始刮起引领世界的东风。它催生出一个概念叫"硅谷",代表着新时期高技术及其产业。"睡着了,就意味着你落后了!"这条至理名言足以让人感到信息革命浪潮之迅猛已到了无以复加的程度。

1989 年 3 月 13 日,英国软件工程师蒂姆·伯纳斯·李(Tim Berners - Lee),当时还是欧洲粒子物理研究所(European Organization for Nuclear Research,简称 CERN)的软件顾问,他提交了一个构建信息管理系统的计划,该计划是基于 Internet 之上的新成果,这一概念最后演变为风靡全球的互联网,即万维网——WorldWideWeb(简称 WWW)。于是,这位满怀浪漫主义理想的科学家同样誉满全球。(2004 年 7 月 16 日,伊丽莎白二世封他为二等高级英帝国勋爵。)

1994 年,时任美国总统的克林顿对世界发表声明:"在今后 10 至 15 年内,建成'信息高速公路'。一时间世界再次掀起大波大澜。

"信息高速公路"(information super highway),即在不久的将来,每一个企业、学校、医院、娱乐场所和家庭等都将成为社会综合信息系统的一个细胞。信息形式包括数据、文字、图像、声音、视频等内容。而错综复杂的海量信息都要通过集电话、电视、计算机于一身的多媒体手段展示出来。传播如此海量的信息，非这种特殊的"高速公路"莫属。它的材料便是光导纤维，光信号在其中实现全反射，能量几乎不存在损耗和衰减问题。传载能力大得惊人，几根纤维所载能力便可囊括世界的所有信息。

人们足不出户便可以进行电视购物、自动结账、远程医疗、电话会议、家庭办公等，可达到心想事成的境界。因而它被称为"改变人类生活方式的一场革命"。

信息产业成为雄踞传统产业之上的最大产业。世界范围内的"大一统"包括市场、交通、金融、气象等一系列的新秩序开始呈现。人类就此结束"千里烟波""路漫漫其修远"的苍茫概念，天涯与咫尺没有区别，地球变成一个小小的村庄。在实现这一美妙理想的过程中，同时也造就了像比尔盖茨、乔布斯等一大批影响世界的信息英雄。

公元21世纪人类真正进入了"大数据"意义上的信息时代。

§2 艰辛的历程

2.1 信息寻找最快载体——电

信息只有依赖载体才能够传播。人类最早的通信手段更是依赖交通工具，它代表信息传递的速度。快马、驿站、烽火台、信鸽，人们在挖掘通信方式上真是妙尽其能，更有鸿雁捎书寄深情之愿。其中人们最期盼的则是速度的提升，但包括所有交通工具在内都总是难以满足人们急不可耐的心情，更何况世上总有十万火急的紧迫形势。人们试图寻求其他途径。什么最快？那便是光，有办法利用光做信息载体吗？

1820年德国"数学王子"卡尔·弗里德里希·高斯(K. F. Gauss, 1777—1855年)，提出"光学通信"的奇妙设想，但因当时技术条件的限制不了了之。后来人们想到了电(与光同速)，而电是一个提神的话题，时下方兴未艾。

1832年高斯和德国物理学家威廉·爱德华·韦伯(W. Weber)合作制成了世界上第一台电磁电报机。第二年他们实现了从物理研究所到天文台1 500米距离的电报通信，那一天是复活节，气氛格外喜悦。这一步很有意义，但只有他们两个人才能心领神会，别人无法涉入其中。

1837年英国物理学家查理斯·惠斯通(C. Wheat stone, 1802—1880年)和威廉·福瑟吉尔·库克(C. F Cook, 1806—1879年)发明了五针电报机，但两人为传送信息的内容犯愁了,因为电信号与现实所要表达的内容一时还无法实现转换。凑巧的是,第二年偏偏有一个不务正业的美国画家声称解决了这个难题,他叫塞缪尔·莫尔斯(Samuel Finley Breese Morse,1791—1872 年),他成就了一套让人眼花缭乱的点、划式莫尔斯密码。

1844 年 5 月 24 日,在华盛顿国会大厦联邦最高法院会议厅里,一批科学家和政府官员聚精会神地注视着莫尔斯,只见他亲手操纵着电报机,随着一连串的点、划信号的发出,远在 64 公里外的巴尔的摩城收到了由嘀、嗒声组成的世界上第一份电报。电文是"上帝创造了何等的奇迹!"但这时的电报还必须有导线来牵扯,电文需要翻译,总之可行。后来美国各大城市间铺设了千丝万缕的电报线。

1876 年 3 月 10 日,美国亚历山大·格拉汉姆·贝尔(Alexander Graham Bell)歪打正着发明了电话。又巧了,第二年爱迪生制成了音质更为优越的炭粒送话器,电话的音质开始迷人。不用翻译可以直接表白,因而电话夺取了电报的线路。于是绝大部分正干得热火朝天的电报被强行革职了。这些人千头万绪地忙活了 40 年,实际上就干了一件事:为信息找到了第一种理想的载体——电,但是电必须依赖导线。

2.2 信息找到自由飞翔载体——电磁波

1887 年,在风景秀丽的莱茵河畔的一间阴暗的小屋(卡尔斯鲁厄大学的实验室)里德国物理学家海因里希·鲁道夫·赫兹(Heinrich Rudolf Hertz)用两个毫无瓜葛的线圈,完成了一项伟大的实验。给其中一个线圈加电,几米开外,另一个线圈两端的铜球上居然冒出了微弱的火花,那火花让他紧张且心跳加快,千真万确!麦克斯韦(James Clerk Maxwell,1831—1887 年)所预言的那个虚无缥缈的电磁波是存在的。1888 年,还是赫兹通过实验证明了光波和电磁波的同一性,光是波长极短的电磁波。如此一来,自然令迫切之人动了念头:怎样能让信息从冗长累赘的导线中钻出来,飞得更远更轻松呢?人们试图用电磁波作为信息载体,当然也想到了光。

1896 年意大利工程师伽利尔摩·马可尼(Guglielmo Marconi)终于第一次用电磁波传递信息成功,并于 1896 年 6 月在英国申请了无线电报专利。因而被称为"无线电之父"。后来受德国斯特拉斯堡大学布劳恩的影响,马可尼改进了自己的技术,1900 年再次申请英国专利,即著名的四七专利——"7777"。1901 年,马可尼又成功地将信号送到大西洋彼岸的美国。电报又重获新生,既可作为电话的延伸,又因为密码具有很好的保密性,可担负特殊使命。1906 年,美籍加拿大人费森登(R. A. Fessenden,1866—1932 年)让电话也高歌猛进同样摆脱了导线,1915 年越洋电话成功。由于特殊的用途,在之后的日子里电报、电话扮演了不同的角色,相得益彰。这幸运的 30 年,信息找到了第二种理想的载体——电磁波。

2.3 信息通往大众媒介

1912 年美国人朗谬尔设计出可直接放大信号的真空三极管,但是杂音使得无人能忍受它。也难怪,那是宇宙诞生时第一声啼哭的回音。

1918 年埃德温·霍华德·阿姆斯特朗(E. H. Armstrong)发明了超外差式收音机。1923 年哈罗德·史蒂芬·布莱克(Harold Stephen Black)发明了反馈放大器,终于使收音机传出了优美动听之音,从而使收音机走进了千家万户。著名的英国广播公司 BBC 建于 1922 年,经一年的试播从 1923 年 1 月 18 日起在全英国境内正式开播。

电视的宏伟蓝图早在 1884 年就由俄国人尼普科夫(P. Nipkok)设计出来,但是无法进入家庭,必须代之以全电子式设备。1907 年,圣彼得堡大学教授罗辛(R. Rosing)和英国人肯培尔·斯文顿(Campbell Swinton)最早提出全电子式电视机的设想,罗辛的学生兹沃里金(V. K. Zwarykin,1889—1982 年)于 1919 年移居美国后先后发明了电子摄像管(1923)、电视显像管(1931)、电子倍增光管(1935),这让贝尔德如虎添翼终于完成夙愿。1937 年 5 月 12 日,英国电视首播乔治六世加冕典礼,抢了头功。美国于 1939 年 4 月 30 日也播放成功,让屏幕上的罗斯福总统大放异彩。而彩色电视机是由美国哥伦比亚广播公司于 1940 年首播。从此小小银屏便可囊括一个色彩缤纷的大千世界。

2.4 信息的脱胎换骨

常规的无线电通信是一种模拟通信,即用所需传送的声音、图像等模拟信号对电磁波加以调制,放大后传送。缺点是远距离传送干扰大、衰减严重。1937 年美国人里弗斯(A. H. Reeves)发明脉冲码调制技术 PCM(Pulse Code Modulation)为无线电通信从模拟走向数字奠定基础,所谓 PCM 就是对模拟信号进行采样量化后,变成了以脉冲序列表示的二进制数字,再用它对电磁波进行调制、放大、传输。数字通信的优点是抗干扰性强,通信质量高,费用低便于保密,这些优点是模拟通信望尘莫及的,数字通信必将成为大势所趋。

2.5 信息占据制高点

无线电通信的一大障碍是地域条件。我们的星球山河锦绣,气象万千,但对于电磁波来说可是巨大的阻碍和干扰。50 公里以上的大气几乎是等离子体,被称作电离层,同样对电磁波有吸收削弱作用,特别是南北纬 50 度之间的热带上层空间,对射频信号能量的吸收和再辐射都是地面无线电噪音的主要来源,加上微波的直线传播的特点,使之在地球曲率的影响下,覆盖的面积总是很有限。空间技术的应运而生有效地解决了这个难题。理论上只要三颗同步卫星即可覆盖全球,但实际上相差甚远。1962 年美国发射了世界第一颗通信卫星,它第一次把电视信号送到欧洲,历史性地打破了大西洋对电视信号的屏障。1980 年 10 月美国发射了第一颗全数字网络通信卫星"商业系统卫星"(SBS)揭开了卫星通信史上新的一页。

2.6　信息终于踏光而行

从莫尔斯电报发明以来,通信的方式和手段千变万化,但万变不离其宗,即离不开一个电字。

1958 年 12 月,情投意合的美国物理学家阿瑟·伦纳德·肖洛(Arthur Leonard Schawlow)和查尔斯·汤斯(C. H. Townes)的一个意外之举,偶然提出了激光原理,并在《物理评论》上发表了题为《红外区和光激射器》的论文。

1960 年 5 月,名不见经传的梅曼(T. H. Maiman)率先制出了第一台固体(红宝石)激光器,紧接着氦氖红外气体激光器(1961)和半导体激光器(1962)相继制成。利用激光通信的关键在于创造一个环境,直接在大气层中进行是行不通的,灰尘杂质、大雾、温度梯度等都将严重影响激光传播,甚至阻断。如何让激光以较小的损耗传输呢?人们一直努力,但始终没有找到理想的材料。

1966 年,英籍华人科学家高锟(K. C. Gwo)和英国人霍克曼(G. A. Hockman)发表了一篇文章《光频的电介质评准表面波导》,首次提出了利用光介质标准如玻璃来传导激光的概念。1970 年美国康宁玻璃公司生产出来了可满足这一要求的光纤,1972 年光纤通信成功。1976 年,日本藤仓电线公司制成了更为优质的石英系光纤,这一年正好是贝尔发明电话的 100 周年。高锟被誉为"光纤之父"。又历经 20 年风雨,信息终于找到了第三种理想的载体——光。若是从高斯算起已近 160 年。

2.7　信息遁入时间、空间、事物与心灵

通信的必然趋势是网络,网络可以囊括世界全部信息的总和。美国发明了计算机后,出现了局域网、城际网、因特网、星际网。入网的计算机之间可以交流各种信息。随着计算机在非数值处理领域内应用的深入,以及计算机智能化的提高,使信息处理技术迈上了新台阶,语音、图像、视频处理技术,又使信息突破了原有的数据处理模式。多媒体和互联网的产生,使得"E 时代"信息世界绚丽多彩。进入 21 世纪,分布式处理、并行处理及网格计算使"云时代"获得了无与伦比的存储、计算及分析能力;"U 时代"将任何事物都与芯片及光纤相连,任何时间、任何地点、任何事情、任何人物都可以利用。

2.8 信息步入量子世界

2016年8月16日,中国"长征二号丁"运载火箭在酒泉卫星发射中心将全球首颗量子科学实验卫星——"墨子号"成功送入太空。"墨子号"是为纪念中国古代伟大的科学家、思想家墨子而命名的。墨子是最早提出光线沿直线传播的人,从而奠定了光通信、量子通信的基础。此举将为人类在全球范围内建立无比强大、绝对安全的通讯网络奠定基础。量子通讯是人类通讯史上又一次脱胎换骨式的革命,意味着如日中天的GPS通讯系统即将成为明日黄花。

§3 Personal computer 之精彩演义

Apple

20世纪70年代末一只苹果风生水起,美利坚合众国到处都在传送一个响亮的名字Apple。几年内苹果(电脑)公司进入了全美五百强企业行列。乔布斯(Steve Jobs)刚毅的微笑点燃了美国著名的《时代》周刊封面。令多年的业界老大蓝色巨人IBM瞠目结舌!乔布斯这位曾在苹果园里的辛勤打工者对苹果格外情有独钟,后来给他的公司起了个"苹果"的名字,却格外让人感到清新,结果一举成名。在后来的几十年里,Apple每到生死关头都能以新理念产品转危为安,进而演变为一种概念,引领生活风尚。

2011年10月5日,深刻改变世界的天才史蒂夫·乔布斯辞世。而那清新的"苹果"永远留在了人间。苹果——一种普通蔷薇科植物的果实,已深刻地改变了世界。人们说:世上只有三个苹果,一个是亚当夏娃偷吃的苹果;一个是砸在牛顿头上的苹果;一个就是被乔布斯咬了一口的苹果。

IBM

进入20世纪80年代,随着Apple公司的扶摇直上,蓝色巨人IBM再也沉不住气了,于是痛下决心,不得不问津一向被其视为"学生玩具"的微机领域。当第一台IBM微机问世时,蓝色巨人竟然迷信得它必须是一种水果。好在佛罗里达州盛产水果,于是打开冰箱门从菠萝、蜜桃一直看到葡萄、香蕉,奇怪的是哪一个也比不上"苹果"好听,IBM只得作罢。草草决定采用一个大众化的名字,叫作个人计算机(personal computer),于是PC概念深入人心。IBM采取开放性策略,以盟主的身份树立起一面旗帜,成为行业标准,众厂家遵循效仿。于是"兼容"(即与IBM的标准兼容)的概念诞生了,这个局面有利于"围剿"苹果。随即IBM登上了微型计算机霸主的宝座。Apple一时被打压了。

Compaq

IBM 的"开放"策略一方面把自己送上峰巅,另一方面又为自己培养了众多的竞争对手,兼容机不断蚕食既有市场,致使 Compaq 异军突起。1982 年 2 月在德克萨斯州休斯顿的一家馅饼店的餐桌上,康尼恩等三个人正在窃窃私语,完好的馅饼被弄得支离破碎,一项关系到今后命运的计划诞生了,那便是 Compaq 计算机,他们开创了 386 时代,结果,使得 IBM 大势已去,从而 Compaq 成为 PC 电脑业的龙头老大。

Acer

在台湾有一个叫施振荣的人,他靠卖鸭蛋东拼西凑弄到二点五万美金,可这二点五万美金却奠定了他通向 PC 世界五强的必然之路。他同样被"兼容"概念所启发。他的第一台 386 电脑的推出只比 Compaq 晚一个月,1996 他被评为"全球最杰出的 25 位企业家"之一。

Dell

德尔,12 岁取得德克萨斯州政府颁发的商业执照,用卖邮票赚的钱买回一台个人电脑,他如获至宝每天拆拆装装,练就了一套电脑维修的绝技,结果赚回一辆宝马车。18 岁那年,德尔大学说啥也不上了,回家告诉他父亲一句话"我要打倒 IBM"。父亲惊讶地说:"你可知道 IBM 是谁?"德尔不经意地回答说:"别人都称它是蓝色巨人。"于是揣上他 1 000 美元,从此踏上了他的商业化征程。这一举动使得作为牙科医生的父亲真是牙痛!不料,当他被美国《财富》杂志评选为全美 500 强企业最年青总裁时,年仅 25 岁。当 Compaq 被 HP 吞掉时,Dell 一跃成为了世界第一。

Lenovo

2004 年 12 月,中国联想(电脑)公司以 12.5 亿美元收购 IBM 电脑业务,成为全球仅次于 Dell、HP 的第三大电脑公司。2011 年后,联想公司电脑销量一直保持全球第一,无愧于"全球 PC 之王"的称号,柳传志、杨元庆再次成为世界风云人物。

§4 我是谁?

随着信息技术的日新月异,特别是超级计算机的突飞猛进,使一些海量计算成为可能,人类便提出了一个大胆的设想——绘制人类基因组图谱。由美、英、法、德、日和中国共计 6 国家参加的人类基因组计划是对 23 对染色体 DNA 大规模测序的国际合作,该计划由 IHGSC 组织来完成,1990 年正式启动。它最终的目标是编译出人类全部基因及其编码的蛋白清单,号称生物医学研究的元素周期表。这是人类第一次对自身的透彻剖析,能从根本上解决"我是谁"的问题。

这个人类千百次追问的问题,应该是物质的我与精神的我的完美统一,自然的我与社会的我的完美统一,"小我"(个体的我)与"大我"(人天合一,与宇宙本真融为一体)的完美统一。先贤大哲们也曾各抒己见,从庄子的"无我"与"真我"到黑格尔的"理性"与"精神",再到弗洛伊德的"本我"、"自我"与"超我"。想法虽然异彩纷呈,相得益彰,但是究其本源都没有从物质基础的角度上明确地回答"其所以然"的问题。因为终归还是物质决定意识。而生物学家则有充分的把握给出最终答案——用基因说话。基因可以分为编码 RNA 的基因以及蛋白编码 DNA 基因。随着人类对各种基因功能及基因之间相互作用的深入了解,人类将在分子水平上认识发病的根本机理,为各种疾病的诊断、防治和新药的开发提供有力依据。把人类基因组搞清,其他问题便可迎刃而解。但是,这项恢宏计划实施的成功与否,最终取决于超级计算机的精确与速度。

§5　问天下谁是英雄?

凡英雄皆有出处,多指人与人的较量。胜负都可能造就英雄。人与动物的较量是从蒙昧时代开始,我们的祖先集体狩猎,最终人类胜出;人与机器的较量是从工业时代开始,人类输在力量上,赢在智慧上;而人类与机器在智慧上的较量则是从信息时代开始的。

1997 年 5 月 3 日~11 日,全世界 106 个国家的近亿人次通过 Internet 观看了著名的 IBM 公司"深蓝"电脑与国际象棋世界冠军卡斯帕罗夫之间的第二场扣人心弦的人机大战。结果,电脑战胜了人脑,世界一片惊呼!是什么力量令神机妙算的大师也一筹莫展呢?

1985 年,卡斯帕罗夫首次获得国际象棋世界冠军,从那时起 12 年他连续获国际象棋世界冠军,他是正值巅峰状态的棋王。他曾经预言在 20 世纪不会被打败。然而卡斯帕罗夫终究事与愿违,残梦破碎!

输棋之后,卡斯帕罗夫久久地沉浸在困惑之中。"深蓝"竟走出了只有真正的象棋大师才能走出的棋步,"深蓝"有智慧,卡斯帕罗夫对此深信不疑!

IBM 声称,"深蓝"绝不仅仅只是下棋而已,它将在人类的更广阔的领域内解决更复杂的问题。有人开始担忧"深蓝"的智慧对人类前途的影响。

"深蓝"的前身叫 Chiptest,1985 年诞生,由来自台湾的美国卡内基梅隆博士班学生许峰雄设计。在 Sun3/166 上运行每秒算出 5 万步棋。1989 年 5 月,改名为"深思",运算能力为每秒 72 万步棋。1993 年改名为"深蓝",每秒 100 万步。而一个不争的事实是,就国际象棋而言,许峰雄无论如何都赢不了卡斯帕罗夫!

1997 年 9 月 18 日,谭崇仁、许峰雄博士再次向世人澄清:"'深蓝'的智慧只是计算的结果,而不是思维的结果。人类的思想机理至今还是个谜,我们远远没有搞明白。'深蓝'不是为人工智能而设计的,其真正的目的是探索如何利用'平行处理'的方法解决复杂问题"。

总之,尽管"深蓝"这位"英雄"有出神入化的表现,但它并不代表智慧,而且从本质上来说,它还算不上超级计算机。

§6 超级计算机(Personal Super Computer)

超级计算机由数千甚至更多的处理器组成,能计算普通 PC 机和服务器所不能完成的大型复杂课题。这样的运算速度,可以通过数值模拟来预测和展现极为复杂的自然现象与高科技内涵,诸如天气形势预报、生命科学的基因分析、模拟核武器实验、弹道导弹防预、航天探索等领域内容。同时也像新式武器一样,具有绝对的威慑力。

"海湾战争"(1991 年 1 月 17 日)中"爱国者"导弹一鸣惊人,它对"飞毛腿"导弹的有效拦截像演绎了神话般的传奇,屡建奇功。原因是在其背后有一只神秘的战争之手在操控。当"飞毛腿"导弹从毫无察觉的掩体后呼啸而起时,美国布置在海湾地区上空的军事卫星立刻便发现并捕捉到其飞行轨道的参数,同时将这千钧一发之际的数据传递到美国本土,在那里超级计算机高速飞旋,瞬间便推算出"爱国者"导弹应采取如何拦截的轨道参数,再通过卫星把计算的最终结果送回到海湾的战地指挥所,指挥拦截作战。期间所有的数据信息要两次往返大西洋,可谓运筹帷幄之中,决胜千里之外。而决胜的关键是速度,超级计算机的速度关系着生死存亡与战争的胜负!

超级计算机更是国家综合实力的体现与象征,被视为国之重器。它又像兴奋剂一样,极速推进着人类科技发展的进程。由于地位的特殊性,每年要公布两次全球超级计算机 500 强排名,由国际 TOP500 组织负责。进入 21 世纪,围绕超级计算机的竞争主要是在中、美、日三国之间展开。

2010 年 11 月 14 日,国际 TOP500 组织公布全球超级计算机前 500 强排行榜。中国超级计算机系统"天河一号"雄踞第一。"天河一号"运算速度可以达到每秒 2 570 万亿次。其一天的工作量对于一台家用电脑来说,需要用 800 年的时间才能完成。

2011 年 6 月 21 日,由富士通制造的日本超级计算机"K Computer"排名世界 500 强首位,成功从中国手中夺回运算速度排行榜第一的宝座。以每秒 8 162万亿次的运算速度成为全球最快的超级计算机。日本希望能借助它解决复杂的气象问题,同时实现药物、新材料和新技术开发的重大突破。

2012 年 6 月 18 日,由美国国际商业机器公司(IBM)研制的超级计算机"红杉"(Sequoia),为美国夺得全球最快超级计算机的美誉。"红杉"的持续运算测试达到每秒 1.6 亿亿次,其峰值指令周期高达每秒 2 亿亿次,令其他计算机望尘莫及。"红杉"是用来进行模拟核试验及延长老旧核武器寿命的,从而避免地下核试验的发生。也就是用来提升不容他人的美国核威慑力量。

超级计算机的运算速度达到每秒亿亿次,不仅是计算机发展史上的一个里程碑,也将使很多学科跃上新的高度,让科学家更好地把握海量数据,让庞大的分布式计算能够出神入化,让"云"计算达到理想的规模,让新技术层出不穷,让世界日新月异。

2012年11月12日公布的全球最快超级计算机500强(TOP500)排行榜上,位于田纳西州的美国能源部下属橡树岭国家实验室的超级计算机"泰坦"(Titan)名列榜首。"泰坦"拥有每秒钟高达2亿亿次的计算能力,比美国能源部的另一台超级计算机——"红杉"(Sequoia)高出4千万亿次。之后超级计算机的发展更为惊心动魄,作者执笔之时,中国的超级计算机"天河二号"(采用intel处理器)峰回路转,再夺世界第一,每秒3.39亿亿次。超级计算机将一直会此消彼长地延续精彩。到2015年11月18日公布的全球超级计算机500强榜单中,中国"天河二号"超级计算机已创下六连冠的佳绩。不料美国立即做出禁止向中国出售一切高端处理器的决定。6个月后(2016年6月),中国自主知识产权的超级计算机"神威太湖之光"以每秒9.3亿亿次运算能力,再次刷新TOP500记录。无奈的美国只好眼睁睁地注视着这一切……

超级计算机会使我们的时代极速飞旋,将催生一个无与伦比的超级时代。

§7 极速"进化" 超越人类

第一代计算机:1946~1958年,为电子管(vacuum tube)计算机,其运算速度为几千至几万次每秒。特点是体积大、耗电高、速度慢,但其功能所带来的震撼是前所未有的。

第二代计算机:1958~1965年,为晶体管(transistor)计算机,其运算速度几万至几十万次每秒。特点是体积小、耗电低、速度快,而实用中的惬意,令其走向了更广的领域。

第三代计算机:1965~1970年,为集成电路(integrated circuit/IC)计算机,运算速度几十万至几百万次每秒。特点是体积更小、耗电更低、速度更快。

第四代计算机:1970年至今,为大规模集成电路计算机,其运算速度几百万至数亿亿次每秒。从普通家庭到尖端领域,到处是它的身影,它已经改变人类的生活。今天,包括那些叱咤风云的超级计算机在内,所有计算机都属于第四代计算机,其设计均采用冯·诺依曼(John von Neumann)结构(运算器、控制器、存储器、输入、输出设备),而第五代计算机将有全新的突破。

第五代计算机:似乎没有明确的概念,量子计算机、生物计算机、神经网络计算机均属其范畴。

7.1 量子计算机(Quantum Computer)

量子世界是一个全新和诱人的世界,在这个世界里,重新认识和改造客观世界的确是颇具动人的事情。量子计算机是一类遵循量子力学规律,进行高速数学和逻辑运算、存储及处理信息的物理装置。当这个装置处理和计算的是量子信息,运行的是量子算法时,它就是量子计算机。

1994年,贝尔实验室的专家彼得·秀尔(Peter Shor)证明:量子计算机能完成对数运算,而且速度远胜传统计算机。量子芯片不像半导体芯片那样,只能记录0与1两种状态,它可以同时表示多种状态。如果把半导体计算机比成单一乐器,量子计算机就像交响乐团,一次运算可以处理多种不同状况。而且,量子信息的传递,是任何第三方都永远无法获得的。它宣告了一切窃密行为的终结,即便身怀绝技的黑客也不得不另谋生路。然而相当长的时间里,唯一的一台量子计算机仍躺在硅谷的老家,消磨时光。原因是它遇到了巨大的现实障碍,那就是这个量子世界中的多种状态,人类始终无法掌控。

2015年2月26日,英国《自然》杂志以封面标题的形式发表了最新成果。中国科学技术大学潘建伟研究小组,搭建的6光子11量子比特的自旋—轨道角动量纠缠实验平台首次成功实现了多自由度量子体系的隐形传态。这是自1997年人类首次实现单一自由度量子隐形传态以来,在量子信息实验研究领域取得的又一重大突破。这项技术使中国站在世界量子信息领域的最前沿,抢占了制高点。《自然》杂志同期的"新闻视角"栏目评论说:"该实验为理解和展示量子物理的一个最深远和最令人费解的预言迈出了重要的一步,并可以作为未来量子网络的一个强大的基本单元"。

那个令人费解的预言出自爱因斯坦,量子纠缠效应将呈现出鬼魅似的远距离作用。即处于特定系统中的两颗量子,即使相距遥远,一颗粒子的行为也将会影响另一颗的状态,并且这种"心灵感应"不需要时间。然而,这种"超光速"信号的传递,恰恰又是爱因斯坦本人所深恶痛绝和绝不允许的。自从薛定谔将一只可怜的猫放到那个神秘的箱子里(1935年)开始,结果,那只猫就将这个世界闹得亦真亦幻。爱因斯坦自然站到薛定谔的立场一边,他认为超光速现象即便存在也不可能伴随着能量和信息的传递。他本想以不可动摇的"相对论"来捍卫世界的"定域性"本质,进而推翻"量子论"所代表的世界的"随机性"本质。于是,两位巨人(爱因斯坦与玻尔)间,爆发了20世纪物理界的最恢弘之战!只是当时的人类面对如此令人费解的预言实在是无计可施。直到爱因思坦去世60年(2015年),相对论诞生100年后预言才得以验证,结果"量子论"赢得了光辉的21世纪。

这绝非意味着"相对论"在新世纪天空的陨落,只是璀璨之中又冉冉升起了耀眼的"量子论",它们虽交相辉映,但又不可调和。

不管怎样,量子论揭示的是一个超现实的世界,它把人们在现实世界里建立起来的"规律"和"感知"彻底打碎,出现了奇妙而不可思议的事物。其实这一点早有展现,氢弹的爆炸就是量子论在发威。而今天我们将获得更加诱人的前景,因为量子这个鬼魅的世界已得到有效的掌控,接下来首先会在计算机领域内异军突起,这意味着今天的计算机设备,无论性能何其卓越,形态何其炫酷,都已经落后了,一个令人怦然心动的全新世界即将展现,那将比神话更美丽!

7.2 生物计算机(Biological Computer)

生物计算机是以生物芯片为器件,取代那些在半导体硅片上,集成数以亿计晶体管的计算机。生物芯片是以生物工程技术产生的蛋白分子为主要原料的器件,存储极大,体积极小,能耗极低,速度极快。由于蛋白分子具有自我修复功能,类似皮肤的愈合,所以它更具有生命的特征。

1994年,美国南加州大学昂纳多·阿德勒曼在《科学》杂志上首次提出了DNA计算机理论,并用它成功解决"邮递员问题":寻找7个城市间的最短路径,并且不能走回头路。

1997年世界上第一张全基因组芯片——含有6 166个基因的酵母全基因组芯片在美国斯坦福大学Brown实验室完成,从而使基因芯片技术在世界上迅速得到应用。

美国加州理工学院的克里斯蒂娜·斯默尔克说:"像这样的生物计算机,有朝一日可使人类直接控制生物学计算系统。生物计算机最终将具有智能,可以实现在某种特殊状况下有效控制'智能药物':如果探测到某种疾病,一种'智能药物'能够从一个细胞环境中采样,并形成自防御序列结构"。就这个意义来说,威胁人类生命的癌症将来甚至都不会有萌芽的机会。然而其宏伟的前景远远不止于此。

目前,机电学和生物学之间壁垒越来越小,有朝一日可合二为一,全面提升人的素质,向超级人类发展。美国大片《钢铁侠》系列活灵活现地诠释了这一概念。生物计算机的前景,同样令人痴迷而惶恐!

7.3 神经网络计算机

将计算机的每一个处理单元,模拟人脑的每个神经元,运算能力更强,速度更快,神经网络计算机的信息不是存在存储器中,而是存储在神经元之间的联络网中。神经网络理论是人工智能发展史上的重要的里程碑,它为计算机模仿人脑打开了通路,具有联想记忆、视觉和声音识别能力。同时,具有自我学习能力,通过这种自我积累式的学习,它在任何领域内都能掌握比专家更为丰富的知识。

2014年美国IBM公司首次推出了大规模的"神经形态"芯片,标志着人工智能的重大突破,它以更接近活体大脑的方式来处理信息。从这一点来说,计算机代表着未来智慧。

2016年3月12日,谷歌人工智能机器人阿尔法(AlphaGo)与世界围棋冠军韩国棋手李世石的比赛以3:0的佳绩取胜。至此在棋类领域里,人类的智慧高地在电脑的强大攻势下已全面失守。阿尔法(AlphaGo)不同于当年的"深蓝",属于神经网络计算机系统,体现着智慧。之前它还表现平平,但通过自身的"深度学习",几个月内便产生了神奇的飞跃,它不知疲倦,因而潜力无限。

看来智慧并非只属于生命体,机器也会向智慧发起冲击,并可以向人类所有领域的高度发起冲击。

然而,仅仅具备了完美的大脑科学与人工智能科技还是不够的,必须要向"人工心灵"挺进,让穿越于人类心灵的资讯去穿梭机器,产生情绪控制下的"心理状态",去调动一切感觉和记忆,从而让每一次心理活动都背负着情感上的细微差别。这样人与机器才能没有界线。美国麻省理工学院正在做这方面的突破,并已取得进展。(《知识大融通》爱德华·威尔逊)善智慧、懂情感的机器,不可避免地要面临一个宗教信仰的问题,也许这是摆在诸神面前的一道真正的难题!

由此看来,自然界的性质必将再一次发生根本的改变。当然,就目前而言,一般生命体、人类以及机器所遵循的遗传法则是有本质区别的,一般生命体只遵循内遗传法则,即基因的传递;人类作为特殊的生命体同时遵循内、外两种遗传法则,外遗传法则即文化的传递;而机器只能遵循外遗传法则,即文化的传递。机器只遵循"外遗传法则"之道,无论其如何神通广大,也终因缺乏"内遗传法则"之能而无从"独立自主",也就是说到目前为止,机器所闪耀的仍然是人类智慧的光芒。

未来的计算机将以楚楚动人的姿态展现在人类面前,甚至人会把"她"当成同类。作为虚拟现实的全息影像,让人身临其境,流连忘返!作为还原自然的天籁之音让人洞彻心扉,亦真亦幻!作为感知世界的主体意识,让人豁然开朗,大彻大悟!而作为心灵世界的"绝对理念",更让人意蕴绵绵,情真意切!

种种迹象表明,诞生仅仅70年的计算机,其进化速度已经让人寝食不安了。基因的进化似乎"停止"了,文化的进化速度突然加快,一日千里,而机器正如饥似渴地窃取这一成果!人类正面临全新的挑战与威胁,它来自新概念的电脑,更迫使人类不得不开始重新审视和思考人类在自然中的位置,在新的困惑与迷茫中起伏。人类有智慧合理利用自然,造福自身,但这个过程会不会意外地成就某种智慧生物?更意想不到的是它乘机"修炼"出具有更高级生命层次的"DNA",从而在生命进化过程中明显优于人类。尽管出色的人类从沧桑巨变中脱颖而出,不断创造奇迹,然而最终的结果还是无情地被取代!天方夜谭式的离奇,正转变为不可回避的现实!智慧生物与即将成为智慧生物的"机器",一场生死角逐已经开始,它超越了任何领土争端的问题。人类还没有摆脱为生存而挣扎的命运,可新的危机已悄然而至。

何以安然无恙地渡过这一纠纠之关呢？人类同样期待着锐意完善自身。这是一场超凡脱俗的大演化，痛苦而美丽，断然不可追随机器的脚步盲目而行，因为那是一片诱人的误区，一条美丽的歧途。在人类的自然进程中，直取宇宙本原才是沧桑正道。当然，这个过程中，人类也不会排斥"超感官知觉"的出现，以使我们能够提前捕获存在于"维度之外"的预感信息，先知先觉。这个时代十分特殊，我们就称之为：超级时代。

超级时代(Super Era)

第12章

§1 开启"玄奥"之门

所谓"超级"必有非凡之处。超级时代,恍兮惚兮。最早可追溯到老子那玄之又玄的思维里,但2 500年来它却始终显而不露。那个神秘的东西便是宇宙的本原,它蕴涵在这个大千世界的最深处,可谓大象无形。

1897年一条蓝绿色的辉光激发了约瑟夫·约翰·汤姆逊(Joseph John Thomson)的灵感,他证明了电子的存在,从而结束了近20年人们对阴极射线本质的争论,在世界上引起了轰动。他第一次把原子拆分了,即便是2 400年前的留基波(原子论的提出者)也肯定会惊讶而折服。这一发现,既完善了"电气时代"又开创了人类探索物质结构的先河。在此一个世纪前,伏打制成稳定电流时,还不曾晓得电子定向移动的原理,在此一个世纪后,汤姆逊则又被称为"一位最先打开通向基本粒子物理学大门的伟人"。

天资聪明的汤姆逊,14岁被破格入选曼彻斯特大学,21岁被保送到剑桥大学。他勤奋努力,刻苦钻研,学业优异,成就非凡,于1906年荣获诺贝尔物理学奖。当初他索性提出了一个"枣糕"式的原子结构模型,即电子均匀镶嵌在正电荷组成的原子之中。

1911年,汤姆逊的得意学生,欧内斯特·卢瑟福(Ernest Rutheford),通过α粒子散射实验现象,发现老师汤姆逊的原子模型意外地出了偏差。最后他找到了一个坚定的理由:"吾爱吾师,但更爱真理",于是重新确立了原子的核式结构模型,这一来,他被尊为近代原子核物理学之父。该实验也被评为"物理学最美实验"之一。

1919年,卢瑟福做了用α粒子轰击氮核的实验。无意中从氮核中打出了一种陌生的粒子,并测定了它的电荷与质量均为一个单位。卢瑟福将这种粒子命名为质子。第二年,卢瑟福又在著名的贝克尔演讲中做出中子存在的理论性预言。也就是说,这一刻他把原子彻底拆碎了!

1933年,卢瑟福的学生查德威克历经曲折,终于证实了中子的存在,获1935年诺贝尔物理学奖。随之,超新星和中子星的概念也同样出自他的先见之明。

至此,原子模型的完整结构,彻底告破。波尔的贡献是使原子模型锦上添花,原子核外不同能量级的电子云代表不同的原子状态。这一新奇的发现,意外地导致了量子物理的诞生。汤姆逊师徒团队历时36年之艰辛,不折不扣,终于为人类撬开了微观世界的第一道玄奥之门,为我们找到了一个绚丽而奇妙的世界!这一进步,虽然可喜而巨大,但仍处在一个较低的认识层面上,距离我们要揭示宇宙的真正本原还有一段相当遥远的距离。可再走下去,传统的经典物理学则遇到了不可逾越的鸿沟。于是,量子物理开始大行其道。正是波尔的独辟蹊径,拯救了沉溺于传统理论中的物理学,同时也给这个斑斓的世界蒙上了一层不可知的神秘面纱。

§2 八仙过海

1954年物理学家杨振宁和R·L·米尔斯,首先提出杨—米尔斯理论,又称规范场理论,该理论成为研究自然界中四种相互作用(强力、弱力、电磁力、引力)的开篇之作。量子物理揭示了在基本粒子物理与几何对象的数学之间的令人注目的关系。但是,无论应用到弱还是强相互作用中,所遇到的主要障碍都是质量问题。由于规范场理论禁止规范玻色子带有任何质量,这一禁忌却与实验中的观测不符。如果不能解决质量问题,将会使得整个研究失去基础。起初人们试图通过对称性自发破缺机制打破规范理论中对"拉氏量对称性"的严格要求,使物理真空中的拉氏量不再满足这种对称性,然而到了1962年,每一个对称性自发破缺都被证明:必定伴随着一个无质量无自旋的粒子。在当时的情况下,这无疑是不可能的。或许这种困惑,恰恰是从根本上解决问题的关键,果不其然,事实证明确有其人其事。

1964年的一个星期四下午,彼得·希格斯(Peter Higgs)正惬意地坐在爱丁堡大学的明亮的图书馆里,津津有味地读着一篇文章。这位善于批判性思考的年轻人,总是同司空见惯较劲,从不与习以为常苟同,每每迷乱之际另辟蹊径。正是他手中的这篇文章,促使他萌生了一种奇怪的想法——希格斯机制。到了下周一早晨,关于粒子如何获得质量的绝妙原理已经在他的头脑中成形。他本想在轻松愉快的旅程中搅动世界。于是在他第一篇文章中,预言了一种"怪异"的粒子来完善现有理论的不足,精确而简捷。虽然构思巧妙,可还是被业界视为离经叛道,结果遭权威杂志《物理快报》拒绝而退稿。他匆匆结束了露营假期,直返爱丁堡,迫不及待地完成了他的第二篇文章。在他的第二篇文章里,着重阐述了那个"怪异"的粒子。它法力无边,可让空灵与缥缈定型,让物质现身,堪称是万物质量之源。事情又是这样凑巧,希格斯机制与现有的规范场理论恰恰珠联璧合。

几经锤炼,希格斯的第二篇文章终于在美国期刊《物理学评论》上露面了,这下震撼了整个物理界。以至于越来越多的学者开始相信,确实存在这种缔造了整个世界的"怪异"粒子,后来这种"怪异"的粒子,便以希格斯的名字命名。然而,在现实世界中它始终遁形,实在是难以找到。

1964年,这个年份在大洋彼岸还出现了另一个极富传奇色彩的人物,美国加州理工学院教授默里·盖尔曼(Murray Gell Mann)。他创立了著名的"夸克"模型。他提出:绝大多数的基本粒子,如质子、中子都是由更小的微粒"夸克"组成。"夸克"是詹姆斯·乔伊斯(James Joyce)的百科全书式小说《芬尼根彻夜祭》里的台词:"向麦克老大三呼夸克"。实际上"夸克"是一种海鸟的叫声。盖尔曼灵感突发,用"夸克"命名他在理论中设想的最小微粒,于是"夸克"扬名天下。他的理论最终在现实世界中得到完美证实(1969年获得诺贝尔奖)。

1967年之后,基本粒子理论的"标准模型"在许多人的努力下逐渐成形。其中"电、弱"统一理论,由史蒂芬·温伯格、谢尔登·格拉肖和阿卜杜勒·萨拉姆三人共同完成,巧合的是这一理论与描述"夸克"之间强相互作用的理论恰恰相容。基于对这一理论的贡献,此三人共同分享了1979年度诺贝尔物理学奖。事情的关键在于,这一理论成立的前提条件必须要引入希格斯粒子。从此,"标准模型"理论正式踏上漫漫的征程。

谁又能晓得,格拉肖和萨拉姆这两位世界级学者,居然对一位与科学毫不相干的人物万般痴情,那个人便是毛泽东。1977年,世界第七届粒子物理学讨论会在夏威夷举行,会议就物质是否无限可分争执不休。谢尔登·格拉肖做大会发言,最后他提议说:"应当把组成物质这些所有假设的组成部分命名为'毛粒子',以纪念已故的毛泽东主席,因为他一贯主张自然界有更深的统一性"。为此他两次向国际社会和科学界呼吁,质子、中子下一层次的基本微粒既不能叫层子,也不能叫"夸克",应统称为"毛粒子"。

格拉肖和萨拉姆曾经两次访问过中国。每次都得到了毛泽东主席的接见,并一起讨论基本粒子到底还有没有自己的内部结构和矛盾这样一个现代物理学的前沿问题。毛泽东的态度是非常肯定的,一定会有的,这是"一分为二,对立统一"的。而这两位世界级的学者却坚持了不同的意见,他们认为不可能再分了。而事实验证了"毛泽东思想的最终胜利"。两位学者之所以捍卫"毛粒子"是出于对科学的良知和对伟人的崇敬。毛泽东对中国传统道家的思想驾轻就熟,他随意而自若地吐出了庄子(道家的继承人)之说:"一尺之棰,日取其半,万世不竭",却令整个科学界再获启迪。怎奈,当时的中国忽视这种国际捍卫——"毛粒子",致使"夸克"美名不胫而走。否则道家的精髓又将先胜一筹。

§3 如此斑斓

宇宙万物究竟是由什么组成的,千百年来,这个谜团一直在困惑着人们。2 400年前,古希腊人留基波提出了惊人的原子论,并声明原子不可分。在汤姆逊之前的2 300年间,无人能证明或否定。随着科学技术的发展,人们对微观领域的认识不断深入,从分子、原子到原子核、电子。人们还发现原子核是由质子、中子组成,而质子、中子又是由"夸克"组成。历史经验告诉我们:人类对物质结构的认识每深入一步,都会给社会带来巨大的飞跃与进步。要发现物质的新结构,就必须找到组成这种结构的新粒子。

1983年,欧洲核子中心的加速器上,造出了第一只传递弱力的不带电的z粒子,从而有力地证明了物理学家温伯格、格拉肖和萨拉姆在1967年提出的划时代理论的正确性。当然,希格斯粒子是幕后英雄,但接下来该做些什么呢?一如既往,必须找到希格斯粒子!可是煞费苦心的科学家们施展了各种招数,还是无果而终。

1985年随着一个特殊之人的离世,搅动了踽踽而寻的物理学家们。那就是著名的意大利作家——伊塔洛·卡尔维诺(Italo Calvino)。他十分推崇那个曾激发默里·盖尔曼灵感的小说《芬尼根彻夜祭》的作者——詹姆斯·乔伊斯。实际上他是在推崇百科全书式的小说模式。这位满怀深情之人,百般牵挂着文学与图书在科技与后工业化时代的命运,于是他总结了过去一千年的文学之路,赶制了一部《未来千年的六篇备忘录》即《美国讲稿》,准备赶往美国哈佛大学演说,但这一愿望他没能来得及实现。他极力主张未来的小说应该深入地揭示浩瀚宇宙的本质观念,趋势应该是百科全书式的,更把这类新型小说定义为"超级小说"。崇尚一种极为超越的人格,与造物同体,与天地并生,与道俱成。至于他能否引领未来文学的千年之路,尚无法定论,但这位作家与宇宙的本质牵扯上了,把物理学家们弄得感同身受。

1988年利昂·莱德曼(Leon Max Lederman)因 μ 子中微子的发现与贡献获得诺贝尔物理学奖,为"标准模型"进一步添砖加瓦。在他与泰雷西合著的《上帝粒子:假如宇宙是答案,究竟什么是问题?》的结尾,充分流露出了物理学家们对终极前景的渴望。在这里他将希格斯粒子命名为"上帝粒子",并形象地称它是"指挥着宇宙交响曲的粒子"。他这样写道:

"天空中出现了一道炫目的光芒,一束光亮照亮了我们这位沙滩主人。在巴赫 B 小调弥撒曲庄严、高潮的和弦配乐下,也可能是在斯特拉温斯基的短笛独奏《春之祭》中,天空中的光慢慢地变成了上帝的脸,微笑着,但带着极度甜蜜的悲伤表情。"

这是一部极其严谨的科学著作,但是读起来异常幽默,简直让人乐不可支,怎么看都像卡尔维诺所倡导的那种"超级小说"! 在书中他描述的那个终极前景便是基本粒子的统一大业——"标准模型"。

基本粒子统一大业,最早始于物理学的鼻祖牛顿。他把物体坠落的力与行星运动的力统一起来——万有引力。而后法拉第、麦克斯韦又把电场力、磁场力统一起来——电磁力。正是这样最初的一隅之力,最后导致了浩瀚的太空时代,以及浩渺的信息时代的到来。所以,当弱力与电磁力统一取得成功时,物理学家的冲动油然而生,一个无比斑斓的梦想,便是实现四种力的完美统一,即强力、弱力、电磁力、万有引力的统一。万卷归宗,又将导致一个怎样的超级时代诞生呢? 总之前景如此斑斓,但要找不到希格斯粒子,还有什么"超级"可谈! 而希格斯粒子归根到底又该如何来寻找呢?

§4 工欲善其事,必先利其器

欧洲核子研究中心 CERN 计划再造一台能量高达 200GeV 的电子对撞机,用它来制造出成千上万个 z 粒子,并试图发现顶夸克和希格斯粒子。顶夸克是构成宇宙过程中不可缺少的基本微粒,而希格斯粒子是让宇宙物质现形的关键,是万物质量、惯性之源。此外新的加速器还是可以用来模拟宇宙诞生的瞬间情况。在如此诱人的前景下,新的加速器被命名为"莱泼"(LEP)。其环型加速器的周长 27 公里,庞大身躯从瑞士的日内瓦湖的平原一直延伸到法国的柴罗山下,深埋在地下 50～100 米,成为世界上最大的对撞机。

无独有偶,当年与华裔科学家丁肇中分享诺贝尔物理奖的里希特,在大洋彼岸的旧金山地区的斯坦福大学的直线加速器(SLAC)里,完成了另一项计划。用一种创新的技术,改造了旧加速器使它满足产生 z 粒子的条件。

1988 年 SLAC 宣布开始运行,1989 年 4 月 11 日产生出了第一粒 z 粒子。

1989 年 7 月 15 日,LEP 开始发出一束能量空前的电子束,8 月 13 日正式开始成批收获 z 粒子。然而,高调运行的 LEP 虽然能量空前,但希格斯粒子对此却不屑一顾,无法将它顺利"请"出,而对于我们要实现揭示宇宙本质的目标来说,更是杯水车薪。这一结果令科学家们未免因惋惜而遗憾。

美国则赢得了大显身手的好时机,计划筹建一个规模空前的超级超导对撞机——质子对撞机(SSC),其能量为20TeV,是LEP的100倍。这是一个创世纪的机器!当时的预算造价已达82.49亿美元,其周长87公里,工期10年(1988~1999)。但这一庞大的系统工程在耗资20多亿美元后,于1993年10月被迫下马。这一出乎意料的结果令全世界的物理学家大失所望。

就在美国偃旗息鼓之时,欧洲核子中心CERN则开始了另一项紧锣密鼓的计划,筹建一个新型强子对撞机,能量为7TeV,是LEP的40倍,这个能量虽然不显得夸张,但依然无能可比。LEP在CERN服役了11年后,自2000年11月开始逐渐拆除,其将被更强大的强子对撞机LHC(Large Hadron Collider)代替。

筹建对撞机是向物质结构发起声势浩大的进军,它要逼近的是宇宙的本质。其深远意义就在于能将人类提升到一个新的层次上去——超级时代。最简单的道理是我们现在所使用的能源煤、石油、天然气还只是分子层次上的能量,而打碎原子核的能量,则是传统能量的几百万倍,至于打碎质子、中子,又会放出什么样的能量,产生怎样的效果,恐怕还不好想象。但人类探索的目标绝不仅仅只是找点意想不到的能源而已,而是要深刻揭示宇宙的本质。

§5　寻找"顶夸克"(Topquark)

"夸克"构成了质子(两个上夸克和一个下夸克构成)和中子(一个上夸克和两个下夸克构成),除引力之外能够参与其他三种力的作用。盖尔曼发现"夸克"理论后,便提出3种夸克模型,分别为上夸克、下夸克、奇夸克。第4种"夸克"——"粲夸克"是由丁肇中领导的研究小组在1974年发现的;第5种"夸克"——"底夸克"是由莱德曼小组1977年在费米实验室发现的。人类发现了五种"夸克"后,欧洲核子中心的物理学家根据"标准模型"理论又提出了第六种也是最后一种"夸克"——"顶夸克"的预言。

1994年4月26日,美国费米实验室宣布:经十年的艰苦探测,第六种"夸克"——"顶夸克"的存在已被证实。1995年3月2日,美国费米实验室向全世界宣布他们发现了"顶夸克"。

六种"夸克"都不能独自存在现实世界当中,但对宇宙的形成来说缺一不可。衰变是"夸克"的天性,在这个短暂的生命过程中,"夸克"以不可思议的方式完成了使命。要知道,玄奥之极的"夸克"产生时,正值宇宙大爆炸的混沌之初。实际上,今天真正构成我们大千世界物质的只有四种粒子:上夸克、下夸克,电子及电子中微子。中微子很另类,它没有束缚也没有阻隔,可以在我们的宇宙物质中自如穿梭,也不参与物质的大体构造。其他的"夸克"及粒子只是起到了瞬间的辅助作用后便化为乌有,庆幸的是它们可以被还原,借此我们才得以向宇宙的本原进发。

"顶夸克"的发现,使"标准模型"又向前迈进一步,人们预言的那个超级时代也在临近。我们在感慨人类的伟大之时,更赞叹人类的探索精神,不竭的动力之源,那是来自宇宙本原的强烈召唤。

§6 召唤

CERN 欧洲核子研究中心,地处法国与瑞士交界,风光旖旎,科技时尚。这里聚集着占世界半数以上的粒子物理学家,这是一个每秒钟都可能产生奇迹的地方。蒂姆·伯纳斯·李和他的互联网也是从这里走向世界的。这里聚焦着全世界的目光,更担负着人类心头的重量。

有史以来的大型强子对撞机 LHC 将让"夸克"与胶子重新认识人类的伟大力量。它可以把质子束流分别加速到 7TeV 的超高能量并使之对撞,最猛烈时释放的能量约为 2TeV,也许这就是未来超级电站的前身(一定能找到远高于核反应的能量)。对撞完成后,LHC 将协同巨型探测器一起用于"对称性自发破缺"和质量起源课题的研究,以及寻找新粒子和新的物理现象,探求宇宙形成的奥秘。探索 TeV 能标下的物理世界是粒子学家多年来梦寐以求的向往。世界的"本质"也将在 TeV 能标下显现出来:例如难以捉摸的希格斯粒子(科学家相信这种粒子给其他粒子赋予了质量与惯性)以及暗物质粒子。暗物质包括暗能量被认为是宇宙研究中最具挑战性的课题,它代表了宇宙中 90% 以上的物质含量,而由"夸克"组成的明物质世界,还不到宇宙物质总量的 10%。暗物质无法直接探测及观测到,它不与电磁波发生作用,但它却能干扰星体的运动,包括光的传播。这个隐形的超大世界我们还不知道蕴含着怎样不可思议的物理现象,但对我们这个的世界的帮助将是超乎想象的。暗能量是与万有引力相抵触的能量,如果驾驭了它,我们将不再被引力所束缚,获得一种"绝对"自由。当然风险还是存在的,万一出了偏差,也可能造成离奇的恐怖现象。

把握了宇宙的"本原",人类将按着自己的愿望重新"缔造"世界!如此的"召唤"近乎于疯狂,但未必就不是梦想,而要实现这一梦想就必须要首先弄清"是谁决定了我们的命运?"

§7 物质、质量 我们、命运

《我们从哪里来？我们是谁？我们到哪里去？》，这是1897年2月法国后印象派画家保罗·高更(Paul Gauguin)在他创作生涯中最后一部力作里所提出来的鲜明而深刻的问题。他是代表着人类发出疑问的，气魄宏大而怆凉，隐约中闪现着人在面对浩瀚宇宙的无奈与茫然。

我们是谁？这个命题生物学家们正在努力求证，最终要给出明确答案。我们来自哪里？这个命题看似不会在物理实验室中产生，仿佛生物学家仍然负有更大的责任，但这恰恰是欧洲核子中心CERN一直以来试图解决的人类重大命题。我们到哪里去？这个命题看似要向哲学家讨教，然而谜底却依然深藏在物理实验室里。我们不妨顺意地去应验。

LHC运行过程中，能使质子对撞达到无可企及的高能状态，其能量与宇宙大爆炸后不久的状态相似，碰撞之后的产物，正是物理学家们要从中寻觅物质起源的依据。物质不存，我们何在？质量是物质的固有属性，这个"固有"从何而来？

根据"标准模型"的预言，尚存最后一种未被发现的粒子———希格斯粒子。有一个最典型的比喻：我们看到赌轮盘猜数，小球的运动方程式对于轮盘的转轴来讲具有对称性，但是小球停止的位置却永远是不对称的。这就是对称性自发破缺，其要求统一场论中必须有一种自旋为零的粒子存在。希格斯粒子负责引导、规范变换中的对称性自发破缺。因此是惯性、质量的源头，称之为"标准模型"的基石，有了它的加入，不仅"标准模型"理论得到检验并扩展到完美化，物质质量起源之谜也将会揭开。

其他粒子在希格斯粒子所形成的场中游弋，产生了惯性，进而获得质量，构筑了大千世界。大千世界孕育了楚楚动人的我们，我们要去的地方，正是宇宙的本原所在。现实像跟我们开了一个巨大的玩笑，我们出自宇宙本原，却又将我们置于一个遥远的平凡世界里，赐给我们一条迷雾重重的艰险之路去回归本原，这就是命运。人类是唯一必须承受心灵放逐之苦的生命。只有醒世之人才能看清目标，带领我们向前掘进，最后殊途同归。个人的命运汇聚成人类的命运，阶段性命运对接成长远命运，局部命运聚集成整体命运，就是向着宇宙本原不断进发，要实现这一终极目标需要历尽磨难，人类交织在这样一个酸甜苦辣的时空里。这个时空就是此时此景，今天的你、我、他。

而今天我们在回归本原的征途上，与死守在那里的希格斯粒子狭路相逢！

欧洲核子中心CERN率先发起第一轮强攻。2000年，LEP攫取到115GeV

（GeV 为十亿电子伏特）的希格斯粒子，这一消息让物理学家激动不已，但从统计到的数据来看，却不足以做出任何定论。第二次冲锋 LHC 已蓄势待发，关注的人类急切地期待着捷报佳音。希格斯说："如果希格斯玻色子确实存在，我可能会打开一瓶东西，里面装的是香槟——威士忌，喝起来不像香槟这么痛快，我们距离这一天不远了！"

§8 开启超级时代

自 LHC 建立之初，反对的声音就一浪高过一浪，有学者极力创建自己的粒子模型，试图证明 LHC 的运转结果只能是一场徒劳。他们声称："LHC 不会找到希格斯粒子，对"标准模型"的完善也毫无意义；也许对撞的结果会产生不同的物质，但如果说这就与宇宙的形成有关，未免过于虚幻；想从中得知物质起源的成因，更显得荒谬"。

甚至有人称 LHC 可能会成为"潘得拉"的匣子，生成稳定的"黑洞"毁灭世界；或产生由上、下、奇三种"夸克"组成超稳定的"奇异星"物质，可以吸收掉所有一般物质；或是创造出磁单极，促成所有质子衰变等等。甚至有人直接叫 LHC 为"末日机器"。

探求宇宙的起源，从"虚无"中创造"物质"，这一幕因酷似圣经旧约中的创世纪而被染上些许宗教色彩，但对于 LHC 是否有助于人类理解宇宙物质本原，构建所有物理现象统一理论，从而获取整个世界的终极知识，物理学家们也同样怀着宗教般的虔诚与期许。这里的"终极知识"可以理解为我们今天全部知识的总和，能用一个万能公式全部解决。

关键时刻，斯蒂芬·霍金用非常微弱的变形的语言发出了声音："这项试验宣布了上演重大物理学发现的超级时代的到来。"

§9 超级时代的困惑

就在人类集中精力苦苦搜寻希格斯粒子而无果的时候，人类另一项宏伟计划却获得了空前突破。

2003 年 4 月 15 日，在 DNA 双螺旋结构模型发表 50 周年前夕，中、美、日、英、法、德六国元首或政府首脑签署文件，六国科学家联合宣布：人类基因组序列图谱成功告破，历时 13 年。确认了蛋白编码基因的数量为：2 万~2.5 万个，共包含 28.5 亿个核苷酸，准确率达 99.999%。全球 2 800 余名科学家参加了

IHGSC项目的工作。更是全球卓越的超级计算机通力合作,发挥了中流砥柱的作用,否则,这一恢宏成果不可想象。人类在探索自身奥秘上,又跨越了一个重要的里程碑。该图谱第一次透彻地回答了"我是谁"这个人类时常扪心自问的问题,以及你、我、他之区别所在。这意味着:人类将可以主宰生命的遗传和变异,可随心所欲地控制生命的进化了!即"人造元素"之后,人类对自然界的又一次巨大颠覆。将会出现一个完全受人类意志控制的进化期。例如,剔除垃圾基因,根除疾病;组合或创造优秀基因,包括如何引导干细胞(stem cells, SC)生成新的器官,解决人体器官更换问题,以及细胞分裂时端粒(telomeres)逐次缩短的问题,从根本上解决人类长寿的奥秘。当然也可以制作超级人类、超级生物或超级病毒,危害人类。人们将优化基因的过程称为基因编辑。这一刻,可能会促使人类自身的性质发生根本的改变!

然而致命的问题来了。摒弃了生命"物竞天择"的自然之路,代以"物竞人择"的快捷方式,这样产生的新人还是原有意义上的人类吗?优秀的基因可能来自多人,如此完美之人到底又是谁的后代?优化基因是一个万般风险的过程,一旦出现了异形或怪物又将如何面对?一个美好而纯粹的科学愿望,不仅触及到法律、道德、伦理等严肃的社会问题,更触及到自然演化之道!而人类也将面临一次彻底丧失"自我"的痛苦抉择!生物学家自然内心沉重。关键时分最重要的是增强对人类自身的信心,切忌轻举妄动!当我们还是条鱼的时候,充满了对陆地的恐惧;当我们成为陆地上的霸主恐龙的时候,决不愿化作被捕食的哺乳动物,当我们成为万物之灵的人时,当然要自尊自爱,但人一定是自然进化的终点吗?恐怕人类还没有能力回答这个问题。然而,刻意的昭示又总是自然而然:蝴蝶与虫子的区别,就在于它经历了一场痛苦而美丽的蜕变,否则将会永远在地上爬行。问题的关键在于我们是不是在"替天行道"!

不管怎样,生物学家终于明确地回答了"我们是谁?"这一深奥问题,然而作为构成生命基本物质的起源之谜,则是生物学家无从回答的,但对物理学家而言,深感责无旁贷。可此时无论物理学家们拳拳之意如何,面对希格斯粒子却也到了最困惑与彷徨的时刻!成败皆在于LHC,这是一部与人类命运攸关的超级机器。

§10 超级机器LHC

人类基因组图谱成功告破,深深地刺激了物理学家们!他们把全部的希望都寄托在LHC身上,准备背水一战,一定要找到这个诡异而神秘的希格斯粒子。经过9年的精心构建,LHC这台庞大的机器即将产生能量空前的粒子束流。

  LHC 的 7 000 块磁铁被液氦冷却到 2K 以下，维持在超导状态运行，在这个难以想象的低温世界里，引导并聚焦着两个质子束流，并使其对撞。其速度可达光速的 99.999 999 1%。每个质子携带的能量将达到 7 万亿电子伏特，相当于质子静止质量所含能量的 7 000 倍，这是根据爱因斯坦的质能公式 $E = mc^2$。

  霍金曾在《时间简史》的序言中说："我有朋友建议我书中不要写公式，那样会吓跑至少一半读者，所以我考虑过不写，不过后来我还是决定写且仅写爱因斯坦的一个公式 $E = mc^2$。"足见爱因斯坦的这个公式重要之极，至少是人们喜欢并敬佩的。

  然而问题来了，粒子加速到光速的 99.999 999 1%，这个时候，无论怎样提高能量都无济于事，光速的极值的确无法突破，果真验证了爱因斯坦给出的定论。但是人类恰恰是制造出两种这样接近光速的粒子，而且是反向运动的，它们在碰撞前的相对速度有合理的答案吗？依常理自然是接近光速的 2 倍，可事实并非如此，它们的相对速度依然只是接近光速，因为狭义相对论速度叠加公式表明：光速加光速不等于 2 倍光速。

  约 3 000 个质子束团，将沿着周长 27 千米的对撞机圆环加速运行。每个束团的质子数多达 1 000 亿个。束团只有几厘米长，粗细不过 16 微米，像 3 000 根银针以光速运转，差之毫厘，就会刺破外部保护层穿出来，包括地下的数公里岩层，甚至引起局部核反应。运行要求的精度之高可想而知！

  运行时，在圆环的四个对撞点上，这些银针一根接一根地通过，每秒发生 6 亿多次粒子对撞。四个巨型探测器被安置在四个对撞点上，它们分别是 ATLAS、ALICE、CMS 和 LHCb。最大的一个能填满半个巴黎圣母院，最重的一个所用的铁比埃菲尔铁塔还多。它们十分灵敏，从天而降的宇宙射线，偶尔会贯穿法国瑞士边境的岩石层，都会被地下的探测器所捕获。

  每一个探测器都拥有近 1 亿条数据流，其所产生的数据总量地球是装不下的，因此不可能记录所有的数据。触发系统和数据获取系统会把洪水般的数据减少到理想程度。每秒只筛选出 100 个最有价值的典型事例，并将数据传送到 CERN 的 LHC 中央计算系统。在那里有众多计算机组成的计算集群，把过滤后的原始数据转化为更加紧凑的格式，供物理学家筛选研究，并通过"网格"系统连接全世界的超级计算机协同作战，分析计算这些数据。我们不得不赞叹"云时代"在应对"大数据"的挑战时是何等的洋洋洒洒！

  调试过程中，需要 5 000 多名科学家、工程师和研究人员通力合作，才能攻克难关。工作人员要首先向 LHC 内注入较低强度的束流，这是必须的过程以降低风险。通过仔细评估 LHC 内部运行情况，并对引导磁场进行精确修正之后，才会注入强度更高的束流。LHC 首次运行时，在圆环中顺时针和逆时针方向绕行的质子束团都只有一个。最终满负荷运转时,每个方向上将有约 3 000 个质子束团。所有粒子携带的总能量,大约相当于 900 辆时速 100 千米的小轿车所具有的总动能,这些能量集中在比头发丝还细小的空间内,可想而知,能量无坚不摧!

人类布下超强阵容,此番能否顺利夺取希格斯粒子这一要关呢?

§11 诡异的希格斯玻色子(Higgs Bason)

让空灵凝固、让飘渺定型,让虚无现身,让物质真实。希格斯粒子赋予了人类燃烧希望的机会,去理解宇宙。但它始终显而不露,而它所成就的"标准模型"却在不断而神奇地还原着宇宙的本真。

在希格斯机制中,希格斯场引起"电弱"相互作用的对称性自发破缺,并将质量赋予费米子和规范玻色子(光子、胶子除外)。希格斯粒子是希格斯场的量子化激发,它通过自身相互作用而获得质量。就这样它成了万物质量惯性的源头。

1995 年,美国费米实验室向全世界宣布他们发现了"顶夸克"时,"标准模型"所预言的 62 个基本粒子中的 61 个,都已经在现实世界中找到,看上去这座金碧辉煌的圣殿就要完美落成了,但是仍然有一个粒子,游离在这座圣殿之外,仿佛一个幽灵,这就是希格斯粒子。希格斯粒子决定着真理和谬误的裁决,它是整个"标准模型"的基石。一旦希格斯粒子被证明不存在,那么"标准模型"这座圣殿无论何其雄伟也会即刻崩塌!

§12 终级知识的里程碑——"标准模型"(Standard Model)

粒子物理学曾在 20 世纪 50 年代陷入了混沌无为的深渊,按斯蒂芬·温伯格的话来说那是"一个充满挫折与困惑的年代",这些困惑激励着物理学家们去探索找出新的解答。从 60 年代初,基于杨—米尔斯的规范场理论,研究者们才逐步冲破阻挠,使粒子物理学迈向了现代的"标准模型"理论。

它的很多预言不断被一个又一个激动人心的实验成果所证实。例如 W 玻色子、Z 玻色子、胶子、粲夸克及"顶夸克"等,这些知名而显赫的粒子,在未被发现前,"标准模型"已经预测到它们的存在,并且对它们性质的推测十分精确,最后都如愿以偿。而这一切的成功都是引入了一个前提条件,那就是希格斯粒子。

"标准模型"是描述强力、弱力及电磁力这三种基本作用力及组成所有物质的基本粒子的理论，属于量子场论的范畴，与量子力学及狭义相对论相容，但是没有描述引力。也就是说"标准模型"还不能等同于终极知识，它只是终极知识的一个重要的里程碑，除引力外，它完美地统一了其他三种力（强力、弱力、电磁力）。

"标准模型"把基本粒子分为费米子、玻色子两大类别。

费米子取名于意大利物理学家费米，为拥有半整数的自旋并遵守泡利不相容原理（这原理指没有相同的费米子能占有同样的量子态）的粒子，费米子是组成物质的基本粒子，它包括六种"夸克"及六种轻子。

玻色子取名于印度物理学家玻色，为拥有整数自旋而并不遵守泡利不相容原理的粒子。玻色子负责传递各种力的作用。

电弱统一理论与量子色动力学在"标准模型"中合并为一。这些理论都基于规范场理论，即把费米子跟玻色子配对起来，以描述费米子之间的作用。由于每组中介玻色子的拉格朗日函数在规范变换中都不变，所以这些中介玻色子就被称为"规范玻色子"。

"标准模型"所包含的玻色子有：负责传递电磁力的光子；负责传递弱核力的 W 及 Z 玻色子；负责传递强核力的 8 种胶子。希格斯粒子也是一种玻色子，然而它与上述这些规范玻色子不同，希格斯粒子负责引导规范变换中的对称性自发破缺，它是惯性与质量的源头，因此它不是规范的玻色子，自旋为零且通过自身相互作用获得质量。

然而"标准模型"自身有两个很重要的缺陷：模型中包含了过多的参数，并且未能描述引力。

为成就"标准模型"，无论是日内瓦湖之畔的欧洲核子研究中心（CERN），还是美国伊利诺斯州巴达维亚草原上的费米实验室，从未放弃过对希格斯粒子的攫取欲望，历经千回百转但都无果而终，着实令科学家们备受煎熬。

§13 期待中的煎熬

物理学家们怀着宗教般的虔诚，一直致力于理解宇宙的本原，完成对所有物理现象的统一理论，从而获得整个世界的终极知识。这一梦想酷似圣经中建造巴别塔的过程。大洪水过后，为防止洪水再来，巴比伦人准备建造一座通天塔，于是万众一心地行动起来。这一下触动了上帝的诺言：永远不会再用洪水毁灭世界。于是，上帝令他们语言不通，造成混乱，通天塔则功亏一篑。

"标准模型"，一个通往终极理论的关卡，所预言的希格斯粒子始终未能在实验中发现。以至于莱德曼一改写书时的万般豪情，开始忧心忡忡，他认为希格斯粒子是一个阻止我们获得终极知识的大坏蛋。

《一千零一夜》里有这样一个著名的故事:一只大鸟夺走了王子的戒指,王子奋起直追,那只大鸟飞过一段距离后,就故意停下来等王子追近,每次王子感到马上就要捉到大鸟的时候,大鸟却又一下振翅飞走了。

好像终极知识就是那只可恶的大鸟,每当我们觉得已经就要得到它时,它就一下子又飞远了。有识之士自然担忧:"一旦希格斯粒子被证实不存在,那么整个物理学就将经历一场新的迷茫和震荡,我们不得不再次目睹终极理想离我们远去。"

更有人搬出了那句古老的犹太谚语:"人类一思考,上帝就发笑"。以告诫自不量力的人类,时时得以反省。

又是谁的声音让我们在迷茫中得以慰藉而觉醒呢?

"能否获得终极知识也许我们决定不了,但是,艰辛而精彩的探索历程以及在这一历程中意外而动人的新发现,才是我们人类生存的意义所在!"这位智者,或许是普通人,但他的声音却是宇宙中恍兮惚兮的真谛!

2010年3月30日,总能量达7万亿电子伏特的欧洲大型强子对撞机,质子束流对撞试验喜获圆满成功。欧洲核子研究中心的科学家们在瑞士日内瓦附近的试验控制中心,举行了盛况空前的庆祝活动。这意味着人类在探索宇宙的奥秘方面又迈进重要一步。之后,人们在急切的期待中盼望着、等待着、内心无法平静……

时光在流逝,一年,两年……新事物层出不穷,而希格斯粒子仍渺无音讯!

§14 超级年代——公元2012

2012年7月2日,美国能源部下属的费米国家加速器实验室首先宣布,最新数据表明:已接近证明被称为"上帝粒子"的存在。

2012年7月4日,欧洲核子中心正式宣布:大型强子对撞机超环面仪器及紧凑μ子线圈探测器,发现了一种与"上帝粒子"一致的亚原子粒子。

83岁的希格斯得知此事后感慨万千:"难以置信,居然在我有生之年能发现了它!"白发苍苍的希格斯,对于时间的流逝唏嘘不已,当年他提出希格斯场的存在时,风华正茂!有趣的是霍金输掉了100美元,3年前他在一次学术大会上设下关于希格斯玻色子的赌约,他不认为能找到"上帝粒子"。不过,霍金输得心服口服,并祝愿希格斯能获得诺贝尔奖,笑着说自己已在第一时间将支票寄出。

希格斯无法忘记,当年与他一同创立理论学说的同伴比利时科学家弗朗西斯科·恩格勒,并邀请他一同参加新闻发布会。当希格斯等人抵达观众席时,在场人士纷纷起立鼓掌,83岁的希格斯与79岁的恩格勒,再也无法抑制内心的激动,顿时老泪纵横……

世界是在"无"与"有"中奠定乾坤的,物质起源的根本问题,其荦荦大端,尽归于希格斯波色子的超凡法力。可谓"大象无形"(老子)之道,玄之又玄,阅尽人间春色无限,今世终有痴人懂你!

"千淘万漉虽辛苦,吹尽黄沙始到金";

"雄关漫道真如铁,而今迈步从头越"!

这一刻,一个完美的期待终成定论,半个世纪的艰辛探索庄严兑现!严格地说来,从老子喋喋而出(无名,万物之始也)时算起,已经是第25个光辉的世纪了。冥冥之中似乎又是一种告诫,隐约中我们仿佛看见历史深处,三个绰绰身影正在清晰。老子、孔子、墨子从不同的方向一路跋涉而来。造化弄人,大梦一醒已是2500年,原来只为赶赴这个特殊时代!一种警醒让我们惊讶地发现:今天,在这个蔚蓝色的星球上,200多个国家和地区(不含中国),有500多家孔子学院处处绽放。墨子无言,却脚步匆匆,又怎不见得李约瑟笑容嫣然?

"标准模型"终于好梦成真。希格斯波色子,最先提出,最后证实,大器晚成!同时也宣告一些不同观点的理论,不得不走向终结。

然而,引力至今依然被拒之门外,徘徊不定。物理学家们不得不继续跟那些抽象晦涩的物理和数学概念打交道,如超弦、超对称性、超引力等,它们都是可描述包括引力在内的,所有基本现象的终极理论。一个个层出不穷的"超"字,似乎在跃然地镌刻着时代的标签。但它是对称的意思。霍金说:"如果我们能找到一个答案,我们将宣告人类理智的最后胜利,因为我们将懂得上帝的意图。"

虽然"标准模型"还不够十分完美,但无疑是人类探索自然宇宙的一个重要里程碑,这意味着:在通往终级理论的道路上,人类奇迹般突破了"62"道不可思议的难关。这个庞大的团队勇气可嘉,为人类撬开了微观世界的第二道玄奥之门。下一个目标——引力波色子,也许会叫别的名字,因为引力或许不是力,而是时间与空间的一种特殊变型。

今天的人类自信而强大,成竹在胸,志在必得,因为,还有无数个"希格斯"正在追求科学与真理的路上孜孜不倦,且吟且行!后面是万众一心,众志成城的科学勇士……

公元2012年,一个多事之秋!美国仍作为唯一的超级大国,在深度影响着蔚蓝色星球的未来,人类自身的表现依旧波澜壮阔,气象万千。

这一年,人类的超级计算机——"红杉"(美国),运算速度首次突破每秒亿亿次大关;人类的超级永磁铁——"阿尔法磁谱仪"(中国制造)发现了一种暗物质的候选体 WIMP；人类的超级法宝——"3D 打印"，应声浮出了水面。理论上，无所不能，要什么有什么，让人欢喜让人忧；这一年，当地球的使者——"旅行者 1 号"和"旅行者 2 号"，正在兴冲冲地跨出太阳系的大门时，而第一位登月的地球人，阿姆斯特朗，恰恰却又在这关键时刻与世长辞……

更有一种厚重的情感，深深地作用于人类的心灵。

12 月 21 日，人们聚集在墨西哥著名的玛雅文化遗址，怀着复杂的心态，迎接玛雅历法的新纪元。坐落于尤卡坦半岛的玛雅古城——奇琴伊察，曾是玛雅古国最大、最繁华的城邦，"世界末日"的言论，使这里聚焦了全世界的目光。

根据玛雅历法，从公元前 3114 年 8 月 13 日开始的"长历纪元"于 2012 年 12 月 21 日结束，共计 5 125 年。这部历法比当时世界上的任何一部都准确，他们最早知道地球公转时间是 365 日，推算出来的金星年份 1 000 多年，1 天不差，他们对天文及数学的精通令今天专家学者都叹为观止！然而灿若霓霞的玛雅文明，在公元 10 世纪初期突然神秘地陨落了。根据玛雅传说：2012 年 12 月 21 日，将是地球文明消失的大限。当这一天黑暗降临后，第二天的黎明永不到来。而这一天，恰逢北半球的冬至，却偏偏在岁差周期中，又呈现出一个非常罕见的天文奇观——地球、太阳与银河系的中心（黑洞）对齐，连成一条直线，这直线让人充满恐惧。古老的预言穿越 5 000 年的时空，怎么会这么巧合，令人不解！

古老而神秘的历法，神奇的图标，似曾相识的玄奥。"先天下之忧而忧"的学者们，开始呕心沥血，而破译的结果似是而非，反倒引起了更多的误解和猜测，甚至有人矛头直指美国宇航局，说其隐瞒事实真相，粉饰太平。世界充满躁动，恐慌导致世界上出现许多反常的事情……

当新纪元的第一缕曙光，掠过危地马拉、洪都拉斯和圣萨尔瓦多的时候，世界的每一个角落都在欣喜若狂，而欢呼雀跃之声很快被淹没在一如既往的人群中。

另一面是现代的玛雅人，身着传统服装，在金字塔前载歌载舞，欢庆自己的元旦。当提及"末日"之说时，玛雅长老满脸疑惑：我们的祖先聪慧而才智，但从未提及过"末日"之说，只表明人类即将要迈入与宇宙意识相共鸣的超级时代，是西方人误解了此事。

长歌当哭！"青山依旧在，几度夕阳红"。

潮起潮落，悠悠岁月，却看人间万家灯火。

浩瀚宇宙，灿烂星河，到底蕴涵怎样的真谛？

世事变迁，人生起浮，是否存在神秘的定数？

科技昌明，理性生辉，人类能否突破固有之劫数？

时光荏苒，稍纵即逝，尚存亘古玄机？

斯蒂芬·威廉·霍金(Stephen William Hawking),2012年迎来这位亘古一人的70岁生日(1月8日)。他的注意力一直瞄准在挑战人类知识极限的"黑洞"上,其思维也早已驰骋在天外。他确信地外生命的存在(在我们的宇宙中),也许容貌与我们大相径庭,但肯定是殊途同归。他还断定其他平行宇宙的存在,只是我们尚不了解它的性质,更无法发现和找到与之联系的通道。也许,那一边的生命也在努力。

他特别强调的是:在我们的宇宙中,所谓"时间旅行"是一种悖论,无论时空怎样卷曲,都没有机会与过去或是未来相交。这一观点,使得那个在广义相对论中所允许的,令人心驰神往的"虫洞"失去了存在的意义("虫洞"只适用于微观世界,"量子纠缠效应将呈现出鬼魅似的远距作用",这是爱因斯坦的预言,今天已在现实中得到充分的证实和应用,但他在《广义相对论》中又大胆地把这一理论扩展到宏观领域中,提出了"虫洞"概念,即人可以在宇宙中任何角落随意出没,又可自如地纵横古今,结果遇到了矛盾)。也就是说,你永远见不到过去或未来中的你自己!时间就是这样绝对、客观。他说:"如果一个人可以自由地改变过去,则他就会遇到矛盾。"——有人返回到过去的时光,他的祖先尚在儿童时代,结果他杀死了他的祖先。类似的结论使爱因斯坦非常沮丧。这是霍金所描述的,但不是霍金造成的,他可不希望他所敬重的人如此难堪。尽管如此,"穿越"一词依然为科幻作家们不断追捧,时髦至极,顺理成章地欺骗着众人的猎奇心理。不过对于《广义相对论》中的最后一个预言——引力波,百年以来依然无人可以妄自指点迷津。

霍金也曾多次表示对人类自身前景的担忧:今天的基因工程技术已使人类有能力创造出在体能和智力上,远远高于人类自身的"超级人类",由他们来统治这个世界,也并非只是一种幻想。除非我们拥有完整有效的世界秩序,否则,在某个意想不到地方,就会有人设计出来经过改进的"超级人类",这是极有可能发生的。

届时,或许人类将被彻底铲除;或许他们像爱护动物一样对待人类,但是使命被剥夺的剧痛与悲哀,会彻底撕裂人类的心灵!也许更大的威胁会来自外星生命,或许他们比我们先进得多,正在宇宙中极力地寻找资源和机会,或许宇宙之战的狂飙正在逼近……而今天,人类虽然掌握着主动,却在忙于自相摧残!"三位一体""空天一体"的"高超音速"核打击能力,是毁灭性的,而它的目标却是人类本身?同仇敌忾才是未来人类对待新事物所面临的越来越突出的问题。归去来兮!人类该对自己负起怎样的责任呢?

不过霍金对人类的美好前景还是充满信心的。他在描述人类最终使命时说:"人类将来可以坐上光子火箭,去追寻美丽梦想,人类所追求的,就是要成为这个世界永恒的一部分,希望在于未来!"

呜呼!"大哉神圣,与时回薄,应运而生,继天而作"。

公元 2013 年,诺贝尔物理学奖授予了英国物理学家彼得·希格斯和比利时物理学家弗朗索瓦·恩格勒特。

公元 2014 年,肩负人类崇高使命的"菲莱号"登陆彗星成功,并乘着彗星一起载誉归来!

公元 2015 年,人类发现了第一个太阳系之外适于人类居住的超级地球。人类的故乡在地球,但人类的家园在宇宙……

公元 2016 年,人类终于谛听到宇宙深处的"时空涟漪"之声,百年预言——"引力波",为探索宇宙本原开辟了全新之路。人类终将会追寻到创世之初的天籁之音。

公元 21 世纪的宇宙,人类正在星汉灿烂中行走……

"天行健,君子以自强不息;地势坤,君子以厚德载物"……

参考文献与资料

[1] 史蒂芬·霍金.时间简史[M].长沙:湖南科学技术出版社,2001.

[2] 比尔·布莱森.万物简史[M].南宁:接力出版社,2005.

[3] 李约瑟.中国科学技术史[M].上海:华东师范大学出版社,1989.

[4] 罗素.西方哲学史[M].北京:商务印书馆,1996.

[5] 伊塔洛·卡尔维诺.美国讲稿[M].南京:译林出版社,2012.

[6] 余秋雨.北大授课[M].北京:联合出版社,2013.

[7] 司马迁.史记[M].长沙:岳麓书社,1995.

哈尔滨工业大学出版社刘培杰数学工作室
已出版(即将出版)图书目录

书　名	出版时间	定　价	编号
新编中学数学解题方法全书(高中版)上卷	2007—09	38.00	7
新编中学数学解题方法全书(高中版)中卷	2007—09	48.00	8
新编中学数学解题方法全书(高中版)下卷(一)	2007—09	42.00	17
新编中学数学解题方法全书(高中版)下卷(二)	2007—09	38.00	18
新编中学数学解题方法全书(高中版)下卷(三)	2010—06	58.00	73
新编中学数学解题方法全书(初中版)上卷	2008—01	28.00	29
新编中学数学解题方法全书(初中版)中卷	2010—07	38.00	75
新编中学数学解题方法全书(高考复习卷)	2010—01	48.00	67
新编中学数学解题方法全书(高考真题卷)	2010—01	38.00	62
新编中学数学解题方法全书(高考精华卷)	2011—03	68.00	118
新编平面解析几何解题方法全书(专题讲座卷)	2010—01	18.00	61
新编中学数学解题方法全书(自主招生卷)	2013—08	88.00	261
数学眼光透视	2008—01	38.00	24
数学思想领悟	2008—01	38.00	25
数学应用展观	2008—01	38.00	26
数学建模导引	2008—01	28.00	23
数学方法溯源	2008—01	38.00	27
数学史话览胜	2017—01	48.00	741
数学思维技术	2013—09	38.00	260
从毕达哥拉斯到怀尔斯	2007—10	48.00	9
从迪利克雷到维斯卡尔迪	2008—01	48.00	21
从哥德巴赫到陈景润	2008—05	98.00	35
从庞加莱到佩雷尔曼	2011—08	138.00	136
数学奥林匹克与数学文化(第一辑)	2006—05	48.00	4
数学奥林匹克与数学文化(第二辑)(竞赛卷)	2008—01	48.00	19
数学奥林匹克与数学文化(第二辑)(文化卷)	2008—07	58.00	36′
数学奥林匹克与数学文化(第三辑)(竞赛卷)	2010—01	48.00	59
数学奥林匹克与数学文化(第四辑)(竞赛卷)	2011—08	58.00	87
数学奥林匹克与数学文化(第五辑)	2015—06	98.00	370

哈尔滨工业大学出版社刘培杰数学工作室
已出版(即将出版)图书目录

书　名	出版时间	定　价	编号
世界著名平面几何经典著作钩沉——几何作图专题卷(上)	2009—06	48.00	49
世界著名平面几何经典著作钩沉——几何作图专题卷(下)	2011—01	88.00	80
世界著名平面几何经典著作钩沉(民国平面几何老课本)	2011—03	38.00	113
世界著名平面几何经典著作钩沉(建国初期平面三角老课本)	2015—08	38.00	507
世界著名解析几何经典著作钩沉——平面解析几何卷	2014—01	38.00	264
世界著名数论经典著作钩沉(算术卷)	2012—01	28.00	125
世界著名数学经典著作钩沉——立体几何卷	2011—02	28.00	88
世界著名三角学经典著作钩沉(平面三角卷Ⅰ)	2010—06	28.00	69
世界著名三角学经典著作钩沉(平面三角卷Ⅱ)	2011—01	38.00	78
世界著名初等数论经典著作钩沉(理论和实用算术卷)	2011—07	38.00	126

书　名	出版时间	定　价	编号
发展空间想象力	2010—01	38.00	57
走向国际数学奥林匹克的平面几何试题诠释(上、下)(第1版)	2007—01	68.00	11,12
走向国际数学奥林匹克的平面几何试题诠释(上、下)(第2版)	2010—02	98.00	63,64
平面几何证明方法全书	2007—08	35.00	1
平面几何证明方法全书习题解答(第1版)	2005—10	18.00	2
平面几何证明方法全书习题解答(第2版)	2006—12	18.00	10
平面几何天天练上卷·基础篇(直线型)	2013—01	58.00	208
平面几何天天练中卷·基础篇(涉及圆)	2013—01	28.00	234
平面几何天天练下卷·提高篇	2013—01	58.00	237
平面几何专题研究	2013—07	98.00	258
最新世界各国数学奥林匹克中的平面几何试题	2007—09	38.00	14
数学竞赛平面几何典型题及新颖解	2010—07	48.00	74
初等数学复习及研究(平面几何)	2008—09	58.00	38
初等数学复习及研究(立体几何)	2010—06	38.00	71
初等数学复习及研究(平面几何)习题解答	2009—01	48.00	42
几何学教程(平面几何卷)	2011—03	68.00	90
几何学教程(立体几何卷)	2011—07	68.00	130
几何变换与几何证题	2010—06	88.00	70
计算方法与几何证题	2011—06	28.00	129
立体几何技巧与方法	2014—04	88.00	293
几何瑰宝——平面几何500名题暨1000条定理(上、下)	2010—07	138.00	76,77
三角形的解法与应用	2012—07	18.00	183
近代的三角形几何学	2012—07	48.00	184
一般折线几何学	2015—08	48.00	503
三角形的五心	2009—06	28.00	51
三角形的六心及其应用	2015—10	68.00	542
三角形趣谈	2012—08	28.00	212
解三角形	2014—01	28.00	265
三角学专门教程	2014—09	28.00	387
距离几何分析导引	2015—02	68.00	446
图天下几何新题试卷.初中	2017—01	58.00	714

哈尔滨工业大学出版社刘培杰数学工作室
已出版(即将出版)图书目录

书　名	出版时间	定　价	编号
圆锥曲线习题集(上册)	2013—06	68.00	255
圆锥曲线习题集(中册)	2015—01	78.00	434
圆锥曲线习题集(下册・第1卷)	2016—10	78.00	683
论九点圆	2015—05	88.00	645
近代欧氏几何学	2012—03	48.00	162
罗巴切夫斯基几何学及几何基础概要	2012—07	28.00	188
罗巴切夫斯基几何学初步	2015—06	28.00	474
用三角、解析几何、复数、向量计算解数学竞赛几何题	2015—03	48.00	455
美国中学几何教程	2015—04	88.00	458
三线坐标与三角形特征点	2015—04	98.00	460
平面解析几何方法与研究(第1卷)	2015—05	18.00	471
平面解析几何方法与研究(第2卷)	2015—06	18.00	472
平面解析几何方法与研究(第3卷)	2015—07	18.00	473
解析几何研究	2015—01	38.00	425
解析几何学教程.上	2016—01	38.00	574
解析几何学教程.下	2016—01	38.00	575
几何学基础	2016—01	58.00	581
初等几何研究	2015—02	58.00	444
大学几何学	2017—01	78.00	688
关于曲面的一般研究	2016—11	48.00	690
十九和二十世纪欧氏几何学中的片段	2017—01	58.00	696
近世纯粹几何学初论	2017—01	58.00	711
俄罗斯平面几何问题集	2009—08	88.00	55
俄罗斯立体几何问题集	2014—03	58.00	283
俄罗斯几何大师——沙雷金论数学及其他	2014—01	48.00	271
来自俄罗斯的5000道几何习题及解答	2011—03	58.00	89
俄罗斯初等数学问题集	2012—05	38.00	177
俄罗斯函数问题集	2011—03	38.00	103
俄罗斯组合分析问题集	2011—01	48.00	79
俄罗斯初等数学万题选——三角卷	2012—11	38.00	222
俄罗斯初等数学万题选——代数卷	2013—08	68.00	225
俄罗斯初等数学万题选——几何卷	2014—01	68.00	226
463个俄罗斯几何老问题	2012—01	28.00	152
超越吉米多维奇.数列的极限	2009—11	48.00	58
超越普里瓦洛夫.留数卷	2015—01	28.00	437
超越普里瓦洛夫.无穷乘积与它对解析函数的应用卷	2015—05	28.00	477
超越普里瓦洛夫.积分卷	2015—06	18.00	481
超越普里瓦洛夫.基础知识卷	2015—06	28.00	482
超越普里瓦洛夫.数项级数卷	2015—07	38.00	489
初等数论难题集(第一卷)	2009—05	68.00	44
初等数论难题集(第二卷)(上、下)	2011—02	128.00	82,83
数论概貌	2011—03	18.00	93
代数数论(第二版)	2013—08	58.00	94
代数多项式	2014—06	38.00	289
初等数论的知识与问题	2011—02	28.00	95
超越数论基础	2011—03	28.00	96
数论初等教程	2011—03	28.00	97
数论基础	2011—03	18.00	98
数论基础与维诺格拉多夫	2014—03	18.00	292

哈尔滨工业大学出版社刘培杰数学工作室
已出版(即将出版)图书目录

书 名	出版时间	定 价	编号
解析数论基础	2012—08	28.00	216
解析数论基础(第二版)	2014—01	48.00	287
解析数论问题集(第二版)(原版引进)	2014—05	88.00	343
解析数论问题集(第二版)(中译本)	2016—04	88.00	607
解析数论基础(潘承洞,潘承彪著)	2016—07	98.00	673
解析数论导引	2016—07	58.00	674
数论入门	2011—03	38.00	99
代数数论入门	2015—03	38.00	448
数论开篇	2012—07	28.00	194
解析数论引论	2011—03	48.00	100
Barban Davenport Halberstam 均值和	2009—01	40.00	33
基础数论	2011—03	28.00	101
初等数论 100 例	2011—05	18.00	122
初等数论经典例题	2012—07	18.00	204
最新世界各国数学奥林匹克中的初等数论试题(上、下)	2012—01	138.00	144,145
初等数论(Ⅰ)	2012—01	18.00	156
初等数论(Ⅱ)	2012—01	18.00	157
初等数论(Ⅲ)	2012—01	28.00	158
平面几何与数论中未解决的新老问题	2013—01	68.00	229
代数数论简史	2014—11	28.00	408
代数数论	2015—09	88.00	532
代数、数论及分析习题集	2016—11	98.00	695
数论导引提要及习题解答	2016—01	48.00	559
素数定理的初等证明. 第2版	2016—09	48.00	686
谈谈素数	2011—03	18.00	91
平方和	2011—03	18.00	92
复变函数引论	2013—10	68.00	269
伸缩变换与抛物旋转	2015—01	38.00	449
无穷分析引论(上)	2013—04	88.00	247
无穷分析引论(下)	2013—04	98.00	245
数学分析	2014—04	28.00	338
数学分析中的一个新方法及其应用	2013—01	38.00	231
数学分析例选:通过范例学技巧	2013—01	88.00	243
高等代数例选:通过范例学技巧	2015—06	88.00	475
三角级数论(上册)(陈建功)	2013—01	38.00	232
三角级数论(下册)(陈建功)	2013—01	48.00	233
三角级数论(哈代)	2013—06	48.00	254
三角级数	2015—07	28.00	263
超越数	2011—03	18.00	109
三角和方法	2011—03	18.00	112
整数论	2011—05	38.00	120
从整数谈起	2015—10	28.00	538
随机过程(Ⅰ)	2014—01	78.00	224
随机过程(Ⅱ)	2014—01	68.00	235
算术探索	2011—12	158.00	148
组合数学	2012—04	28.00	178
组合数学浅谈	2012—03	28.00	159
丢番图方程引论	2012—03	48.00	172
拉普拉斯变换及其应用	2015—02	38.00	447
高等代数. 上	2016—01	38.00	548
高等代数. 下	2016—01	38.00	549

哈尔滨工业大学出版社刘培杰数学工作室
已出版(即将出版)图书目录

书　名	出版时间	定　价	编号
高等代数教程	2016—01	58.00	579
数学解析教程.上卷.1	2016—01	58.00	546
数学解析教程.上卷.2	2016—01	38.00	553
函数构造论.上	2016—01	38.00	554
函数构造论.中	即将出版		555
函数构造论.下	2016—09	48.00	680
数与多项式	2016—01	38.00	558
概周期函数	2016—01	48.00	572
变叙的项的极限分布律	2016—01	18.00	573
整函数	2012—08	18.00	161
近代拓扑学研究	2013—04	38.00	239
多项式和无理数	2008—01	68.00	22
模糊数据统计学	2008—03	48.00	31
模糊分析学与特殊泛函空间	2013—01	68.00	241
谈谈不定方程	2011—05	28.00	119
常微分方程	2016—01	58.00	586
平稳随机函数导论	2016—03	48.00	587
量子力学原理·上	2016—01	38.00	588
图与矩阵	2014—08	40.00	644
钢丝绳原理：第二版	2017—01	78.00	745
受控理论与解析不等式	2012—05	78.00	165
解析不等式新论	2009—06	68.00	48
建立不等式的方法	2011—03	98.00	104
数学奥林匹克不等式研究	2009—08	68.00	56
不等式研究(第二辑)	2012—02	68.00	153
不等式的秘密(第一卷)	2012—02	28.00	154
不等式的秘密(第一卷)(第2版)	2014—02	38.00	286
不等式的秘密(第二卷)	2014—01	38.00	268
初等不等式的证明方法	2010—06	38.00	123
初等不等式的证明方法(第二版)	2014—11	38.00	407
不等式·理论·方法(基础卷)	2015—07	38.00	496
不等式·理论·方法(经典不等式卷)	2015—07	38.00	497
不等式·理论·方法(特殊类型不等式卷)	2015—07	48.00	498
不等式的分拆降维降幂方法与可读证明	2016—01	68.00	591
不等式探究	2016—03	38.00	582
不等式探秘	2017—01	58.00	689
四面体不等式	2017—01	68.00	715
同余理论	2012—05	38.00	163
[x]与{x}	2015—04	48.00	476
极值与最值.上卷	2015—06	28.00	486
极值与最值.中卷	2015—06	38.00	487
极值与最值.下卷	2015—06	28.00	488
整数的性质	2012—11	38.00	192
完全平方数及其应用	2015—08	78.00	506
多项式理论	2015—10	88.00	541
历届美国中学生数学竞赛试题及解答(第一卷)1950—1954	2014—07	18.00	277
历届美国中学生数学竞赛试题及解答(第二卷)1955—1959	2014—04	18.00	278
历届美国中学生数学竞赛试题及解答(第三卷)1960—1964	2014—06	18.00	279
历届美国中学生数学竞赛试题及解答(第四卷)1965—1969	2014—04	28.00	280
历届美国中学生数学竞赛试题及解答(第五卷)1970—1972	2014—06	18.00	281
历届美国中学生数学竞赛试题及解答(第七卷)1981—1986	2015—01	18.00	424

哈尔滨工业大学出版社刘培杰数学工作室
已出版(即将出版)图书目录

书　名	出版时间	定　价	编号
历届IMO试题集(1959—2005)	2006—05	58.00	5
历届CMO试题集	2008—09	28.00	40
历届中国数学奥林匹克试题集	2014—10	38.00	394
历届加拿大数学奥林匹克试题集	2012—08	38.00	215
历届美国数学奥林匹克试题集:多解推广加强	2012—08	38.00	209
历届美国数学奥林匹克试题集:多解推广加强(第2版)	2016—03	48.00	592
历届波兰数学竞赛试题集.第1卷,1949~1963	2015—03	18.00	453
历届波兰数学竞赛试题集.第2卷,1964~1976	2015—03	18.00	454
历届巴尔干数学奥林匹克试题集	2015—05	38.00	466
保加利亚数学奥林匹克	2014—10	38.00	393
圣彼得堡数学奥林匹克试题集	2015—01	38.00	429
匈牙利奥林匹克数学竞赛题解.第1卷	2016—05	28.00	593
匈牙利奥林匹克数学竞赛题解.第2卷	2016—05	28.00	594
历届国际大学生数学竞赛试题集(1994—2010)	2012—01	28.00	143
全国大学生数学夏令营数学竞赛试题及解答	2007—03	28.00	15
全国大学生数学竞赛辅导教程	2012—07	28.00	189
全国大学生数学竞赛复习全书	2014—04	48.00	340
历届美国大学生数学竞赛试题集	2009—03	88.00	43
前苏联大学生数学奥林匹克竞赛题解(上编)	2012—04	28.00	169
前苏联大学生数学奥林匹克竞赛题解(下编)	2012—04	38.00	170
历届美国数学邀请赛试题集	2014—01	48.00	270
全国高中数学竞赛试题及解答.第1卷	2014—07	38.00	331
大学生数学竞赛讲义	2014—09	28.00	371
普林斯顿大学数学竞赛	2016—06	38.00	669
亚太地区数学奥林匹克竞赛题	2015—07	18.00	492
日本历届(初级)广中杯数学竞赛试题及解答.第1卷(2000~2007)	2016—05	28.00	641
日本历届(初级)广中杯数学竞赛试题及解答.第2卷(2008~2015)	2016—05	38.00	642
360个数学竞赛问题	2016—08	58.00	677
哈尔滨市早期中学数学竞赛试题汇编	2016—07	28.00	672
全国高中数学联赛试题及解答:1981—2015	2016—08	98.00	676
高考数学临门一脚(含密押三套卷)(理科版)	2017—01	45.00	743
高考数学临门一脚(含密押三套卷)(文科版)	2017—01	45.00	744
新课标高考数学题型全归纳(文科版)	2015—05	72.00	467
新课标高考数学题型全归纳(理科版)	2015—05	82.00	468
洞穿高考数学解答题核心考点(理科版)	2015—11	49.80	550
洞穿高考数学解答题核心考点(文科版)	2015—11	46.80	551
高考数学题型全归纳:文科版.上	2016—05	53.00	663
高考数学题型全归纳:文科版.下	2016—05	53.00	664
高考数学题型全归纳:理科版.上	2016—05	58.00	665
高考数学题型全归纳:理科版.下	2016—05	58.00	666
王连笑教你怎样学数学:高考选择题解题策略与客观题实用训练	2014—01	48.00	262
王连笑教你怎样学数学:高考数学高层次讲座	2015—02	48.00	432
高考数学的理论与实践	2009—08	38.00	53
高考数学核心题型解题方法与技巧	2010—01	28.00	86
高考思维新平台	2014—03	38.00	259
30分钟拿下高考数学选择题、填空题(理科版)	2016—10	39.80	720
30分钟拿下高考数学选择题、填空题(文科版)	2016—10	39.80	721
高考数学压轴题解题诀窍(上)	2012—02	78.00	166
高考数学压轴题解题诀窍(下)	2012—03	28.00	167
北京市五区文科数学三年高考模拟题详解:2013~2015	2015—08	48.00	500
北京市五区理科数学三年高考模拟题详解:2013~2015	2015—09	68.00	505

哈尔滨工业大学出版社刘培杰数学工作室
已出版(即将出版)图书目录

书 名	出版时间	定价	编号
向量法巧解数学高考题	2009—08	28.00	54
高考数学万能解题法(第2版)	即将出版	38.00	691
高考物理万能解题法(第2版)	即将出版	38.00	692
高考化学万能解题法(第2版)	即将出版	28.00	693
高考生物万能解题法(第2版)	即将出版	28.00	694
高考数学解题金典(第2版)	2017—01	78.00	716
高考物理解题金典(第2版)	即将出版	68.00	717
高考化学解题金典(第2版)	即将出版	58.00	718
我一定要赚分:高中物理	2016—01	38.00	580
数学高考参考	2016—01	78.00	589
2011~2015年全国及各省市高考数学文科精品试题审题要津与解法研究	2015—10	68.00	539
2011~2015年全国及各省市高考数学理科精品试题审题要津与解法研究	2015—10	88.00	540
最新全国及各省市高考数学试卷解法研究及点拨评析	2009—02	38.00	41
2011年全国及各省市高考数学试题审题要津与解法研究	2011—10	48.00	139
2013年全国及各省市高考数学试题解析与点评	2014—01	48.00	282
全国及各省市高考数学试题审题要津与解法研究	2015—02	48.00	450
新课标高考数学——五年试题分章详解(2007~2011)(上、下)	2011—10	78.00	140,141
全国中考数学压轴题审题要津与解法研究	2013—04	78.00	248
新编全国及各省市中考数学压轴题审题要津与解法研究	2014—05	58.00	342
全国及各省市5年中考数学压轴题审题要津与解法研究(2015版)	2015—04	58.00	462
中考数学专题总复习	2007—04	28.00	6
中考数学较难题、难题常考题型解题方法与技巧.上	2016—01	48.00	584
中考数学较难题、难题常考题型解题方法与技巧.下	2016—01	58.00	585
中考数学较难题常考题型解题方法与技巧	2016—09	48.00	681
中考数学难题常考题型解题方法与技巧	2016—09	48.00	682
北京中考数学压轴题解题方法突破	2016—03	38.00	597
助你高考成功的数学解题智慧:知识是智慧的基础	2016—01	58.00	596
助你高考成功的数学解题智慧:错误是智慧的试金石	2016—04	58.00	643
助你高考成功的数学解题智慧:方法是智慧的推手	2016—04	68.00	657
高考数学奇思妙解	2016—04	38.00	610
高考数学解题策略	2016—05	48.00	670
数学解题泄天机	2016—06	48.00	668

书 名	出版时间	定价	编号
新编640个世界著名数学智力趣题	2014—01	88.00	242
500个最新世界著名数学智力趣题	2008—06	48.00	3
400个最新世界著名数学最值问题	2008—09	48.00	36
500个世界著名数学征解问题	2009—06	48.00	52
400个中国最佳初等数学征解老问题	2010—01	48.00	60
500个俄罗斯数学经典老题	2011—01	28.00	81
1000个国外中学物理好题	2012—04	48.00	174
300个日本高考数学题	2012—05	38.00	142
500个前苏联早期高考数学试题及解答	2012—05	28.00	185
546个早期俄罗斯大学生数学竞赛题	2014—03	38.00	285
548个来自美苏的数学好问题	2014—11	28.00	396
20所苏联著名大学早期入学试题	2015—02	18.00	452
161道德国工科大学生必做的微分方程习题	2015—05	28.00	469
500个德国工科大学生必做的高数习题	2015—06	28.00	478
360个数学竞赛问题	2016—08	58.00	677
德国讲义日本考题.微积分卷	2015—04	48.00	456
德国讲义日本考题.微分方程卷	2015—04	38.00	457

哈尔滨工业大学出版社刘培杰数学工作室
已出版(即将出版)图书目录

书　名	出版时间	定价	编号
中国初等数学研究　2009卷(第1辑)	2009—05	20.00	45
中国初等数学研究　2010卷(第2辑)	2010—05	30.00	68
中国初等数学研究　2011卷(第3辑)	2011—07	60.00	127
中国初等数学研究　2012卷(第4辑)	2012—07	48.00	190
中国初等数学研究　2014卷(第5辑)	2014—02	48.00	288
中国初等数学研究　2015卷(第6辑)	2015—06	68.00	493
中国初等数学研究　2016卷(第7辑)	2016—04	68.00	609
中国初等数学研究　2017卷(第8辑)	2017—01	98.00	712
几何变换(Ⅰ)	2014—07	28.00	353
几何变换(Ⅱ)	2015—06	28.00	354
几何变换(Ⅲ)	2015—01	38.00	355
几何变换(Ⅳ)	2015—12	38.00	356
博弈论精粹	2008—03	58.00	30
博弈论精粹.第二版(精装)	2015—01	88.00	461
数学 我爱你	2008—01	28.00	20
精神的圣徒　别样的人生——60位中国数学家成长的历程	2008—09	48.00	39
数学史概论	2009—06	78.00	50
数学史概论(精装)	2013—03	158.00	272
数学史选讲	2016—01	48.00	544
斐波那契数列	2010—02	28.00	65
数学拼盘和斐波那契魔方	2010—07	38.00	72
斐波那契数列欣赏	2011—01	28.00	160
数学的创造	2011—02	48.00	85
数学美与创造力	2016—01	48.00	595
数海拾贝	2016—01	48.00	590
数学中的美	2011—02	38.00	84
数论中的美学	2014—12	38.00	351
数学王者　科学巨人——高斯	2015—01	28.00	428
振兴祖国数学的圆梦之旅:中国初等数学研究史话	2015—06	78.00	490
二十世纪中国数学史料研究	2015—10	48.00	536
数字谜、数阵图与棋盘覆盖	2016—01	58.00	298
时间的形状	2016—01	38.00	556
数学发现的艺术:数学探索中的合情推理	2016—07	58.00	671
活跃在数学中的参数	2016—07	48.00	675
数学解题——靠数学思想给力(上)	2011—07	38.00	131
数学解题——靠数学思想给力(中)	2011—07	48.00	132
数学解题——靠数学思想给力(下)	2011—07	38.00	133
我怎样解题	2013—01	48.00	227
数学解题中的物理方法	2011—06	28.00	114
数学解题的特殊方法	2011—06	48.00	115
中学数学计算技巧	2012—01	48.00	116
中学数学证明方法	2012—01	58.00	117
数学趣题巧解	2012—03	28.00	128
高中数学教学通鉴	2015—05	58.00	479
和高中生漫谈:数学与哲学的故事	2014—08	28.00	369
自主招生考试中的参数方程问题	2015—01	28.00	435
自主招生考试中的极坐标问题	2015—04	28.00	463
近年全国重点大学自主招生数学试题全解及研究.华约卷	2015—02	38.00	441
近年全国重点大学自主招生数学试题全解及研究.北约卷	2016—05	38.00	619
自主招生数学解证宝典	2015—09	48.00	535

哈尔滨工业大学出版社刘培杰数学工作室
已出版(即将出版)图书目录

书　名	出版时间	定　价	编号
格点和面积	2012—07	18.00	191
射影几何趣谈	2012—04	28.00	175
斯潘纳尔引理——从一道加拿大数学奥林匹克试题谈起	2014—01	28.00	228
李普希兹条件——从几道近年高考数学试题谈起	2012—10	18.00	221
拉格朗日中值定理——从一道北京高考试题的解法谈起	2015—10	18.00	197
闵科夫斯基定理——从一道清华大学自主招生试题谈起	2014—01	28.00	198
哈尔测度——从一道冬令营试题的背景谈起	2012—08	28.00	202
切比雪夫逼近问题——从一道中国台北数学奥林匹克试题谈起	2013—04	38.00	238
伯恩斯坦多项式与贝齐尔曲面——从一道全国高中数学联赛试题谈起	2013—03	38.00	236
卡塔兰猜想——从一道普特南竞赛试题谈起	2013—06	18.00	256
麦卡锡函数和阿克曼函数——从一道前南斯拉夫数学奥林匹克试题谈起	2012—08	18.00	201
贝蒂定理与拉姆齐克莫斯尔定理——从一个拣石子游戏谈起	2012—08	18.00	217
皮亚诺曲线和豪斯道夫分球定理——从无限集谈起	2012—08	18.00	211
平面凸图形与凸多面体	2012—10	28.00	218
斯坦因豪斯问题——从一道二十五省市自治区中学数学竞赛试题谈起	2012—07	18.00	196
纽结理论中的亚历山大多项式与琼斯多项式——从一道北京市高一数学竞赛试题谈起	2012—07	28.00	195
原则与策略——从波利亚"解题表"谈起	2013—04	38.00	244
转化与化归——从三大尺规作图不能问题谈起	2012—08	28.00	214
代数几何中的贝祖定理(第一版)——从一道IMO试题的解法谈起	2013—08	18.00	193
成功连贯理论与约当块理论——从一道比利时数学竞赛试题谈起	2012—04	18.00	180
素数判定与大数分解	2014—08	18.00	199
置换多项式及其应用	2012—10	18.00	220
椭圆函数与模函数——从一道美国加州大学洛杉矶分校(UCLA)博士资格考题谈起	2012—10	28.00	219
差分方程的拉格朗日方法——从一道2011年全国高考理科试题的解法谈起	2012—08	28.00	200
力学在几何中的一些应用	2013—01	38.00	240
高斯散度定理、斯托克斯定理和平面格林定理——从一道国际大学生数学竞赛试题谈起	即将出版		
康托洛维奇不等式——从一道全国高中联赛试题谈起	2013—03	28.00	337
西格尔引理——从一道第18届IMO试题的解法谈起	即将出版		
罗斯定理——从一道前苏联数学竞赛试题谈起	即将出版		
拉克斯定理和阿廷定理——从一道IMO试题的解法谈起	2014—01	58.00	246
毕卡大定理——从一道美国大学数学竞赛试题谈起	2014—07	18.00	350
贝齐尔曲线——从一道全国高中联赛试题谈起	即将出版		
拉格朗日乘子定理——从一道2005年全国高中联赛试题的高等数学解法谈起	2015—05	28.00	480
雅可比定理——从一道日本数学奥林匹克试题谈起	2013—04	48.00	249
李天岩—约克定理——从一道波兰数学竞赛试题谈起	2014—06	28.00	349
整系数多项式因式分解的一般方法——从克朗耐克算法谈起	即将出版		
布劳维不动点定理——从一道前苏联数学奥林匹克试题谈起	2014—01	38.00	273
伯恩赛德定理——从一道英国数学奥林匹克试题谈起	即将出版		
布查特—莫斯特定理——从一道上海市初中竞赛试题谈起	即将出版		

哈尔滨工业大学出版社刘培杰数学工作室
已出版(即将出版)图书目录

书 名	出版时间	定 价	编号
数论中的同余数问题——从一道普特南竞赛试题谈起	即将出版		
范·德蒙行列式——从一道美国数学奥林匹克试题谈起	即将出版		
中国剩余定理:总数法构建中国历史年表	2015—01	28.00	430
牛顿程序与方程求根——从一道全国高考试题解法谈起	即将出版		
库默尔定理——从一道IMO预选试题谈起	即将出版		
卢丁定理——从一道冬令营试题的解法谈起	即将出版		
沃斯滕霍姆定理——从一道IMO预选试题谈起	即将出版		
卡尔松不等式——从一道莫斯科数学奥林匹克试题谈起	即将出版		
信息论中的香农熵——从一道近年高考压轴题谈起	即将出版		
约当不等式——从一道希望杯竞赛试题谈起	即将出版		
拉比诺维奇定理	即将出版		
刘维尔定理——从一道《美国数学月刊》征解问题的解法谈起	即将出版		
卡塔兰恒等式与级数求和——从一道IMO试题的解法谈起	即将出版		
勒让德猜想与素数分布——从一道爱尔兰竞赛试题谈起	即将出版		
天平称重与信息——从一道基辅市数学奥林匹克试题谈起	即将出版		
哈密尔顿-凯莱定理:从一道高中数学联赛试题的解法谈起	2014—09	18.00	376
艾思特曼定理——从一道CMO试题的解法谈起	即将出版		
一个爱尔特希问题——从一道西德数学奥林匹克试题谈起	即将出版		
有限群中的爱丁格尔问题——从一道北京市初中二年级数学竞赛试题谈起	即将出版		
贝克码与编码理论——从一道全国高中联赛试题谈起	即将出版		
帕斯卡三角形	2014—03	18.00	294
蒲丰投针问题——从2009年清华大学的一道自主招生试题谈起	2014—01	38.00	295
斯图姆定理——从一道"华约"自主招生试题的解法谈起	2014—01	18.00	296
许瓦兹引理——从一道加利福尼亚大学伯克利分校数学系博士生试题谈起	2014—08	18.00	297
拉姆塞定理——从王诗宬院士的一个问题谈起	2016—04	48.00	299
坐标法	2013—12	28.00	332
数论三角形	2014—04	38.00	341
毕克定理	2014—07	18.00	352
数林掠影	2014—09	48.00	389
我们周围的概率	2014—10	38.00	390
凸函数最值定理:从一道华约自主招生题的解法谈起	2014—10	28.00	391
易学与数学奥林匹克	2014—10	38.00	392
生物数学趣谈	2015—01	18.00	409
反演	2015—01	28.00	420
因式分解与圆锥曲线	2015—01	18.00	426
轨迹	2015—01	28.00	427
面积原理:从常庚哲命的一道CMO试题的积分解法谈起	2015—01	48.00	431
形形色色的不动点定理:从一道28届IMO试题谈起	2015—01	38.00	439
柯西函数方程:从一道上海交大自主招生的试题谈起	2015—02	28.00	440
三角恒等式	2015—02	28.00	442
无理性判定:从一道2014年"北约"自主招生试题谈起	2015—01	38.00	443
数学归纳法	2015—03	18.00	451
极端原理与解题	2015—04	28.00	464
法雷级数	2014—08	18.00	367
摆线族	2015—01	38.00	438
函数方程及其解法	2015—05	38.00	470
含参数的方程和不等式	2012—09	28.00	213
希尔伯特第十问题	2016—01	38.00	543
无穷小量的求和	2016—01	28.00	545
切比雪夫多项式:从一道清华大学金秋营试题谈起	2016—01	38.00	583

哈尔滨工业大学出版社刘培杰数学工作室
已出版(即将出版)图书目录

书 名	出版时间	定 价	编号
泽肯多夫定理	2016—03	38.00	599
代数等式证题法	2016—01	28.00	600
三角等式证题法	2016—01	28.00	601
吴大任教授藏书中的一个因式分解公式:从一道美国数学邀请赛试题的解法谈起	2016—06	28.00	656
中等数学英语阅读文选	2006—12	38.00	13
统计学专业英语	2007—03	28.00	16
统计学专业英语(第二版)	2012—07	48.00	176
统计学专业英语(第三版)	2015—04	68.00	465
幻方和魔方(第一卷)	2012—05	68.00	173
尘封的经典——初等数学经典文献选读(第一卷)	2012—07	48.00	205
尘封的经典——初等数学经典文献选读(第二卷)	2012—07	38.00	206
代换分析:英文	2015—07	38.00	499
实变函数论	2012—06	78.00	181
复变函数论	2015—08	38.00	504
非光滑优化及其变分分析	2014—01	48.00	230
疏散的马尔科夫链	2014—01	58.00	266
马尔科夫过程论基础	2015—01	28.00	433
初等微分拓扑学	2012—07	18.00	182
方程式论	2011—03	38.00	105
初级方程式论	2011—03	28.00	106
Galois 理论	2011—03	18.00	107
古典数学难题与伽罗瓦理论	2012—11	58.00	223
伽罗华与群论	2014—01	28.00	290
代数方程的根式解及伽罗瓦理论	2011—03	28.00	108
代数方程的根式解及伽罗瓦理论(第二版)	2015—01	28.00	423
线性偏微分方程讲义	2011—03	18.00	110
几类微分方程数值方法的研究	2015—05	38.00	485
N 体问题的周期解	2011—03	28.00	111
代数方程式论	2011—05	18.00	121
线性代数与几何:英文	2016—06	58.00	578
动力系统的不变量与函数方程	2011—07	48.00	137
基于短语评价的翻译知识获取	2012—02	48.00	168
应用随机过程	2012—04	48.00	187
概率论导引	2012—04	18.00	179
矩阵论(上)	2013—06	58.00	250
矩阵论(下)	2013—06	48.00	251
对称锥互补问题的内点法:理论分析与算法实现	2014—08	68.00	368
抽象代数:方法导引	2013—06	38.00	257
集论	2016—01	48.00	576
多项式理论研究综述	2016—01	38.00	577
函数论	2014—11	78.00	395
反问题的计算方法及应用	2011—11	28.00	147
初等数学研究(Ⅰ)	2008—09	68.00	37
初等数学研究(Ⅱ)(上、下)	2009—05	118.00	46,47
数阵及其应用	2012—02	28.00	164
绝对值方程—折边与组合图形的解析研究	2012—07	48.00	186
代数函数论(上)	2015—07	38.00	494
代数函数论(下)	2015—07	38.00	495
偏微分方程论:法文	2015—10	48.00	533
时标动力学方程的指数型二分性与周期解	2016—04	48.00	606
重刚体绕不动点运动方程的积分法	2016—05	68.00	608
水轮机水力稳定性	2016—05	48.00	620
Lévy 噪音驱动的传染病模型的动力学行为	2016—05	48.00	667
铣加工动力学系统稳定性研究的数学方法	2016—11	28.00	710

哈尔滨工业大学出版社刘培杰数学工作室
已出版（即将出版）图书目录

书　　名	出版时间	定　价	编号
趣味初等方程妙题集锦	2014—09	48.00	388
趣味初等数论选美与欣赏	2015—02	48.00	445
耕读笔记(上卷)：一位农民数学爱好者的初数探索	2015—04	28.00	459
耕读笔记(中卷)：一位农民数学爱好者的初数探索	2015—05	28.00	483
耕读笔记(下卷)：一位农民数学爱好者的初数探索	2015—05	28.00	484
几何不等式研究与欣赏.上卷	2016—01	88.00	547
几何不等式研究与欣赏.下卷	2016—01	48.00	552
初等数列研究与欣赏·上	2016—01	48.00	570
初等数列研究与欣赏·下	2016—01	48.00	571
趣味初等函数研究与欣赏.上	2016—09	48.00	684
趣味初等函数研究与欣赏.下	即将出版		685
火柴游戏	2016—05	38.00	612
异曲同工	即将出版		613
智力解谜	即将出版		614
故事智力	2016—07	48.00	615
名人们喜欢的智力问题	即将出版		616
数学大师的发现、创造与失误	即将出版		617
数学的味道	即将出版		618
数贝偶拾——高考数学题研究	2014—04	28.00	274
数贝偶拾——初等数学研究	2014—04	38.00	275
数贝偶拾——奥数题研究	2014—04	48.00	276
集合、函数与方程	2014—01	28.00	300
数列与不等式	2014—01	38.00	301
三角与平面向量	2014—01	28.00	302
平面解析几何	2014—01	38.00	303
立体几何与组合	2014—01	28.00	304
极限与导数、数学归纳法	2014—01	38.00	305
趣味数学	2014—03	28.00	306
教材教法	2014—04	68.00	307
自主招生	2014—05	58.00	308
高考压轴题(上)	2015—01	48.00	309
高考压轴题(下)	2014—10	68.00	310
从费马到怀尔斯——费马大定理的历史	2013—10	198.00	I
从庞加莱到佩雷尔曼——庞加莱猜想的历史	2013—10	298.00	II
从切比雪夫到爱尔特希(上)——素数定理的初等证明	2013—07	48.00	III
从切比雪夫到爱尔特希(下)——素数定理100年	2012—12	98.00	III
从高斯到盖尔方特——二次域的高斯猜想	2013—10	198.00	IV
从库默尔到朗兰兹——朗兰兹猜想的历史	2014—01	98.00	V
从比勃巴赫到德布朗斯——比勃巴赫猜想的历史	2014—02	298.00	VI
从麦比乌斯到陈省身——麦比乌斯变换与麦比乌斯带	2014—02	298.00	VII
从布尔到豪斯道夫——布尔方程与格论漫谈	2013—10	198.00	VIII
从开普勒到阿诺德——三体问题的历史	2014—05	298.00	IX
从华林到华罗庚——华林问题的历史	2013—10	298.00	X

哈尔滨工业大学出版社刘培杰数学工作室
已出版(即将出版)图书目录

书　名	出版时间	定　价	编号
吴振奎高等数学解题真经(概率统计卷)	2012—01	38.00	149
吴振奎高等数学解题真经(微积分卷)	2012—01	68.00	150
吴振奎高等数学解题真经(线性代数卷)	2012—01	58.00	151
钱昌本教你快乐学数学(上)	2011—12	48.00	155
钱昌本教你快乐学数学(下)	2012—03	58.00	171
高等数学解题全攻略(上卷)	2013—06	58.00	252
高等数学解题全攻略(下卷)	2013—06	58.00	253
高等数学复习纲要	2014—01	18.00	384
三角函数	2014—01	38.00	311
不等式	2014—01	38.00	312
数列	2014—01	38.00	313
方程	2014—01	28.00	314
排列和组合	2014—01	28.00	315
极限与导数	2014—01	28.00	316
向量	2014—09	38.00	317
复数及其应用	2014—08	28.00	318
函数	2014—01	38.00	319
集合	即将出版		320
直线与平面	2014—01	28.00	321
立体几何	2014—04	28.00	322
解三角形	即将出版		323
直线与圆	2014—01	28.00	324
圆锥曲线	2014—01	38.00	325
解题通法(一)	2014—07	38.00	326
解题通法(二)	2014—07	38.00	327
解题通法(三)	2014—05	38.00	328
概率与统计	2014—01	28.00	329
信息迁移与算法	即将出版		330
三角函数(第2版)	即将出版		626
向量(第2版)	即将出版		627
立体几何(第2版)	2016—04	38.00	629
直线与圆(第2版)	2016—11	38.00	631
圆锥曲线(第2版)	2016—09	48.00	632
极限与导数(第2版)	2016—04	38.00	635
美国高中数学竞赛五十讲.第1卷(英文)	2014—08	28.00	357
美国高中数学竞赛五十讲.第2卷(英文)	2014—08	28.00	358
美国高中数学竞赛五十讲.第3卷(英文)	2014—09	28.00	359
美国高中数学竞赛五十讲.第4卷(英文)	2014—09	28.00	360
美国高中数学竞赛五十讲.第5卷(英文)	2014—10	28.00	361
美国高中数学竞赛五十讲.第6卷(英文)	2014—11	28.00	362
美国高中数学竞赛五十讲.第7卷(英文)	2014—12	28.00	363
美国高中数学竞赛五十讲.第8卷(英文)	2015—01	28.00	364
美国高中数学竞赛五十讲.第9卷(英文)	2015—01	28.00	365
美国高中数学竞赛五十讲.第10卷(英文)	2015—02	38.00	366

哈尔滨工业大学出版社刘培杰数学工作室
已出版(即将出版)图书目录

书 名	出版时间	定 价	编号
IMO 50 年.第 1 卷(1959—1963)	2014—11	28.00	377
IMO 50 年.第 2 卷(1964—1968)	2014—11	28.00	378
IMO 50 年.第 3 卷(1969—1973)	2014—09	28.00	379
IMO 50 年.第 4 卷(1974—1978)	2016—04	38.00	380
IMO 50 年.第 5 卷(1979—1984)	2015—04	38.00	381
IMO 50 年.第 6 卷(1985—1989)	2015—04	58.00	382
IMO 50 年.第 7 卷(1990—1994)	2016—01	48.00	383
IMO 50 年.第 8 卷(1995—1999)	2016—06	38.00	384
IMO 50 年.第 9 卷(2000—2004)	2015—04	58.00	385
IMO 50 年.第 10 卷(2005—2009)	2016—01	48.00	386
IMO 50 年.第 11 卷(2010—2015)	2017—03	48.00	646
历届美国大学生数学竞赛试题集.第一卷(1938—1949)	2015—01	28.00	397
历届美国大学生数学竞赛试题集.第二卷(1950—1959)	2015—01	28.00	398
历届美国大学生数学竞赛试题集.第三卷(1960—1969)	2015—01	28.00	399
历届美国大学生数学竞赛试题集.第四卷(1970—1979)	2015—01	18.00	400
历届美国大学生数学竞赛试题集.第五卷(1980—1989)	2015—01	28.00	401
历届美国大学生数学竞赛试题集.第六卷(1990—1999)	2015—01	28.00	402
历届美国大学生数学竞赛试题集.第七卷(2000—2009)	2015—08	18.00	403
历届美国大学生数学竞赛试题集.第八卷(2010—2012)	2015—01	18.00	404
新课标高考数学创新题解题诀窍:总论	2014—09	28.00	372
新课标高考数学创新题解题诀窍:必修 1~5 分册	2014—08	38.00	373
新课标高考数学创新题解题诀窍:选修 2—1,2—2,1—1,1—2 分册	2014—09	38.00	374
新课标高考数学创新题解题诀窍:选修 2—3,4—4,4—5 分册	2014—09	18.00	375
全国重点大学自主招生英文数学试题全攻略:词汇卷	2015—07	48.00	410
全国重点大学自主招生英文数学试题全攻略:概念卷	2015—01	28.00	411
全国重点大学自主招生英文数学试题全攻略:文章选读卷(上)	2016—09	38.00	412
全国重点大学自主招生英文数学试题全攻略:文章选读卷(下)	2017—01	58.00	413
全国重点大学自主招生英文数学试题全攻略:试题卷	2015—07	38.00	414
全国重点大学自主招生英文数学试题全攻略:名著欣赏卷	2017—03	48.00	415
数学物理大百科全书.第 1 卷	2016—01	418.00	508
数学物理大百科全书.第 2 卷	2016—01	408.00	509
数学物理大百科全书.第 3 卷	2016—01	396.00	510
数学物理大百科全书.第 4 卷	2016—01	408.00	511
数学物理大百科全书.第 5 卷	2016—01	368.00	512
劳埃德数学趣题大全.题目卷.1:英文	2016—01	18.00	516
劳埃德数学趣题大全.题目卷.2:英文	2016—01	18.00	517
劳埃德数学趣题大全.题目卷.3:英文	2016—01	18.00	518
劳埃德数学趣题大全.题目卷.4:英文	2016—01	18.00	519
劳埃德数学趣题大全.题目卷.5:英文	2016—01	18.00	520
劳埃德数学趣题大全.答案卷:英文	2016—01	18.00	521

哈尔滨工业大学出版社刘培杰数学工作室
已出版(即将出版)图书目录

书　　名	出版时间	定　价	编号
李成章教练奥数笔记.第1卷	2016—01	48.00	522
李成章教练奥数笔记.第2卷	2016—01	48.00	523
李成章教练奥数笔记.第3卷	2016—01	38.00	524
李成章教练奥数笔记.第4卷	2016—01	38.00	525
李成章教练奥数笔记.第5卷	2016—01	38.00	526
李成章教练奥数笔记.第6卷	2016—01	38.00	527
李成章教练奥数笔记.第7卷	2016—01	38.00	528
李成章教练奥数笔记.第8卷	2016—01	48.00	529
李成章教练奥数笔记.第9卷	2016—01	28.00	530
朱德祥代数与几何讲义.第1卷	2017—01	38.00	697
朱德祥代数与几何讲义.第2卷	2017—01	28.00	698
朱德祥代数与几何讲义.第3卷	2017—01	28.00	699
zeta函数,q-zeta函数,相伴级数与积分	2015—08	88.00	513
微分形式：理论与练习	2015—08	58.00	514
离散与微分包含的逼近和优化	2015—08	58.00	515
艾伦·图灵：他的工作与影响	2016—01	98.00	560
测度理论概率导论,第2版	2016—01	88.00	561
带有潜在故障恢复系统的半马尔柯夫模型控制	2016—01	98.00	562
数学分析原理	2016—01	88.00	563
随机偏微分方程的有效动力学	2016—01	88.00	564
图的谱半径	2016—01	58.00	565
量子机器学习中数据挖掘的量子计算方法	2016—01	98.00	566
量子物理的非常规方法	2016—01	118.00	567
运输过程的统一非局部理论：广义波尔兹曼物理动力学,第2版	2016—01	198.00	568
量子力学与经典力学之间的联系在原子、分子及电动力学系统建模中的应用	2016—01	58.00	569
第19~23届"希望杯"全国数学邀请赛试题审题要津详细评注(初一版)	2014—03	28.00	333
第19~23届"希望杯"全国数学邀请赛试题审题要津详细评注(初二、初三版)	2014—03	38.00	334
第19~23届"希望杯"全国数学邀请赛试题审题要津详细评注(高一版)	2014—03	28.00	335
第19~23届"希望杯"全国数学邀请赛试题审题要津详细评注(高二版)	2014—03	38.00	336
第19~25届"希望杯"全国数学邀请赛试题审题要津详细评注(初一版)	2015—01	38.00	416
第19~25届"希望杯"全国数学邀请赛试题审题要津详细评注(初二、初三版)	2015—01	58.00	417
第19~25届"希望杯"全国数学邀请赛试题审题要津详细评注(高一版)	2015—01	48.00	418
第19~25届"希望杯"全国数学邀请赛试题审题要津详细评注(高二版)	2015—01	48.00	419
闵嗣鹤文集	2011—03	98.00	102
吴从炘数学活动三十年(1951~1980)	2010—07	99.00	32
吴从炘数学活动又三十年(1981~2010)	2015—07	98.00	491
物理奥林匹克竞赛大题典——力学卷	2014—11	48.00	405
物理奥林匹克竞赛大题典——热学卷	2014—04	28.00	339
物理奥林匹克竞赛大题典——电磁学卷	2015—07	48.00	406
物理奥林匹克竞赛大题典——光学与近代物理卷	2014—06	28.00	345

哈尔滨工业大学出版社刘培杰数学工作室
已出版(即将出版)图书目录

书　名	出版时间	定　价	编号
历届中国东南地区数学奥林匹克试题集(2004~2012)	2014—06	18.00	346
历届中国西部地区数学奥林匹克试题集(2001~2012)	2014—07	18.00	347
历届中国女子数学奥林匹克试题集(2002~2012)	2014—08	18.00	348
数学奥林匹克在中国	2014—06	98.00	344
数学奥林匹克问题集	2014—01	38.00	267
数学奥林匹克不等式散论	2010—06	38.00	124
数学奥林匹克不等式欣赏	2011—09	38.00	138
数学奥林匹克超级题库(初中卷上)	2010—01	58.00	66
数学奥林匹克不等式证明方法和技巧(上、下)	2011—08	158.00	134,135
他们学什么:原民主德国中学数学课本	2016—09	38.00	658
他们学什么:英国中学数学课本	2016—09	38.00	659
他们学什么:法国中学数学课本.1	2016—09	38.00	660
他们学什么:法国中学数学课本.2	2016—09	28.00	661
他们学什么:法国中学数学课本.3	2016—09	38.00	662
他们学什么:苏联中学数学课本	2016—09	28.00	679
高中数学题典——集合与简易逻·函数	2016—07	48.00	647
高中数学题典——导数	2016—07	48.00	648
高中数学题典——三角函数·平面向量	2016—07	48.00	649
高中数学题典——数列	2016—07	58.00	650
高中数学题典——不等式·推理与证明	2016—07	38.00	651
高中数学题典——立体几何	2016—07	48.00	652
高中数学题典——平面解析几何	2016—07	78.00	653
高中数学题典——计数原理·统计·概率·复数	2016—07	48.00	654
高中数学题典——算法·平面几何·初等数论·组合数学·其他	2016—07	68.00	655
台湾地区奥林匹克数学竞赛试题.小学一年级	2017—03	38.00	722
台湾地区奥林匹克数学竞赛试题.小学二年级	2017—03	38.00	723
台湾地区奥林匹克数学竞赛试题.小学三年级	2017—03	38.00	724
台湾地区奥林匹克数学竞赛试题.小学四年级	2017—03	38.00	725
台湾地区奥林匹克数学竞赛试题.小学五年级	2017—03	38.00	726
台湾地区奥林匹克数学竞赛试题.小学六年级	2017—03	38.00	727
台湾地区奥林匹克数学竞赛试题.初中一年级	2017—03	38.00	728
台湾地区奥林匹克数学竞赛试题.初中二年级	2017—03	38.00	729
台湾地区奥林匹克数学竞赛试题.初中三年级	2017—03	28.00	730

联系地址:哈尔滨市南岗区复华四道街10号　哈尔滨工业大学出版社刘培杰数学工作室
　　网　　址:http://lpj.hit.edu.cn/
　　邮　　编:150006
联系电话:0451—86281378　　13904613167
　　E-mail:lpj1378@163.com

碱金属	碱土金属	镧系元素	锕系元素	过渡金属
主族金属	类金属	非金属	卤素	惰性气体

气体 液体 固体 合成元素 未知元素

化学元素周期表

1 氢 H 1.0079																	2 氦 He 4.0026
3 锂 Li 6.941	4 铍 Be 9.012											5 硼 B 10.811	6 碳 C 12.011	7 氮 N 14.007	8 氧 O 15.999	9 氟 F 18.998	10 氖 Ne 20.17
11 钠 Na 22.989	12 镁 Mg 24.305											13 铝 Al 26.982	14 硅 Si 28.085	15 磷 P 30.974	16 硫 S 32.06	17 氯 Cl 35.453	18 氩 Ar 39.94
19 钾 K 39.098	20 钙 Ca 40.08	21 钪 Sc 44.956	22 钛 Ti 47.9	23 钒 V 50.9415	24 铬 Cr 51.996	25 锰 Mn 54.938	26 铁 Fe 55.84	27 钴 Co 58.9332	28 镍 Ni 58.69	29 铜 Cu 63.54	30 锌 Zn 65.38	31 镓 Ga 69.72	32 锗 Ge 72.5	33 砷 As 74.922	34 硒 Se 78.9	35 溴 Br 79.904	36 氪 Kr 83.8
37 铷 Rb 85.467	38 锶 Sr 87.62	39 钇 Y 88.906	40 锆 Zr 91.22	41 铌 Nb 92.9064	42 钼 Mo 95.94	43 锝 Tc 99	44 钌 Ru 101.07	45 铑 Rh 102.906	46 钯 Pd 106.42	47 银 Ag 107.868	48 镉 Cd 112.41	49 铟 In 114.82	50 锡 Sn 118.6	51 锑 Sb 121.7	52 碲 Te 127.6	53 碘 I 126.905	54 氙 Xe 131.3
55 铯 Cs 132.905	56 钡 Ba 137.33	71 镥 Lu 174.96	72 铪 Hf 178.4	73 钽 Ta 180.947	74 钨 W 183.8	75 铼 Re 186.207	76 锇 Os 190.2	77 铱 Ir 192.2	78 铂 Pt 195.08	79 金 Au 196.967	80 汞 Hg 200.5	81 铊 Tl 204.3	82 铅 Pb 207.2	83 铋 Bi 208.98	84 钋 Po (209)	85 砹 At (201)	86 氡 Rn (222)
87 钫 Fr (223)	88 镭 Ra 226.03	103铹 Lr 260	104 卢 Rf (261)	105 杜 Db (262)	106 喜 Sg (263)	107 波 Bh (262)	108 黑 Hs (265)	109 麦 Mt (266)	110 达 Ds (269)	111 仑 Rg (272)	112 Uub (277)	113 Uut 284	114 Uuq 289	115 Uup 288	116 Uuh 292	117 Uus unknow	118 Uuo 294

镧系	57 镧 La 138.905	58 铈 Ce 140.12	59 镨 Pr 140.91	60 钕 Nd 144.2	61 钷 Pm 147	62 钐 Sm 150.4	63 铕 Eu 151.96	64 钆 Gd 157.25	65 铽 Tb 158.93	66 镝 Dy 162.5	67 钬 Ho 164.93	68 铒 Er 167.2	69 铥 Tm 168.934	70 镱 Yb 173.0
锕系	89 锕 Ac 227.03	90 钍 Th 232.04	91 镤 Pa 231.04	92 铀 U 238.03	93 镎 Np 237.05	94 钚 Pu 244	95 镅 Am 243	96 锔 Cm 247	97 锫 Bk 247	98 锎 Cf 251	99 锿 Es 254	100镄 Fm 257	101 钔 Md 258	102锘 No 259

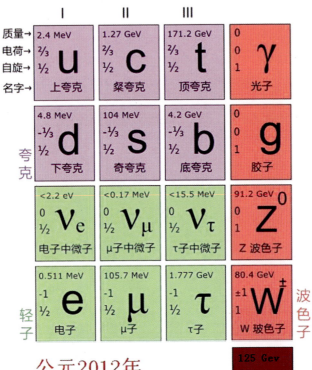